臺灣歷史與文化 研究輯刊

十八編

第16冊

臺南中寮遺址出土陶瓷的歷史考古學研究

郭聖偉 著

花木蘭文化事業有限公司

國家圖書館出版品預行編目資料

臺南中寮遺址出土陶瓷的歷史考古學研究／郭聖偉 著 -- 初版
-- 新北市：花木蘭文化事業有限公司，2020〔民 109〕
目 20+270 面；19×26 公分
（臺灣歷史與文化研究輯刊十八編；第 16 冊）
ISBN 978-986-518-196-3（精裝）
1. 古陶瓷 2. 考古學 3. 臺南市七股區
733.08   109010611

ISBN-978-986-518-196-3

9 789865 181963

臺灣歷史與文化研究輯刊
十八編　第十六冊　　　　　　　ISBN：978-986-518-196-3

臺南中寮遺址出土陶瓷的歷史考古學研究

作　　者　郭聖偉
總 編 輯　杜潔祥
副總編輯　楊嘉樂
編　　輯　許郁翎、張雅淋　美術編輯　陳逸婷
出　　版　花木蘭文化事業有限公司
發 行 人　高小娟
聯絡地址　235　新北市中和區中安街七二號十三樓
　　　　　電話：02-2923-1455／傳真：02-2923-1452
網　　址　http://www.huamulan.tw　信箱 hml 810518@gmail.com
印　　刷　普羅文化出版廣告事業
初　　版　2020 年 9 月
全書字數　150628 字
定　　價　十八編 16 冊（精裝）台幣 40,000 元

臺南中寮遺址出土陶瓷的歷史考古學研究

郭聖偉　著

作者簡介

郭聖偉，現為國立清華大學人類學研究所博士生，國立臺南藝術大學藝術史評與古物研究碩士，國立臺南藝術大學藝術史學系藝術史學組學士。專長為歷史考古學、陶瓷考古學、聚落考古學等。發表相關論著有：《臺南中寮遺址出土陶瓷及相關研究》、〈臺灣出土十七世紀中晚期日本肥前窯瓷器與其意義〉、〈由考古遺存探討臺南科學園區內的漢人與西拉雅聚落發展〉、《嘉義公園史蹟資料館所藏磚瓦、瓷質、石質文物調查研究計畫成果報告書》、〈關於臺灣考古遺址，下次考試一定不會考的歷史重點〉。

提　　要

　　相較於史前考古，臺灣的歷史時期考古始終受到較少的關注。相關的歷史時期考古工作至1990年代方陸續展開，其中屬明末清初階段的重要考古遺址，如臺南熱蘭遮城遺址、臺南新市社內遺址、高雄鳳山舊城遺址、以及尚在發掘中的基隆聖薩爾瓦多遺址等，研究成果與資料整理仍需持續累積。另一方面，有關臺灣歷史考古的整合性研究，也在進入二十一世紀以後有所開展。

　　民國九十四年十一至十二月間，現今臺南科學工業園區內樹谷園區之中寮地區，經南科考古隊大規模搶救，該遺址面積達2136平方公尺，出土各式遺留豐富，透過出土遺留風格來判定，應屬十七世紀中期以後的漢人聚落。其中包含各類型漢人日用陶瓷器、金屬器等，亦有發現糖漏與漏罐等工業用器，以及非中國製作之外貿用途瓷器等，顯示中寮遺址的獨特內涵，此外，於遺址中也發現數個火燒單式灶等現象，是目前作為十七世紀漢人聚落比較研究的最佳材料。

　　在這樣的背景下，本研究從處理出土遺物出發，試圖透過藝術史的「風格分析」進行系統性分類，同時藉由文獻史料的找尋，以及釐清各式遺留在地層層位中的先後次序，並利用社會科學的理論與方法，輔以進行相關研究。在結合考古與歷史的同時，亦須重視「人文研究歷史的方法（humanistic approach）的重要性」，透過特定項目的統計與量化數據，呈現該區域人群聚落的移動與發展，並理解這些陶瓷器在當時漢人社會中所扮演的角色與意義。

　　而在這些物質遺留當中，仍具有諸多尚待釐清的議題存在。因此，筆者希望透過分析中寮遺址中出土陶瓷器的產地、年代、類型等資訊，結合史料相關證據，交叉比對遺物年代與考古出土脈絡，同時藉由出土遺物的差異，探討貿易與消費關係，並進一步拓展至「古木柵聚落」遺址整體聚落空間議題。

誌謝辭

　　首先誠摯的感謝業師盧泰康老師多年以來無悔的栽培，導引我從懵懵懂懂無知的大學生，逐步從辨識標本、分析史料、修正語句，耐心解釋修改原因與目的，適時協助我渡過撰寫時所遇到的瓶頸，一直到做人處事的人生道理，皆令我銘感五內，銘記在心。

　　李匡悌副研究員，不僅提供了中寮遺址作為論文研究材料，同時也安排了整理空間，期間也不時的關心我整理進度，提供諸多論文上的研究方向。邱鴻霖助理教授，無論是在課程或是田野中，都指導了我諸多關於考古發掘方面的知識，也不時針對我的研究論文進行討論，並指正研究中的缺失，使我在這些年的學習中獲益匪淺。

　　李建緯副教授，適時提供諸多可供延伸探討的觀點，使得論文更臻完整。黃翠梅教授在研究所課程中紮實的藝術史訓練，奠定我藝術史的學習基礎。陳俊男助理研究員在南科考古隊相關業務與拍攝借出文物時的大力協助。

　　同時也要感謝藝術史學系暨藝術評論研究所的各位老師、助理們，還有南科考古隊的各位同仁，在筆者撰寫論文期間大力的協助，以及溫婷學姊、羿錡學妹、伯豪學弟、耀慶學弟、玉善學弟，海威大哥，不論是在研究上的指教評點，或是生活中的支持與打氣，因為有你們的體諒及幫忙，使得本論文能夠更完整而嚴謹。以及家人在背後的默默支持更是我前進的動力，面對家人與朋友們無盡的關愛與溫暖，在此一併致謝。

郭聖偉　謹誌
2013 年於臺南

目次

圖目錄

表目錄

壹、導言

　　臺南地區自古以來便具有豐富的文化資源，自史前時代開始，已有許多人類在此定居，進入十七世紀以後，大量移入的漢人，徹底改變了原先在臺灣原住民的生活方式，大量的物質遺留顯示了人類活動的證據。以臺南科學園區為例，除史前遺址以外，如埤仔頭、中寮、王甲、木柵西、旗杆地東、堤塘、道爺、道爺南、大道公、社內、三抱竹以及牛尿港等，這些遺址經整理過後，得知上述遺址都具有漢人物質遺留，且出土遺物類型豐富，普遍年代分布於十七世紀至十九世紀。

一、研究動機

　　在民間相傳故事《嘉慶君遊臺灣》中，嘉慶皇帝見新港社芝麻、豆蔥，讚曰：「從中寮走到木柵好麻豆。」竟被訛傳：「從中寮敗到木柵好麻豆。」自此以後，木柵庄鄰近區域居民大量移出導致散庄，迄今僅存殘磚敗瓦供後人憑弔。這些過往在歷史中，僅有寥寥數筆文獻記錄，因此，筆者希望透過進一步的研究所謂的「木柵」聚落，理解該聚落於十七至二十世紀各階段的相關發展。

　　筆者於 2010 至 2011 年期間，因應南科考古隊針對液晶專區相關遺址進行整理，在業師盧泰康教授、中央研究院歷史語言研究所副研究員李匡悌教授的指導，以及南科考古隊的同仁協助下，針對該區域中具有漢人遺留的遺址進行整理。在整理過程當中，在出土遺物中，發現日本肥前窯瓷器，以及其他相關十七世紀中後半陶瓷器。另外，也包括部分具有工業性質的遺物與現象（Feature），如糖漏、單灶、磚井，以及瓷質打製圓板等等，顯示該遺址極具研究價值。因此希冀透過本研究，運用中寮遺址的考古脈絡與考古遺物，

逐步解析當時漢人族群的各項物質文化特徵，並藉此理解臺南早期開發史的一些具體面貌。本文以中寮遺址為起點，透過歷史文獻與考古遺存的結合，提供後續關於古木柵遺址的相關比較研究基礎。

二、研究回顧

英國著名考古學者倫弗瑞（Colin Renfrew）在其著作《考古學：理論方法與實踐》（Archaeology: theories, methods and practice）中指出，史前考古學不僅要重建人類的過往，更需要了解人類面對不同環境所發展出來的多樣性、不同經歷及不同的發展軌跡（Colin Renfrew, Paul Bahn, 2008）。歷史考古學同樣需要重建過去人類活動的痕跡，在同樣重視考古脈絡的同時，也必須透過各方史料的反覆驗證。考古學者沃爾特‧泰勒（Walter W. Taylor）在《考古學研究》（A study of Archaeology）一書當中，強調只有發掘是不夠的，因為考古學家的目的不應該是準確的挖掘和出版發掘報告，也不是精確的地層劃分，以及器物類型排比，而應該是「撰寫歷史」。〔註1〕此外，由於歷史時期人類活動範圍以不同於史前時期，生產力也大幅提升，在考古遺留的呈現上與史前時期有著極大的差異，因此，在處理歷史考古議題時，必然特別關注相關史料文獻與藝術史研究，以更為宏觀的角度審視整體文化脈絡。

崔格爾（Bruce G. Trigger）曾指出，考古學中的主要鴻溝不是在過程主義和後過程主義考古學之間，而是在歷史考古學和史前考古學之間。〔註2〕歷史考古學，相對於「史前時代」的時間框架概念，是以「歷史時期」文化為研究對象，以臺灣本島的狀況來看，史前遺址中雖發現少數宋元時期遺留，但較為詳細文字記錄的出現，則要晚至十七世紀初，歐洲人進入亞洲勢力範圍以後。因此，臺灣歷史考古的主要研究對象，以十七世紀以後的遺址為主，在考古學與歷史學之間仍存在著部分爭議，尚有諸多議題仍有待界定與釐清。一般認為，臺灣的歷史考古肇始於1983年考古學者臧振華教授於澎湖地區進行的調查與發掘，期間發現的內垵C、水垵A與蒔板頭山A等遺址，陸續發現十至十二世紀相關遺物；〔註3〕而1986年張光直教授所推動的「臺

〔註1〕 格林‧丹尼爾（Glyn Daniel）著，黃其煦譯，《考古學一百五十年》（A Hundred and Fifty Years of Archaeology），北京：文物出版社，1987年，頁321。

〔註2〕 布魯斯‧崔格爾著、周大鳴編、徐堅譯，《考古學思想史》，長沙：嶽麗書社，2006年。

〔註3〕 Tsang cheng-hwa, Archaeology of the P'eng-Hu islands., Taipei: Institute of History and Philology academia Sinica, 1992.

灣史田野研究計畫」則開始進行學術性的歷史時期考古學研究，有計畫地針對臺灣歷史時期遺址、聚落進行調查與研究。〔註4〕

　　過去研究中，諸多學者以不同學科研究角度，針對漢人文化的各個面向進行討論。如考古學者陳光祖先生，曾針對臺灣各地考古遺址出土歷史時期陶瓷器進行統計，並提出欲以建立系統化的系絡關係之瓷器出土資料庫，輔助出土貿易瓷研究，並重建古代臺灣社會狀況。〔註5〕系統化統計分析的量化數據確實相當重要，能夠有效的將考古遺址進行系統化的整合研究，但仍不可忽略陶瓷器本身所具有的性格與意涵，陶瓷器並非單純顯示了窯口特徵、年代風格，透過陶瓷器本身反應的細節與社會脈絡，能夠確切的反映當時人類貿易、族群交流、生活狀況、產業工作，以及政治情勢等等。因此，若考量臺灣的特殊地理位置、漢人開發史等緣故，以及陶瓷器本身生活用途等特性，歷史時期陶瓷器若未經篩選與區分而進行統計，會造成資料量過於龐大繁雜，將無法有效的紀錄任何資訊。

　　考古學者劉益昌先生，亦曾針對臺南市熱蘭遮城進行考古試掘，期間以專業透地雷達等方式檢測該區域城牆殘跡，並以相關科技檢測針對出土遺留物進行實驗，最後以專業考古學方法進行研究並規畫相關展示成果。但報告中對於陶瓷器僅針對年代作出區分，還尚未有進一步的陶瓷器分析。〔註6〕而於上個世紀末在左營清代鳳山縣舊城遺址所進行的試掘，並於報告中初步提出陶瓷器遺留。以今日研究角度切入，單純利用考古學方法呈現歷史時期之漢人陶瓷器，尚無法有效的顯示其文化內涵，僅使用層位與疊壓關係，並無法確切解決歷史考古當中陶瓷器年代辨識之問題；〔註7〕關於較為深入的出土遺物研究，則由藝術史學者提出，如藝術史學者謝明良教授，曾針對於部分出土陶瓷器遺物年代與產地進行更為詳細的考證，並將論點朝向文化與貿易的面向。〔註8〕但

〔註4〕張光直，〈發刊詞〉，《臺灣史田野研究通訊》第1卷第12期，臺北：中央研究院臺灣史田野研究室，1986年，頁2。

〔註5〕陳光祖，〈臺灣地區出土瓷器現況——臺灣出土瓷器研究的幾個面向〉，《田野考古》第9卷第1、2期，2004年，頁137～165。

〔註6〕李德河、劉益昌、傅朝卿等，《第一級古蹟臺灣城殘蹟（原熱蘭遮城）城址初步研究計畫——期末報告》，臺南：財團法人成大研究發展基金會，2003年。

〔註7〕臧振華、高有德、劉益昌，〈左營清代鳳山縣舊城聚落的試掘〉，《中央研究院歷史語言研究所集刊》第64本第3分，1993年，頁763～865。

〔註8〕謝明良，〈陶瓷所見十七世紀的福爾摩沙〉，《故宮文物月刊》第21卷第2期，2003年，頁24～39。

僅透過關注考古遺物並深入研究的單一途徑,並無法將該區域內出土陶瓷器與區域內漢人生活、聚落的相關發展有效的扣連。而歷史學者曾光正教授則透過文獻紀錄、古地圖、歷史訪談,以及今日遺存之文化資產等方式,試圖恢復鳳山舊城之歷史空間與文化脈絡,研究中利用古地圖套疊與文獻相互映證的方式,有效的論證出各時期漢人生活空間與建築的相互關係,〔註9〕唯可惜並未將考古遺存納入研究項目,無法有效的將歷史學與藝術史、考古學有效結合,進一步提出活動範圍與歷史建築的交互關係。

財團法人樹谷文化基金會也曾對於臺南科學園區內的新寮遺址進行發掘,新寮遺址位置上極為接近中寮遺址,而發掘過程中所出土的外貿陶瓷器出土年代與類型,與中寮遺址亦極為相似。〔註10〕然較為可惜的是,報告內容對於該時期陶瓷器研究有些許偏差認知,雖並未對整體分析造成決定的影響,但對於年代分析的數據有待商榷。此外,報告中僅對出土遺物進行初步的認知簡報,簡略交代出土遺物類型,並未針對其他相關特殊現象進行分析與深入研究,僅以簡單的論述交代遺物可能年代,將導致考古材料,與當時、當地的人類活動與發展,缺少系統性的梳理與整合。而針對歷史時期的漢人陶瓷器,由於涉及時代流行、工藝技法、產地原料等諸多因素,並無法單就「紋飾」作為分類依據。但是不可否認的是,報告當中將考古訊息、遺物相關數據,以及相關檢測紀錄,完整且詳細的呈現,對於進一步的分析與研究有相當大的幫助,此外,並針對臺南各區域所生產之磚瓦、糖漏,進行科學性成份分析與岩相分析,對於陶瓷器的產地與來源提供更為準確的依據。

考古學者陳有貝先生,於宜蘭淇武蘭遺址進行大規模考古發掘工作,該遺址出土大量十七世紀陶瓷器與金屬器遺留,其中包含大量的青花玉壺春,屬典型明代風格,另外還發現大量洪武通寶,以及原住民普遍使用漢人製作的陶瓷、金屬等器物,一再顯示該遺址年代較早的特徵。陳有貝先生認為,從文化的角度而言,淇武蘭出土瓷器呈了現平埔社會與漢人的接觸、影響與改變。〔註11〕

〔註9〕 曾光正,《鳳山縣舊城城內歷史空間調查研究期末報告》,高雄市政府文化局委託,高雄市舊城文化協會執行,2011年。

〔註10〕 朱正宜、陳俊男等,《新寮遺址搶救發掘研究計畫期末報告》,臺南:財團法人樹谷文化基金會、國立臺灣史前文化博物館,2010年。

〔註11〕 陳有貝、李貞瑩,〈淇武蘭遺址出土近代瓷器簡介〉,《田野考古》第9卷第1、2期,2004年,頁35～51。

　　考古學者謝艾倫女士於其碩士論文中，針對淇武蘭遺址上層文化出土外來陶瓷進行討論，分別就生活面與墓葬陪葬兩部分，配合抽樣策略，結合地層、數量與器種等面向進行討論。論文中明確的提出外來陶瓷器，以及其他各式物質與人類活動的關係，並透過上述的研究方法，確切提出陶瓷器同時具有「外來」與「在地」的雙重性質，並解決陶瓷器進入原住民社會的歷史背景與變化歷程。〔註12〕然文中對於淇武蘭遺址出土陶瓷器，僅有基本數量與年代等訊息，對於陶瓷器的產地、紋飾風格等訊息，則未納入研究範疇之內，實屬較為可惜之處。而考古學者邱鴻霖教授則結合考古學研究、文化人類學理論，以及歷史文獻資料等方面，透過實際的墓葬與遺留，綜合論述噶瑪蘭文化變遷的內在過程與因素。〔註13〕

　　十八世紀以後的考古發掘，規模最大者屬雲林縣北港與嘉義縣舊南港地區的古笨港遺址，於1996年以後，陸續於北港朝天宮、〔註14〕水仙宮、〔註15〕板頭村，〔註16〕以及崩溪缺等地進行發掘，〔註17〕並陸續公布相關發掘資料。此時期大多屬於資料累積階段，主要以公布考古成果為主。因此，學者陳玉美女士則以古笨港遺址為例，提出透過出土遺物的「生活品味」，回溯當時人類的社會經濟等生活面向，同時表現出漢人社會形成與轉化的過程。〔註18〕而這個論點於2011至2012年期間，盧泰康教授與邱鴻霖教授於該地進行發掘時得以實踐，本次發掘將考古現象與遺物、傳世資料、歷史文

〔註12〕謝艾倫，《宜蘭淇武蘭遺址出土外來陶瓷器之相關研究》，國立臺灣大學人類學研究所碩士論文，2009年。

〔註13〕邱鴻霖，《宜蘭縣礁溪鄉淇武蘭遺址出土墓葬研究——埋葬行為與文化變遷的觀察》，國立臺灣大學人類學研究所碩士論文，2004年。

〔註14〕陳全方、張臘梅，《雲林縣北港鎮朝天宮（前中央市場）文化地層調查紀錄》，雲林：北港朝天宮，1996年。

〔註15〕何傳坤、陳浩維、臧振華，《臺灣地區地方考古人才培訓班（第三期）第二階段田野實習課程　考古調查暨考古發掘報告》，行政院文化建設委員會主辦，財團法人新港文教基金會承辦，中央研究院歷史語言研究所協辦，1997年。

〔註16〕何傳坤、劉克竑、陳浩維，《嘉義縣新港鄉板頭村遺址考古試掘報告》，嘉義縣政府、嘉義縣立文化中心主辦；新港文教基金會承辦；國立自然科學博物館執行，1999年。

〔註17〕何傳坤、劉克竑，《雲林縣及嘉義縣北港溪古笨港遺址「崩溪缺」地點搶救考古調查及評估計畫》，行政院文化建設委員會委託，國立自然科學博物館執行，2003年。

〔註18〕陳玉美，〈臺灣的歷史考古學的研究〉，《田野考古》第15卷第1期，2012年，頁1～18。

獻緊密扣合，以考古學專業方法進行發掘，並對於各層位與現象進行剖析，同時利用藝術史專業的風格分析，檢視出土遺物所透露的年代訊息，並重視各階段史料中所記載的相關紀錄，透過各面向的綜合分析，試圖回溯十七世紀至十九世紀期間，古笨港區域各階段庶民生活狀況。〔註19〕

南科考古隊於民國 84 年開始，針對臺南科學園區內遺址進行調查與發掘，迄今所發現之相關漢人或與漢人有所接觸之西拉雅遺址，將近 20 處以上，所出土之遺物，自十七世紀中期至二十世紀早期皆有所發現，這些遺物種類型制豐富，產地來源多元，其中又以社內遺址最為豐富，盧泰康教授於其博士論文中，針對包含社內遺址，以及臺灣各地遺址出土十七世紀中期以降之陶瓷器進行分析與研究，於研究中同時並用藝術史風格分析、考古類型學與田野調查與歷史文獻考證，透過分析各區域出土陶瓷器表現形式、比對文獻與貿易紀錄，同時比較區域考古資料的差異，進一步體現十七世紀臺灣之交通地位、貿易與消費模式。透過這些陶瓷器的遺留，對於早期移民，以及跨國貿易的研究，提供了相關豐富的材料。然由於臺南科園區內遺址數量眾多，出土遺物數量龐大，需要透過大量的研究與論述作為基礎，以及長時間的研究累積，才能有效的針對如此龐大的考古材料進行持續的研究。

考古學者張光直先生認為所謂的聚落型態，是人類對於其所居住之區域的相關安排，而這種安排是與物質環境息息相關的。〔註20〕考古學者趙金勇先生亦關注聚落型態的空間分析，並強調族群組織與互動，探討利用空間組織來適應自然及社會環境。〔註21〕其研究對象雖非臺灣本地漢人族群，但透過這類研究，能有效的整合歷史文獻與考古資料，並將研究拓展至貿易、聚落意識形態、防禦機制等方面，有助於筆者建構聚落型態與發展的相關研究。而在陶瓷學研究部分，藝術史學者謝明良先生則針對臺灣幾處遺址出土陶瓷器類型進行解析與深入考究，釐清諸多陶瓷器相關歷史脈絡；盧泰康教授長期關注臺灣與澎湖等各地出土陶瓷器，其中針對海上貿易與文化交流等議題進行深入探究，並將研究成果延伸至各類型遺物、工業生產，以及本地原住

〔註19〕盧泰康、邱鴻霖，《雲林縣古笨港遺址範圍與文化內涵先期研究計畫期末報告書》，雲林縣政府委託，國立臺南藝術大學執行，2012 年。

〔註20〕Chang Kwang-chih, *Study of the Neolithic Social Grouping-Example from the New World*., American Anthropologist, 60: 2, 1958, pp. 298~334.

〔註21〕趙金勇、鍾亦興，〈花岡山與大龍峒遺址的近現代陶瓷消費〉，《考古人類學刊》第 76 期，2012 年，頁 61~96。

民流傳之陶瓷器等議題，擴展了陶瓷史的研究視野。

整合上述累積的學術成果，可分為幾個研究面向，如下所述：

（一）產地

在物質遺留當中，以陶瓷器最為大宗，其中又以瓷器最為重要，於各地遺址皆可發現。進入臺灣之陶瓷器產地多以江西景德鎮、福建德化、漳州等地為大宗，少部分來自中國江浙、廣東地區，或者日本、〔註22〕越南、泰國等地。

（二）功能與使用脈絡

這些進入臺灣的陶瓷器根據使用者角色不同，亦產生不同的面貌，以原住民或歐洲人根據地為主的遺址，較容易發現外貿性格強烈的陶瓷器，如克拉克瓷（kraak），或者歐洲鹽釉陶等；而在以漢人為主的聚落、墓葬遺址，則以中國傳統紋飾之青花、彩瓷為大宗。此外，器型方面亦呈現不同的特徵，漢人遺址多呈現以飲食用器為主的特徵，並伴隨出土祭祀用器；原住民遺址則品項不一，各種類型陶瓷器皆有可能出現。

（三）人群關係

十七世紀前期漢人遺址，多半與荷蘭人的勢力範圍、開放貿易的原住民部落相關；十七世紀後半的遺址，則多半與鄭氏政權的屯兵與開墾有關。

（四）研究模式

而研究取向方面，若就以單一學科作為研究途徑，將使得研究視野受到相當程度的侷限，因此，我們仍必須透過跨學科的研究整合，才能夠以有效的研究方法與途徑，針對個別議題逐一分析與研究。

三、研究理論與方法

（一）藝術史研究分析

「風格」（style）是今日藝術史的基本元素，藝術史學者邁耶爾・沙皮諾（Meyer Schapiro）將「風格」歸納出三組成分：（1）視覺表現元素；（2）各視覺元素間的相互關係；（3）此一相互關係所呈現的整體品質。〔註23〕而「風

〔註22〕盧泰康，野上建紀，〈澎湖群島、金門島發見の肥前磁器〉，《金澤大學考古學紀要》第 30 期，2009 年，頁 1～11。

〔註23〕Meyer Schapiro, "Style" In *The Art of Art History: A Critical Anthology*., ed. Donald Preziosi, 1953, pp 169~176.

格分析」是研究藝術史發展的一個有效的方法,一種風格的形成,與當時時代、地域及個人都具有相當大的關係。德國風格分析學者海因里希·沃夫林(Heinrich Wölfflin)提出「風格發展五組原則」,〔註24〕爾後的路德維希·巴赫霍夫(Ludwig Bachhofer)〔註25〕與羅樾(Max Loehr)〔註26〕將這種原則的操作對象轉移至中國上古器物亦獲得相似的結論。因此,作品形式會按邏輯性發展而排列的原則,我們可以透過這些規律釐清作品的發展。透過觀察作品的細微變化,檢視各階段不同的文化歷史脈絡下,使用者在選擇所使用的陶瓷器中,所產生的風格差異,或者其歷史背景、生活條件的改變;反之也可能為使用者本身的改變,造成風格的轉變。

陶瓷器遺留類型,包含餐飲、裝盛、祭祀,以及工業生產等類型,而在數量上也反映了這些類型陶瓷器的使用狀況。這些陶瓷器具的數量與類型,與當時漢人生活的產業活動,有著極為密切的關係。

因此,本研究以藝術史方法為首要步驟,透過對陶瓷器的觀察,以物件本身透露的訊息作為出發點,進一步分析與整理。主要方向分為二階段:第一部分,針對瓷器遺留進行分類、數量統計、觀察與測量,而相關製作工藝訊息包含了胎質、釉藥、燒成溫度、圈足切修、裝飾技法等,並針對較完整器做若干基礎數值之測量,策略性選擇具關鍵意義之屬性進行記錄觀察,藉以分析差異取得相關各項數值。第二階段則針對紋飾、窯口等進階訊息進行統計與整理,但由於多數標本屬殘碎狀態,因此必須透過紋飾母題與工藝技術上的辨識,才能有效的區分與辨識出考古遺址中出土陶瓷器所隱藏的訊息。

(二)考古學分析與解讀

考古學者沃爾特·泰勒認為,考古學應該重視人工製品間所反映的人類行為,並主張採用「關聯法(conjunctive approach)」來通盤考慮人類所建立之文化體系。六〇年代以後,考古學家路易士·賓佛(Lewis Binford)延續泰勒對於考古學的觀點,主張考古推理應基於一個明晰的邏輯論述架構,任何

〔註24〕沃夫林(Wolfflin, Heinrich),《藝術史的原則》,臺北:雄獅出版社,1987年。

〔註25〕Ludwig Bachhofer, *A Short History of Chinese art.*, New York: Pantheon Books, Inc., 1946; J. G. Andersson, Researches into the Prehistory of the Chinese, BMFEA 15, 1943.

〔註26〕Max Loehr, *The Bronze Styles of the Anyang Period (1300~1028 B.C.).*, University of Michigan, 1953.

的結論在被確認之前都應該經過驗證。〔註 27〕賓佛認為，文化是一個系統，因此須著重於研究其生業、技術、社會、次級系統、意識形態次級系統、貿易及人口等問題，並以演繹代替歸納、以解釋取代描述。

本次研究將針對中寮遺址出土瓷器遺留，在各層位順序中的變化，以及空間的分布狀態與現象，進行交叉比對，透過圖示與圖表等方式，配合統計檢定成果，呈現該區域陶瓷器時間與空間關係。同時比對海外地區發現之沉船、窯址、紀年墓，以及港市等遺址資料，作為建構本次研究編年史之架構。另一方面，著重分析出土遺物中所蘊含的各項人類活動訊息，藉此釐清不同性質之遺物於人類活動中被賦予的腳色。

（三）歷史文獻整理與運用

傳統上，部分學者認為，歷史考古學應當回歸歷史文本，作為「歷史學的考古學」，如 J・C・哈林頓（J. C. Harrington）將歷史考古學定位於「歷史學的輔助科學」，是獲取史料的「重要歷史工具」，〔註 28〕卡爾・羅素・菲什（Carl Russell Fish）也同樣指出「作為史料的歷史物質」的立場；〔註 29〕而另一派學者則認為，歷史考古學與文獻歷史學雖密切相關，但本質上仍應有所區別，如約翰・L・柯特（John L. Cotter）認為歷史考古學與傳統的文本歷史學，皆能創造一個具有獨立價值的歷史。〔註 30〕無論如何，如同倫弗瑞所強調的，「脈絡（context）」才是考古學研究的核心，〔註 31〕在研究歷史考古學的同時，必須同時重視史料的紀錄，以及所有物質性的遺留，兩者皆具有同樣的重要性。

本次研究將參閱中外史料典籍，主要範圍包括中國明代後期、清代，關於臺灣本地的行政、軍事、民俗等相關官方紀錄、私人行旅紀錄、日本殖民統治時期相關地圖資訊、碑刻紀錄、以及日本、荷蘭、英國，以及西班牙等

〔註 27〕 Colin Renfrew and Paul G. Bahn, *Archaeology: Theories, Methods and Practice*, 2nd ed. London: Thames and Hudson Ltd, 1996, pp. 36~37.

〔註 28〕 Jean Carl Harrington, *American Anthropologist.*, 57:6, pt.1, 1955, pp. 1121~1130.

〔註 29〕 Carl Russell Fish, *The Relation of Archaeology and History.*, in Proceedings of the Wisconsin State Historical Society 1911, Vol. 57 pp. 146~152.

〔註 30〕 John Cotter, *Archeological Excavations at Jamestown Colonial National Historical Park and Jamestown National Historic Site, Virginia.*, Washington, D.C.: National Park Service, U.S. Dept. of the Interior, 1958.

〔註 31〕 Colin Renfrew, Ezra B. W. Zubrow eds, *The Ancient Mind: Elements of Cognitive Archaeology.*, Cambridge and New York: Cambridge University Press, 1994, pp. 54~74.

國留下的商業紀錄等。透過查詢該區域相關的記載，找尋能夠與考古資料相
扣合的資訊，並進一步分析中寮遺址在各個階段的歷史定位。

（四）其他學科理論的導入

空間中的物質基礎，塑造了人類社會生活的能力，即指物質性的地理形
式或建構環境如何構成（constitute）限制（constrain）以及調節（mediate）人
類的社會生活，[註32] 當人們認定一個地域（place）時，便已有社會文化的
形塑立即意義存在。因此，人類活動停留在某個特定區域時，在其時空與空
間的交織之下，必定存在某種特殊的意義，而這個特定區域，將隨著人類的
活動而形成聚落。[註33]

「聚落（Settlement）」係指人類活動下產生的營造物之集合體，隨著人
類活動而有消長，且外表形態隨之改變，內部結構亦會有所變化。[註34]
聚落的產生，透過人類的基本需求而形成，漸漸受到自然環境、交通文化、
宗教信仰、商業政治，以及防禦機能等因素而產生改變，而產生不同取向
的差異。此外，空間亦有許多不同種類，它的多樣性是難以限制及計算的，
各種空間又有相互糾結，[註35] 因此，空間的形成自然會產生優越性與邊
陲性。[註36] 在聚落的形成中，則自然而然受到這些條件的影響，產生聚落
的集中與分散等歧異現象。因此，透過分析聚落遺址當中所發現的遺物、
爬梳文獻的相關紀錄，將能有效地針對今日已消失之聚落，進行研究復原等
工作。

本次研究希冀將考古學成果，藝術史觀察與研究，配合歷史文獻紀載，
結合地理學科中，對於「聚落」與「環境」等角度的研究範疇，進一步分析
中寮遺址聚落各階段的發展與變遷。

藝術史學者黃翠梅教授曾經提出，在不同學科下，「風格」有不同的理
解：考古學中多從出土器物的形制與功能進行分類，並強調器物各部位形制與
器用的關係；藝術史則從審美表現的區分入手，著重器物整體外形與視覺效果

[註32] Michael Dear and Jennifer Wolch, How Territory Shapes Social Life, in *The power of Geography: How Territory Shapes Social Life.*, Jennifer Wolch and Michael Dear, eds, Boston: Unwin Hyman, 1989, pp. 3~18.
[註33] 黃應貴，《空間、力與社會》，臺北：中央研究院民族學研究所，1995 年，頁 1~38。
[註34] 胡振洲，《聚落地理學》，臺北：三民書局，1993 年，頁 1~2。
[註35] Henri Lefebvre, *The production of Space.*, Oxford: Blackwell, 1991, pp.86.
[註36] 黃應貴，《空間、力與社會》，頁 21。

或藝術意圖的聯繫。藝術史與考古學所處理的材料雖然頗有重疊，惟二者不僅有其專屬的研究標的、理論和研究方法，也有其各自的侷限。〔註 37〕也就是說，透過多元學科的整合研究方法，將能交織成更具理論與邏輯的研究方向。因此，在研究過去聚落遺址的同時，除考古學、藝術史，以及歷史學並須同時重視外，仍以其他學科的長處為借鏡，有效的針對個別議題進行研究。

四、研究對象

（一）中寮遺址的發掘經過

　　中寮遺址，位於臺南市新市區臺南科學園區內，為今日南科液晶電視專區與樹谷園區，行政隸屬臺南市新市區豐華里，遺址範圍約 400 公尺×180 公尺，面積約 72,000 平方公尺。遺址中心之經緯度（TWD97）為東經 120°15'29"、北緯 23°5'40"，二度分帶座標（TWD97）為 E173993.118×N2554934.338。遺址位於看西排水溝東側，舊臺糖鐵路北側，南側為一灌溉溝渠，現為樹谷園區旭硝子顯示玻璃股份有限公司用地，西鄰曼陀林路，南鄰看西路（圖 1、圖 2）。〔註38〕發掘以前地勢平坦，海拔高度約 2.2 至 2.7 公尺。附近渠道遍佈，多做農業使用。〔註 39〕

　　依民國 90 年中研院歷史語言研究所李匡悌副研究員之調查，以及發掘前的考古鑽探工作結果顯示，樹谷園區內共 13 處地點有考古文化遺留，並於自民國 94 年起至民國 97 年止，由聯奇開發股份有限公司委託國立臺灣史前文化博物館進行樹谷園區考古遺址受開發影響部分搶救發掘，除中寮遺址外，還包括王甲遺址、旗竿地東遺址、堤塘遺址、埤仔頭遺址、王甲南遺址、木柵遺址、木柵西遺址、旗竿地遺址、瘦砂遺址等。其中，中寮遺址發掘工作自民國 94 年 11 月 10 日起至民國 94 年 12 月 16 日，共計取樣發掘 535 個 2

〔註37〕黃翠梅，〈變動的疆界——藝術史與考古學的學科對話〉，《2003 海峽兩岸藝術史學與考古學方法研討會論文集》，臺南：國立臺南藝術大學，2005 年，頁 17～18。

〔註38〕臧振華、李匡悌，《南科液晶電視及產業支援工業區考古遺址受開發影響部分搶救發掘計畫報告》，聯奇開發股份有限公司委託、國立臺灣史前文化博物館執行，2011 年，頁 2，圖 1；朱正宜、陳俊男等，《新寮遺址搶救發掘研究計畫期末報告》，臺南：財團法人樹谷文化基金會、國立臺灣史前文化博物館，2010 年，頁 3，圖 2。

〔註39〕臧振華、李匡悌，《南科液晶電視及產業支援工業區考古遺址受開發影響部分搶救發掘計畫報告》，頁 280。

公尺×2 公尺探坑，搶救面積 2,140 平方公尺。該遺址出土遺物豐富，且具有柱洞、磚瓦堆積，以磚砌水井等建築結構現象。〔註40〕

圖1：中寮遺址與周邊遺址位置圖

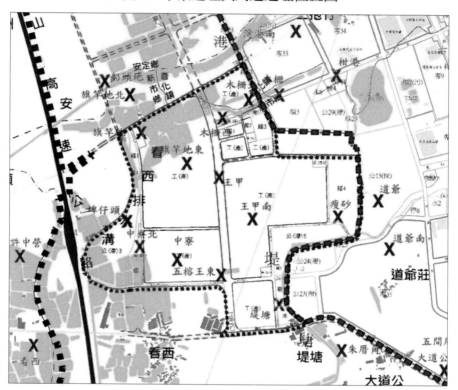

　　鄰近歷史時期考古遺址數量相當豐富，目前已知歷史時期遺址中，已可明確得知為漢人文化的遺址，包括埤仔頭遺址、王甲遺址、木柵遺址、堤塘遺址、旗桿地東遺址、柑港遺址、南科國小遺址、道爺遺址，以及道爺南遺址等。〔註41〕至目前為止，由文化部文化資產局的網站內公告，〔註42〕僅有木柵遺址公告登錄為直轄市定遺址。依據該網站之紀錄，木柵遺址具有：「1.

〔註40〕臧振華、李匡悌，《南科液晶電視及產業支援工業區考古遺址受開發影響部分搶救發掘計畫報告》，頁280～339。

〔註41〕臧振華、李匡悌，《南科的古文明》，臺東：臺灣史前博物館，2013年，頁36～43。

〔註42〕文化部文化資產局網站，網址：http://www.boch.gov.tw/boch/frontste/culturea ssets/CultureAssetsArcheologySearchAction.do?method=doSearchArcheology&m enuId=308&iscancel=true，府文資字第 0980252232A 號.B 號，點閱日期 2013/7/19。

文獻中木柵街及木柵汛防所在。2.南科園區內大型近代漢人文化遺址。3.康熙
末年清軍與朱一貴軍曾大戰於此，見歷史意義。」等文化意義，總計指定 26440
平方公尺為遺址範圍，保存 26440 平方公尺規劃為公園綠地（公 33），目前現
地保存。

圖 2：臺南科學園區液晶電視專區與樹谷園區遺址分布圖

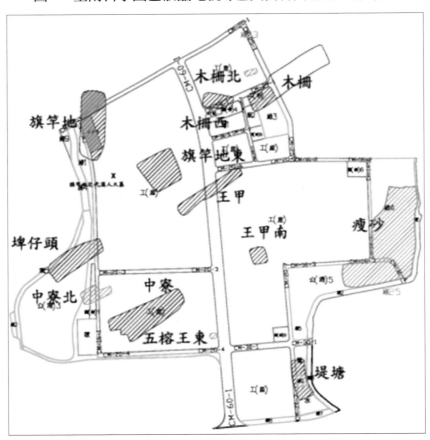

（二）遺址內涵

中寮遺址據鑽探與發掘結果顯示，僅具單一層漢人文化層。文化層堆積
於高程（海拔）2.2 至 2.3 公尺起，厚度約 60 至 100 公分，屬人類活動影響範
圍，見有數次堆積，以暗褐色黏土層為主。遺址中心灰坑遍部，向下後含沙
量增加，隨即文化層結束。〔註 43〕

〔註 43〕臧振華、李匡悌，《南科液晶電視及產業支援工業區考古遺址受開發影響部分
搶救發掘計畫報告》，頁 284～290。

　　根據中寮遺址出土漢人陶瓷器內容推定該遺址年代上限，可追溯至十七世紀中期左右，典型陶瓷類型包含厚胎安平壺、閩南地區燒造壽字紋碗、秋葉紋盤，以及1650年代日本肥前青花瓷，另有頗多清初時期江西景德鎮燒造之精細青花瓷杯盤。遺址年代可延續至十八至十九世紀，類型以德化窯系青花瓷與彩瓷為主。此外尚見少數二十世紀臺灣本地燒造瓷器，研判本遺址可能年代約為十七世紀中期至二十世紀左右。中寮遺址出土遺物類型方面，皆與漢人相關習俗有關，陶瓷器以碗、盤、杯等餐飲用器為主，另外同時也出土大量瓶、罐、盆等裝盛用器；而建築用的磚、瓦則占大宗，磚砌結構中仍可見三合土遺留，顯示當地已有建築結構；此外，另有出土磚砌水井等水利設施，顯示該地聚落已具有一定規模。

　　根據文獻資料顯示，於十八至十九世紀階段，本區域位處臺南府城與諸羅縣城之間的重要交通路線，同時也是銜接漢人與平埔聚落的貿易點，開始形成一頗具規模的「木柵聚落」。然而，進入十九世紀以後，木柵聚落長期以來深受洪水所苦，於道光三年期間的一次洪災中，本區域諸多聚落遭受極大的損害，甚至有「滅村」之說。關於此「滅村」之說，主要來自於本地文史工作者所論述之結果，但在筆者深入調查以後，發現考古資料與文獻之中，與上述滅村之說有著極大的差異，因此本研究希冀藉由更系統性的整理與研究，進一步釐清所謂的「古木柵聚落」的發展歷程。

（三）小結

　　綜合上文內容可知，中寮遺址係一頗具規模的聚落，並可能肇始於十七世紀中期。而透過出土材料，大致可以與明末清初階段，即鄭氏領台時期相扣合。此外，也可以透過物質遺留，研判該地區族群應以漢民族為主，並有較具規模的交流貿易與產業技術等活動。

　　本研究一方面整理出土遺物，復原中寮遺址聚落的生活樣貌；另一方面，透過出土陶瓷器特徵相關數據的分析，進一步推估該聚落的發展與變遷。而本研究主題鎖定於中寮遺址漢人遺留，並以此作為立論基礎。而同時期周邊的「西拉雅文化」聚落，與漢人遷移與貿易具有密切的關聯性，必定對於漢人聚落的生成產生極大的影響，但本次研究僅能將範圍鎖定在古木柵漢人聚落，至於該地與其他民族與文化或遺址間的比較等議題之討論，則有待未來研究與處理。

貳、出土遺物整理分析

　　此章主要針對中寮遺址出土瓷器部分進行分類與統計，其分類依據將依照器型、瓷種、窯口、年代等四項進行。透過藝術史觀察，分析胎質、釉色、燒成溫度、圈足切修、紋飾母題、裝飾技法，以及時代風格等特徵，進行深入比對與綜合性分析。以下詳述分類原則：

　　（一）器型

　　透過分析殘片曲面弧度之大小、圈足切修方式，紋飾母題、內外壁紋飾布局之差異等，以及施釉方式等細微特徵，復原破損前之器形。而詳細且確定的器形辨識，有助於統計本遺址各種不同器形的使用頻率，藉以判斷該地區人群的生活的原貌。

　　（二）瓷種

　　觀察器底、胎質釉料，以及殘存之施彩痕跡，以明確辨識其所屬之瓷種。唯部份青花瓷器，因未見鈷料分佈，故可能分入白瓷，因此若僅殘缺未達四分之一者，僅知為瓷器，超過四分之一才能確定為白瓷。而瓷種的辨認，可以輔助作為判定年代的依據，以及分析該遺址人群的進口瓷器貿易取向。

　　（三）紋飾

　　藉由觀察各式標本上的紋飾母題布局，辨識其所屬之紋飾。紋飾的施作包含鈷料與釉彩的繪製、印花、刻花、剔花、雕花、雕塑，以及模製等等方式。紋飾的判讀，提供了出土標本的年代判定的依據，同時也是識別窯口產地的指標之一。

　　（四）窯口

　　針對斷面瓷胎瓷質細緻程度、圈足切修特徵，以及鈷料發色程度等資

訊，給予最客觀之產地判定依據。窯口的判定有助於分析本區域內漢人在此階段的陶瓷貿易對象與來源。

（五）年代

透過分析紋飾母題、圈足切修特徵，以及胎釉施作特徵等，給予最為客觀之年代判定依據。出土遺物的年代判定結果，將有助於分析此遺址於各階段的發展狀況，聚落變遷過程，各時期人口密集程度等豐富訊息。

一、中寮遺址出土陶瓷器分類

中寮遺址出土高溫瓷器，總計一萬兩千七百餘件，約 182 公斤左右，包括青花瓷、白瓷、青瓷、其他單色釉瓷，以及加彩瓷器等，品項豐富。以下分為高溫青花瓷器與其他高溫瓷二種進行整理分析；而陶質遺物數量相當龐大，粗略估計達 2200 公斤以上，受限於時間與人力限制，無法於本次研究中詳細處理，僅能就幾種代表性遺物進行論述。

（一）高溫青花瓷器

本次中寮遺址出土瓷器，以高溫青花瓷為大宗，總計包含碗、杯、盤、匙、蓋、瓶罐等六類，以下分述：

碗類

依口徑大小分為三型碗，敘述如下：

A 型大型碗，口徑 170mm 以上，器身高度 75mm～90mm 左右，足徑 75mm～85mm 左右，以下細分二式：

A 型 I 式，敞口、斜壁、弧腹、下接圈足，足壁內斜外直，露胎處帶火石紅，碗心飾錦鯉躍水紋，內壁飾雜寶紋，外壁飾兩組流雲鳳紋，青花發色良好，例見標本編號 CL-PV-069（圖 3）。

圖 3：標本編號 CL-PV-069，錦鯉躍水紋青花碗

A 型 II 式，撇口、斜壁、折腹、下接圈足，足壁高直粗寬，足底露胎，碗心澀圈，露胎處帶火石紅，外壁飾以四組簡筆團花紋，青花發色灰暗，例見標本編號 CL-PV-138（圖 4）。

圖 4：標本編號 CL-PV-138，簡筆團花紋青花碗

B 型中型碗，口徑約 120mm～160mm，器身高度 60mm～80mm 左右，足徑 60mm～70mm 左右。依照口緣形制可細分三式：

B 型 I 式敞口碗，依照器型特徵可再區分五亞式：

a 亞式：敞口、弧壁、弧腹、下接圈足，圈足粗厚高直，口緣與足底刮釉露胎，外壁飾以流雲龍紋，碗心花押紋，青花發色淺淡。例見標本編號 CL-PV-036（圖 5）。

圖 5：標本編號 CL-PV-036，流雲龍紋青花碗

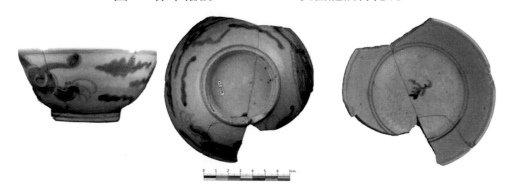

b 亞式：敞口、弧壁、斜腹、下接圈足，圈足粗厚高直，碗心澀圈，圈足微帶窯砂，外壁飾以流雲雜寶花草紋，碗心花押，青花發色淺淡。例見標本編號 CL-PB-8971（圖 6）。

圖 6：標本編號 CL-PB-8971，流雲雜寶紋青花碗

　　c 亞式：敞口、折沿、弧腹、下接圈足，碗心澀圈，外壁飾以簡筆花草
紋，口緣內壁飾捲草團花紋，青花發色淺淡，口緣施醬釉。例見標本編號
CL-PB-8981（圖 7）。

圖 7：標本編號 CL-PB-8981，簡筆花草紋折沿青花碗

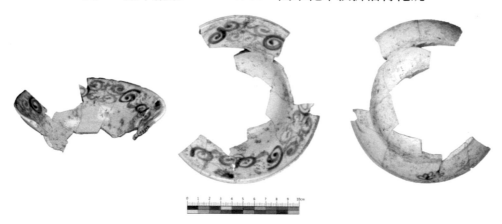

　　d 亞式：敞口、斜壁、斜腹、下接圈足，圈足粗寬淺短，碗心澀圈，足底
微帶窯砂，外壁飾以簡筆靈芝紋、印花花草紋等，青花發色灰暗。例見標本
編號 CL-PV-152（圖 8）。

圖 8：標本編號 CL-PV-152，簡筆花草紋青花碗

e 亞式：敞口微撇、斜壁、弧腹、下接圈足，圈足粗寬淺短，碗心澀圈，外壁紋飾包含花草人物紋、文字花草紋等，青花發色灰暗。例見標本編號 CL-PV-163（圖 9）。

圖 9：標本編號 CL-PV-163，花草人物紋青花碗

B 型 II 式撇口碗，依照造型與工藝特徵，可細分六亞式，以下分述：

a 亞式：撇口、直壁、弧腹、下接圈足，碗心飾澀圈，足壁粗厚高直，外壁飾以纏枝團花紋，內壁口緣側飾花草錦帶，青花發色灰暗。例見標本編號 CL-PV-166（圖 10）。

圖 10：標本編號 CL-PV-166，纏枝團花紋青花碗

b 亞式：撇口、弧壁內凹、弧腹、下接圈足，足壁淺短，略外斜，帶些許窯砂，外壁紋式多樣，包括雜寶紋、簡筆花草紋、團花紋、流雲螭龍紋，以及雲龍紋等，碗心一簡筆花押紋，青花發色良好。例見標本編號 CL-PV-066、CL-PV-099（圖 11、圖 12）與標本編號 CL-PV-133（圖 13）。

c 亞式：撇口、斜壁、弧腹、下接圈足，足壁粗厚，略外斜，足底微帶窯砂，紋飾多樣，包含花草蝶紋、瓜果花草紋、山水樓閣紋、山水扁舟紋、團菊花草紋等，碗心飾花押，部分飾山水紋，青花大多發色良好。例見標本編號 CL-PV-134 與 CL-PV-136（圖 14、圖 15）。

圖 11：標本編號 CL-PV-066，雜寶紋青花碗

圖 12：標本編號 CL-PV-099，團花紋青花碗

圖 13：標本編號 CL-PV-133，流雲螭龍紋青花碗

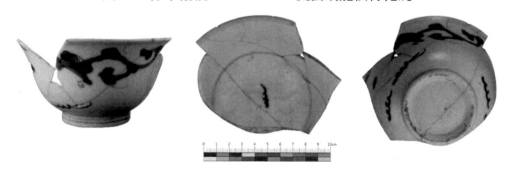

圖 14：標本編號 CL-PV-134，團菊花草紋青花碗

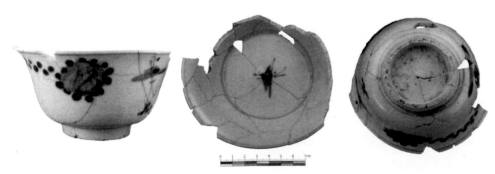

圖 15：標本編號 CL-PV-136，山水扁舟紋青花碗

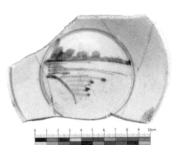

d 亞式：撇口、斜壁、斜腹、下接圈足，足壁淺短，略外斜，器外壁飾花草鳳紋，碗心飾雜寶紋，例見標本編號 CL-PV-068（圖 16）。

圖 16：標本編號 CL-PV-068，花草鳳紋青花碗

e 亞式：撇口、斜壁、斜腹、下接圈足，足壁粗厚高直，碗心帶澀圈，足底未施釉，器外壁飾印花梵文、纏枝團菊紋，以及開光春字紋，青花發色灰暗。例見標本編號 CL-PV-097（圖 17）、CL-PV-035（圖 18），以及 CL-PV-095（圖 19）。

圖 17：標本編號 CL-PV-097，纏枝團菊紋青花碗

圖 18：標本編號 CL-PV-035，印花梵文青花碗

圖 19：標本編號 CL-PV-095，開光春字紋青花碗

　　f 亞式：撇口、直壁、折腹、下接圈足，碗心飾十字紋，足壁粗厚，略外斜，外壁飾以纏枝團花紋，青花發色灰暗，釉面略帶開片，部份氧化氣氛較強，呈現紅褐色，器底略帶火蝕紅。例見標本編號 CL-PV-002（圖 20）。

圖 20：例見標本編號 CL-PV-002，纏枝團花紋青花碗

　　B 型 III 式侈口碗，侈口、直壁、弧腹、下接圈足，足壁粗厚高直，外壁飾以折枝花草與回文，碗心飾簡筆花草。例見標本編號 CL-PV-96（圖 21）。

圖 21：標本編號 CL-PV-96，花草回文青花碗

　　C 型小型碗，口徑 120mm 以下，器身高度 65mm 以下，足徑 40mm～65mm 左右。以下依照口緣特徵可細分五式：

　　C 型 I 式敞口碗，敞口、斜壁、弧腹、下接圈足，足壁粗厚高直，足底與碗心無釉，外壁飾簡筆靈芝紋，青花發色灰淡，部分無覆蓋透明釉之鈷料呈褐色，例見標本編號 CL-PV-005（圖 22）。

圖 22：標本編號 CL-PV-005，簡筆靈芝紋青花碗

　　C 型 II 式撇口碗，依照造型與工藝特徵可區分五亞式，分述如下：

　　a 亞式：撇口、斜壁、斜弧腹、下接圈足，足壁粗厚高直，碗心帶澀圈，外壁飾印花螭龍紋，青花發色灰暗，例見標本編號 CL-PV-004（圖 23）。

　　b 亞式：撇口、斜壁、斜腹、下接圈足，足壁高深，略外斜，碗心帶澀圈，微帶火石紅，外壁飾花草枝葉紋，碗心飾一花押，足底墨書文字，青花發色清淡，例見標本編號 CL-PV-150（圖 24）。

　　c 亞式：撇口、斜壁、折弧腹、下接圈足，足壁粗厚高直，碗心微凸、微帶窯砂，外壁飾花草枝葉紋、山水花草紋，以及纏枝團花紋等，碗心則飾有山水紋、花押紋等，青花發色清淡，例見標本編號 CL-PV-088（圖 25），以及CL-PV-033（圖 26）。

圖 23：標本編號 CL-PV-004，印花螭龍紋青花碗

圖 24：標本編號 CL-PV-150，花草枝葉紋青花碗

圖 25：標本編號 CL-PV-088，山水花草紋青花碗

圖 26：標本編號 CL-PV-033，纏枝團花紋青花碗

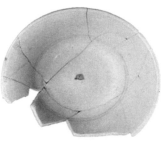

d 亞式：撇口、斜壁、折腹、下接圈足，足壁細直淺短，底心微凸，微帶火石紅，外壁飾赤壁賦紋，碗心飾一方框印章款，青花發色清淡，例見標本編號 CL-PV-001（圖 27）。另有同器型，器外壁口緣側飾弦紋，器壁無紋飾者，例見標本編號 CL-PV-162（圖 28）。

圖 27：標本編號 CL-PV-001，赤壁賦紋青花碗

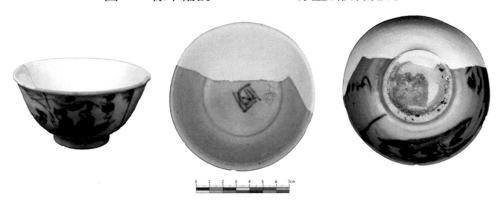

圖 28：標本編號 CL-PV-162，弦紋青花碗

e 亞式：撇口、斜壁、折腹、下接圈足，足壁高深，略外斜，部分底心微凸，足底夾窯砂，外壁紋飾多樣，包含太極八卦紋、瓜果花草紋、山水紋、團花紋，團菊紋、以及花草壽字紋等，碗心飾一花押款或山水紋，青花發色清淡，例見標本編號 CL-PV-161（圖 29）、CL-PV-028（圖 30）、CL-PV-032（圖 31），以及 CL-PV-085（圖 32）。

C 型 III 式侈口碗，可依照器型特徵細分二亞式：

a 亞式：侈口、斜壁、折腹、下接圈足，足壁淺短，底心微凸，器外壁飾以七組雙行簡筆壽字紋，碗心錦帶開光內飾一草書文字，計有壽、佳、雅等字，青花發色清淡。例見標本編號 CL-PV-165（圖 33）。

圖 29：標本編號 CL-PV-161，太極八卦紋紋青花碗

圖 30：標本編號 CL-PV-028，團花紋青花碗

圖 31：標本編號 CL-PV-032，山水紋青花碗

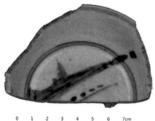

圖 32：標本編號 CL-PV-085，團菊紋青花碗

圖 33：標本編號 CL-PV-165，簡筆壽字紋青花碗

圖 33：標本編號 CL-PV-165，簡筆壽字紋青花碗

b 亞式：侈口、斜壁、弧腹、下接圈足，足壁淺短，底心微凸，器外壁飾以七組雙行簡筆壽字紋，碗心弦紋內飾一青花文字，計有生、玉、壽等字，青花發色清淡。例見標本編號 CL-PV-003（圖 34）。

圖 34：標本編號 CL-PV-003，簡筆壽字紋青花碗

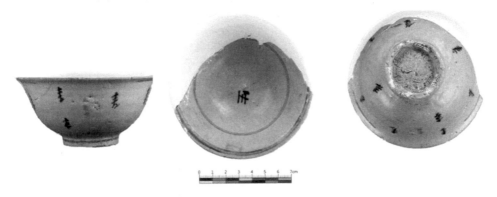

C 型 IV 式直口碗，依照造型與工藝特徵，可區分四亞式：

a 亞式：直口、直壁、弧腹、下接圈足，足壁高深，略外斜，外壁飾團花游魚紋，青花發色濃豔，例見標本編號 CL-PV-127（圖 35）。

圖 35：標本編號 CL-PV-127，團花游魚紋青花碗

　　b 亞式：直口、斜壁、折弧腹、下接圈足，足壁高深，略外斜，底心微凸，沾黏少許窯砂，器外壁飾折枝團菊紋與花草壽字紋，碗心飾簡筆花草紋與青花壽字，青花發色清淡。例見標本編號 CL-PV-058（圖 36）與 CL-PV-086（圖 37）。

圖 36：標本編號 CL-PV-058，折枝團菊紋青花碗

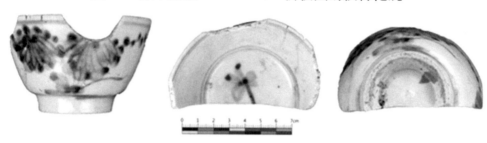

圖 37：標本編號 CL-PV-086，花草壽字紋青花碗

　　c 亞式：直口、弧壁、弧腹、下接圈足，足壁厚直淺短，外壁紋飾多樣，包含雜寶紋、錦帶花草紋、花草瓜果紋、山水人物紋等，青花發色良好，例見標本編號 CL-PV-061（圖 38）與 CL-PV-125（圖 39）。

圖 38：標本編號 CL-PV-061，錦帶花草紋青花碗

圖 39：標本編號 CL-PV-125，雜寶紋青花碗

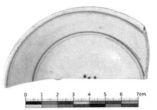

　　d 亞式：直口、弧壁、弧腹，器腹低矮、下接圈足，足壁厚直淺短，外壁紋飾包括錦帶游魚紋與梵文等，青花發色良好，例見標本編號 CL-PV-147（圖40）與 CL-PB-9776（圖 41）。

圖 40：標本編號 CL-PV-147，梵文青花碗

圖 41：標本編號 CL-PB-9776，錦帶游魚紋青花碗

盤類

依口徑大小分為二型盤，敘述如下：

　　A 型大型盤，口徑 170mm 以上，器身高度 30mm～45mm 左右，足徑80mm～110mm，左右，依照口緣造型特徵，可細分三式，以下分述：

　　A 型 I 式，敞口盤，可依器壁形式分為二亞式，分述如下：

　　a 亞式，敞口微斂、弧壁、弧腹、下接圈足，足壁淺短，略為內斜，並沾黏窯砂，盤心飾水波螭龍紋，沿側飾簡筆花草紋，青花發色良好。例見標本編號 CL-PV-046（圖 42）。

圖 42：標本編號 CL-PV-046，水波螭龍紋青花盤

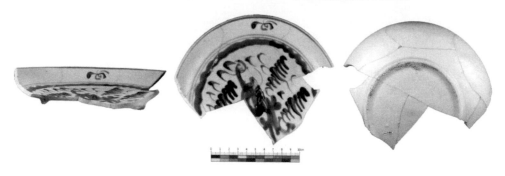

　　b 亞式，敞口、斜壁、弧腹，器壁略折、下接圈足，足壁內斜外直，為臥式足，盤心飾折枝簡筆花草，緣側扇型簡筆開光，內飾花草，間以簡筆小開光，青花發色灰暗，胎釉品質甚差，器表多有縮釉現象。例見標本編號 CL-PB-4240（圖 43）。

圖 43：標本編號 CL-PB-4240，開光花草紋青花盤

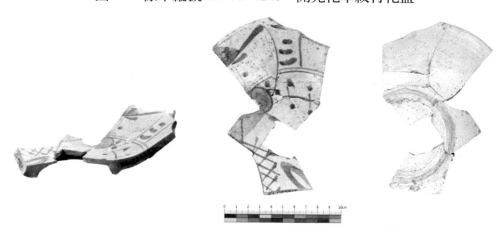

　　A 型 II 式，折沿盤，可依製作工藝區分三亞式，分述如下：

　　a 亞式：敞口、折沿、弧腹、下接圈足，足壁淺低，略為內斜，口緣刮釉露胎用以覆燒，部份帶火石紅，盤心紋飾類型豐富，計有水波雲龍紋、花草螭龍紋、水波瑞獸紋、花籃紋、鳳紋、雜寶，以及各式花草紋等，沿側多飾藍圈，間以簡筆團花，青花發色大多優良。例見標本編號 CL-PV-056（圖 44）。另有足底未施釉，盤心帶澀圈，內壁緣側施印花錦帶，盤心帶開光花草紋，器外壁帶四組印花花草紋。例見標本編號 CL-PV-158（圖 45）。

圖 44：標本編號 CL-PV-056，水波瑞獸紋青花折沿盤

圖 45：標本編號 CL-PV-158，印花花草紋青花折沿盤

　　b 亞式：敞口、折沿、弧腹、下接圈足，足壁細直淺短，切修精細，盤心飾雜寶紋，沿測飾藍圈冰梅紋，器外壁數組簡筆花草紋，青花發色濃豔細緻。例見標本編號 CL-PB-1436（圖 46）。

圖 46：標本編號 CL-PB-1436，冰梅紋青花折沿盤

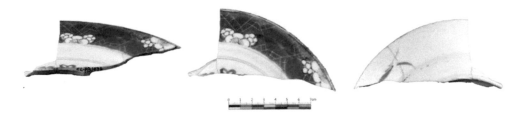

　　c 亞式：敞口、折沿、斜腹、下接圈足，足壁厚直淺短，帶疊燒澀圈，盤心飾一至數組錦帶開光團花紋，沿側飾錦帶紋與藍圈紋，青花發色淺淡。例見標本編號 CL-PV-156（圖 47）。

　　B 型中型盤，口徑 100～130mm 左右，器身高度 25mm～40mm 左右，足徑 50mm～65mm 左右。以下細分四式：

圖 47：標本編號 CL-PV-156，開光團花紋青花折沿盤

B 型 I 式，敞口盤，依照口緣與圈足製作差異，可細分三亞式：

a 亞式：敞口、弧壁、弧腹、下接淺圈足，挖足過肩，足底刮釉露胎，略帶火石紅，盤心飾以日字，沿側飾三組鳳紋，青花發色灰淡。例見標本編號 CL-PV-008（圖 48）。

圖 48：標本編號 CL-PV-008，日字鳳紋紋青花盤

b 亞式：敞口微撇、斜壁、弧腹、下接圈足，足壁粗寬淺短，盤心飾湖石花草紋，青花發色良好。例見標本編號 CL-PB-6608（圖 49）。

圖 49：標本編號 CL-PB-6608，湖石花草紋青花盤

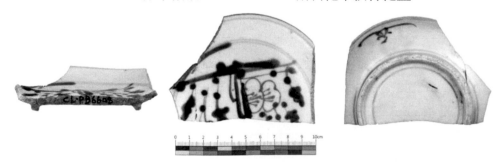

　　c 亞式：敞口微撇、斜壁、弧腹、下接圈足，足壁粗寬淺短，盤心帶澀圈，澀圈內飾開光團花紋，沿側飾印花魚紋，青花發色黯淡。例見標本編號 CL-PV-154（圖 50）。

圖 50：標本編號 CL-PV-154，印花魚紋青花盤

　　B 型 II 式，敞口、折沿、弧腹、下接圈足，足壁淺短細薄，微內斜，盤心飾以折枝花草紋，沿側飾藍圈，青花發色清淡。例見編號 CL-PV-128（圖 51）。

圖 51：標本編號 CL-PV-128，藍圈折枝花草紋青花盤

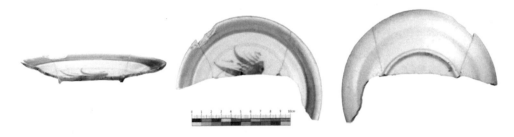

　　B 型 III 式，直口、弧壁、弧腹、下接圈足，足壁高直，沾黏部份窯砂，盤心紋飾包括簡筆山水紋、樓閣山水、流雲螭龍紋與秋葉紋等，青花發色淺淡。例見標本編號 CL-PV-098（圖 52）與 CL-PB-5111（圖 53）。

圖 52：標本編號 CL-PV-098，簡筆山水紋青花盤

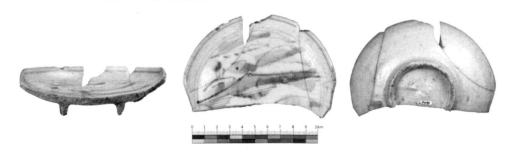

圖 53：標本編號 CL-PB-5111，秋葉紋青花盤

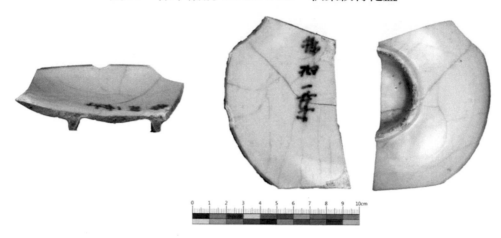

B 型 IV 式，撇口、弧壁、弧腹、下接圈足，足壁高直，足底切修細緻，盤心飾山水紋，青花發色濃豔。例見標本編號 CL-PB-5501（圖 54）。另有足心帶葉紋款，例見標本編號 CL-PV-054（圖 55）。

圖 54：標本編號 CL-PB-5501，山水紋青花盤

圖 55：標本編號 CL-PV-054，山水紋青花盤

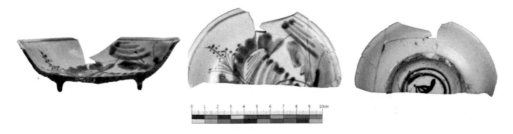

C 型小型盤，口徑 10mm 以下，器身高度 20mm～35mm 左右，足徑 45mm ～60mm 左右。以下細分二式：

　　C 型 I 式，敞口，斜壁、弧腹、下接圈足，足壁足壁淺短細薄，微內斜，盤心飾水波獸紋，囍字瓜果紋，青花發色淺淡。例見標本編號 CL-PV-025（圖56）與 CL-PV-144（圖57）。

圖 56：標本編號 CL-PV-025，囍字瓜果紋青花盤

圖 57：標本編號 CL-PV-144，水波獸紋青花盤

　　C 型 II 式，撇口盤，依照圈足製作差異，可細分二亞式：

　　a 亞式：撇口、弧壁、弧腹、下接圈足，足壁高直，沾黏大量窯砂，盤心飾瑞獸紋，青花發色良好。例見編號 CL-PB-5156（圖58）。

圖 58：標本編號 CL-PB-5156，瑞獸紋青花盤

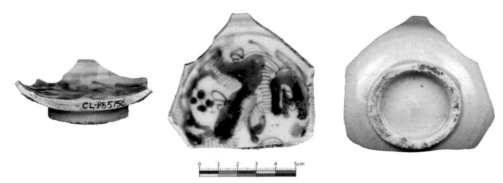

　　b 亞式：撇口、弧壁、弧腹、下接圈足，足壁高直細薄，切修細緻，盤心紋飾包括山水紋、臨江對飲紋，以及僧侶人物紋等，足心多帶花押或雜寶款，青花發色良好。例見編號 CL-PB-6155（圖59）。

圖 59：標本編號 CL-PB-6155，山水紋青花盤

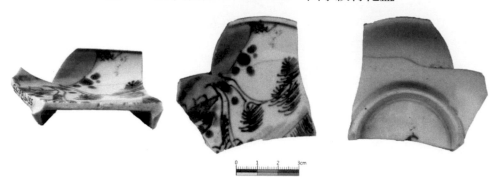

杯類

依口徑大小分為二型杯，敘述如下：

A 型大型杯，口徑約 70mm～80mm 左右，器身高度 40mm～50mm 左右，足徑 4mm～4.5mm 左右，依造型特徵可再區分四式，以下分述：

A 型 I 式敞口杯，可依器壁高度細分二亞式：

a 亞式：敞口微撇、高斜壁、弧腹、下接圈足，足壁高直細薄，切修細緻。器外壁飾山水人物紋，杯心飾山水樓閣紋，足底二行直書「長青堂製」款，青花發色濃艷，其他紋飾如外壁飾臨江對飲紋與山水扁舟紋，底款飾蝶紋、花押紋等。例見標本編號 CL-PV-106（圖 60）、CL-PV-104（圖 61），以及 CL-PV-076（圖 62）。

b 亞式：敞口微撇、矮斜壁、弧腹、下接圈足，足壁寬厚淺短，足內沾黏窯砂。外壁飾折枝花草紋，杯心飾團花紋，青花發色良好。例見標本編號 CL-PV-105（圖 63）。

圖 60：標本編號 CL-PV-106，山水人物紋青花杯

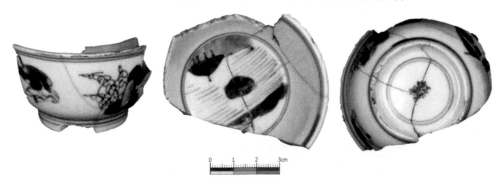

圖 61：標本編號 CL-PV-104，臨江對飲紋青花杯

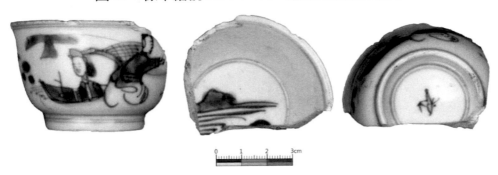

圖 62：標本編號 CL-PV-076，山水扁舟紋青花杯

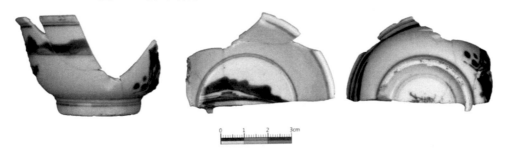

圖 63：標本編號 CL-PV-105，折枝花草紋青花杯

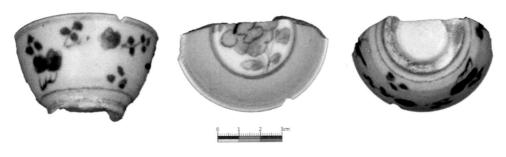

A 型 II 式直口杯，可依圈足形式細分三亞式：

a 亞式：敞口、直壁、弧腹、下接圈足，足壁高直細薄，器外壁飾夔龍戲珠紋，青花發色濃艷。例見標本編號 CL-PV-078（圖 64）。

b 亞式：敞口、斜壁、弧腹、下接圈足，足壁淺短，略為內斜，器外壁飾錦帶花草紋，青花發色淺淡。例見標本編號 CL-PV-120（圖 65）。

c 亞式：敞口、直壁、弧腹、下接圈足，足壁淺短，略為內斜，微帶窯砂，器外壁飾山水扁舟紋，青花發色淺淡。例見標本編號 CL-PV-013（圖 66）。

圖 64：標本編號 CL-PV-078，夔龍戲珠紋青花杯

圖 65：標本編號 CL-PV-120，錦帶花草紋青花杯

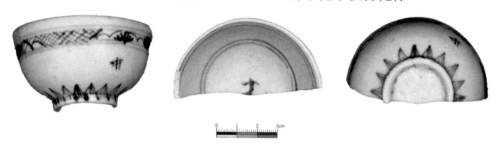

圖 66：標本編號 CL-PV-013，山水扁舟紋青花杯

　　A 型 III 式，撇口，斜壁，弧腹，下接圈足，足壁淺短，略為內斜，足內刮釉露胎，器外壁飾簡筆花草紋，杯心飾簡筆花押。例見標本編號 CL-PV-148（圖 67）。

　　A 型 IV 式，侈口、斜壁、折弧腹、下接圈足，足壁粗寬淺短，足內沾黏窯砂。器外壁飾簡筆折枝花草紋，杯心飾簡筆花押，醬釉口。例見標本編號 CL-PV-021（圖 68）。

圖 67：標本編號 CL-PV-148，簡筆花草紋青花杯

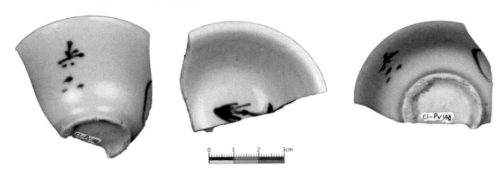

圖 68：標本編號 CL-PV-021，簡筆折枝花草紋青花杯

　　B 型小型杯，口徑約 50mm～60mm 左右，器身高度 30mm～45mm 左右，足徑 25mm～30mm 左右，依照口緣形式可細分四式：

　　B 型 I 式敞口杯，可依造型特徵細分三亞式：

　　a 亞式：敞口、斜壁、斜腹微折、下接圈足，足壁淺低，部份沾黏窯砂，器外壁飾梵文與錦帶花草紋，青花發色清淡，器底飾花押紋，部份浮刻字款。例見標本編號 CL-PV-016（圖 69）與 CL-PV-009（圖 70）。

圖 69：標本編號 CL-PV-016，梵文青花杯

圖 70：標本編號 CL-PV-009，錦帶花草紋青花杯

　　b 亞式：敞口、斜壁、斜腹，器壁低矮，僅 30mm 左右，足壁淺低，器外壁飾印花梵文，青花發色灰暗。例見標本編號 CL-PV-015（圖 71）。

圖 71：標本編號 CL-PV-015，印花梵文紋青花杯

　　c 亞式：敞口、直壁、折腹、下接圈足，足壁淺低，沾黏部份窯砂，器外壁飾簡筆花草紋，青花發色清淡，內壁帶拉坯弦紋，杯心高凸。例見標本編號 CL-PV-022（圖 72）。

圖 72：標本編號 CL-PV-022，簡筆花草紋青花杯

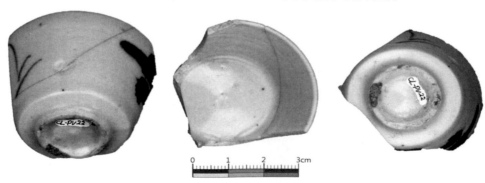

B 型 II 式直口杯，可依圈足形式細分二亞式：

a 亞式：直口、斜壁、弧腹、下接圈足，足壁細薄高直，切修細緻，器外壁飾湖石花草紋與流雲花草紋等，杯心飾山水紋、花草紋、雜寶紋、以及花押紋等，青花發色濃艷。例見標本編號 CL-PV-115（圖 73）與 CL-PV-075（圖 74）。

圖 73：標本編號 CL-PV-115，湖石花草紋青花杯

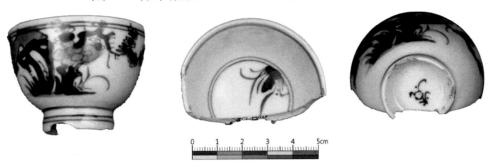

圖 74：標本編號 CL-PV-075，流雲花草紋青花杯

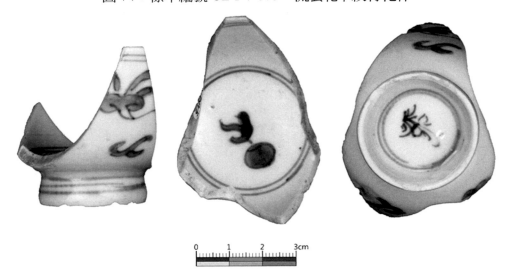

b 亞式：直口、斜壁、弧腹、下接圈足，足壁細薄低淺，器外壁飾簡筆花草紋、嬰戲紋與錦帶花草紋等，杯心飾簡筆花草紋，部分無紋飾，青花發色清淡。例見標本編號 CL-PV-014（圖 75）、CL-PV-050（圖 76），以及 CL-PV-141（圖 77）。

圖 75：標本編號 CL-PV-014，嬰戲紋青花杯

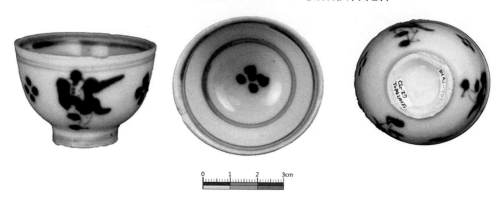

圖 76：標本編號 CL-PV-050，簡筆花草紋青花杯

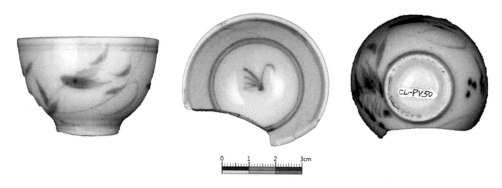

圖 77：標本編號 CL-PV-141，錦帶花草紋青花杯

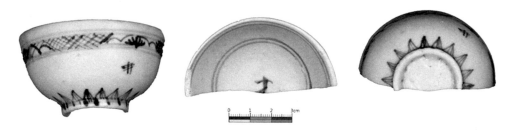

　　B 型 III 式撇口杯，可依圈足形式細分二亞式：

　　a 亞式：撇口、斜壁、弧腹、下接圈足，器外壁飾簡筆團花紋等，足壁淺低厚斜，足底沾黏窯砂，青花發色淺淡。例見標本編號 CL-PV-118（圖 78）。另有內外壁無紋飾，僅杯心飾一四瓣花押，例見標本編號 CL-PV-130（圖 79）。

圖 78：標本編號 CL-PV-118，簡筆花草紋青花杯

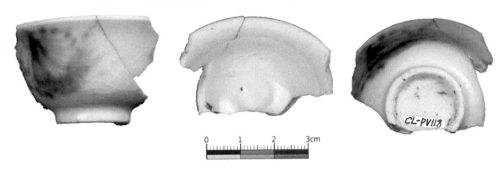

圖 79：標本編號 CL-PV-130，花押紋青花杯

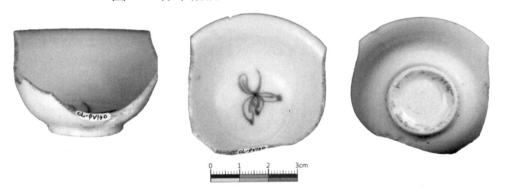

b 亞式：撇口、斜壁、弧腹、下接圈足，器外壁飾纏枝花草紋等，足壁淺低厚直，為壁式底，足底刮釉露胎，青花發色良好。例見標本編號 CL-PV-020（圖 80）。

圖 80：標本編號 CL-PV-020，纏枝花草紋青花杯

B 型 IV 式，侈口、斜壁、折腹、下接圈足，足壁細薄高直，切修細緻，器外壁飾流雲天馬紋，杯心飾流雲紋，足底刮釉露胎，青花發色濃豔。例見標本編號 CL-PV-101（圖 81）與 CL-PV-074（圖 82）。

圖 81：標本編號 CL-PV-101，流雲天馬紋青花杯

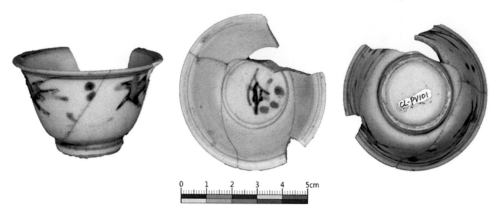

圖 82：標本編號 CL-PV-074，流雲天馬紋青花杯

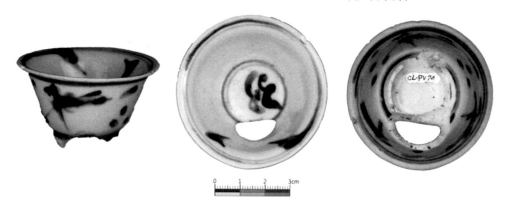

匙類

本次出土青花瓷匙並無完整件，將依殘存部分進行分類：

匙杯部分，杯壁圓弧，壁面斜收下接杯底，底足刮釉露胎，匙內壁飾有折枝團花紋與纏枝靈芝紋兩種。例見標本編號 CL-PS-001（圖 83）。

圖 83：標本編號 CL-PS-001，纏枝靈芝紋青花匙

匙柄部分，柄端飾一浮雕蝶紋，匙柄內壁飾折枝花草紋。例見標本編號 CL-PS-085（圖 84）。

圖 84：標本編號 CL-PS-085，浮雕蝶紋青花匙

蓋類

本次出土青花蓋類，僅發現三件，造型各異，可區分三型，詳述如下：

A 型方蓋，弧頂、子母口、唇側未施釉，蓋頂飾錦帶開光花草紋。例見標本編號 CL-PB-9584（圖 85）。

圖 85：標本編號 CL-PB-9584，開光花草紋青花方蓋

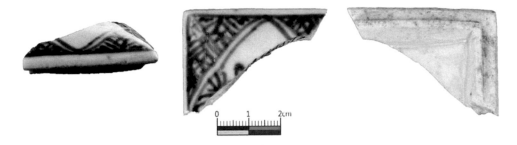

B 型圓蓋，弧頂、直壁、直口，唇側未施釉，蓋頂飾折枝團花紋，沿側飾弦紋。例見標本編號 CL-PB-9147（圖 86）。

圖 86：標本編號 CL-PB-9147，折枝團花紋青花蓋

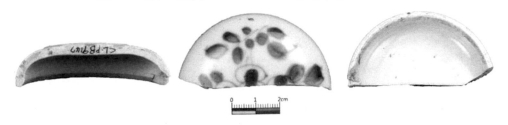

C 型折沿蓋，僅存部分器壁，蓋頂與唇口殘缺，斜頂、折沿、直壁，以下殘，器外壁施青花醬釉花草紋。例見標本編號 CL-PB-6834（圖 87）。

圖 87：標本編號 CL-PB-6834，花草紋青花醬釉蓋

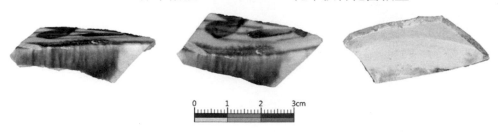

瓶、罐類

本次出土青花瓶罐類，多為殘碎，僅能依殘存部分進行分類：

口緣部分，依照器型差異可分為二型，以下分述：

A 型折沿長頸瓶，口徑 35mm，殘存部分口緣與器頸部分，敞口、折沿，束直頸，以下殘，頸部施簡筆花草紋，口緣施醬釉。例見標本編號 CL-PB-5432（圖 88）。

圖 88：標本編號 CL-PB-5432，簡筆花草紋折沿廣口瓶

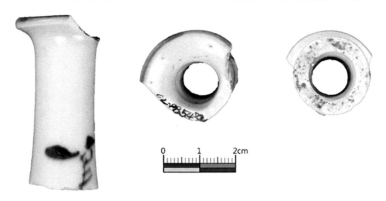

B 型斜頸廣口瓶，口徑 65mm，殘存部分口緣，敞口、斜頸下束，以下殘，器壁外側施簡筆花草紋。例見標本編號 CL-PB-7330（圖 89）。

圖 89：標本編號 CL-PB-7330，簡筆花草紋斜頸廣口瓶

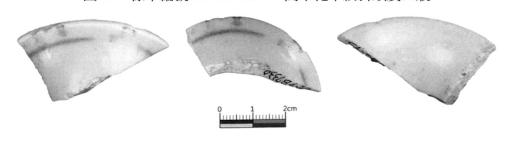

器肩部分，僅一型，束頸，圓腹，內壁帶拉坯弦紋，器外壁施弦紋與花草紋，青花發色淡綠。例見標本編號 CL-PB-4234（圖 90）。

圖 90：標本編號 CL-PB-4234，束頸青花瓶

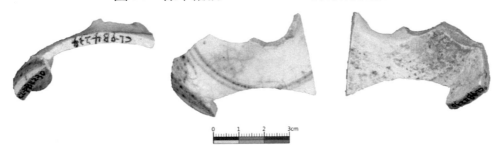

器壁部分，僅一型，為圓腹，內壁帶接胚痕，器外壁施雜寶蓮花紋，青花發色良好。例見標本編號 CL-PB-0744（圖 91）。

圖 91：標本編號 CL-PB-0744，雜寶蓮花紋罐

打製圓版類

本次出土打製圓版類，依照打製成品之外型與部位，可區分為二型，以下分述：

A 型器壁型：以瓷碗器壁部分打製，大小各異，直徑分布在 20～40mm 之間。本次發掘共發現四件（圖 92）。

B 型圈足型：以瓷碗圈足部分打製，大小各異，直徑依其圈足大小差異有所不同，45～100mm 皆有。例見標本編號 CL-PB-7057（圖 93）。

此種類型打製瓷餅，與一般歷史時期遺址所發現之「打製圓版」不盡相同。以往遺址發現的「打製圓版」，是以任意器壁殘片，透過敲打、磨製打

製圓餅狀；而中寮遺址所發現的「打製瓷餅」，主要特徵是將其器壁部分完全敲打移除，斷面呈現多面敲擊面，殘存圈足壁與器底部分，斷面呈現「ㄇ」字狀。

圖 92：中寮遺址出土器壁型打製圓版

圖 93：中寮遺址出土器壁型打製圈足

（二）其他高溫瓷器

包含白瓷、青瓷、單色釉器與加彩瓷等。其中，過於破損、不知是否為青花瓷器者不列入此範圍。總計本次出土其他高溫瓷器器型，包括碗、杯、盤、瓶罐、偶、匙、盆、爐，以及油燈器等九類，以下分別詳述：

碗類

依照色釉特徵，可分為三型，敘述如下：

　　白瓷碗，可依型制差異區分二式，以下分述：

　　A 型 I 式，直口碗，口徑 110mm 左右，器身高度約 65mm，足徑約 50mm，直口，斜壁、弧腹、下接圈足，圈足低淺，略為外斜，胎色白中帶黃，例見標本編號 CL-PV-065（圖 94）。

圖 94：標本編號 CL-PV-065，白瓷直口碗

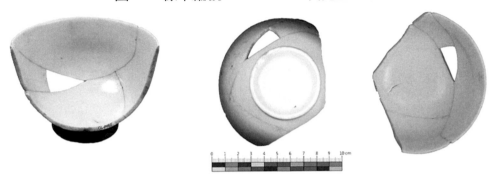

　　A 型 II 式，侈口碗，口徑 110mm 左右，器身高度約 35mm，足徑約 70mm，侈口平沿，弧壁、弧腹、下接圈足，圈足低淺，略為外斜，足底無施釉，胎色黃白，例見標本編號 CL-PB-11716（圖 95）。

圖 95：標本編號 CL-PB-11716，白瓷侈口碗

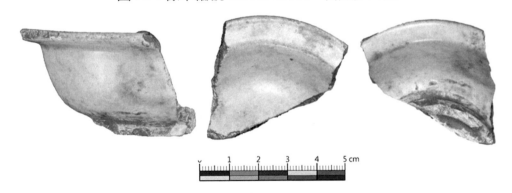

　　B 型青花彩瓷碗，口徑 115mm，器身高度約 55mm，足徑約 70mm，敞口、斜壁、弧腹、下接圈足，圈足低淺，略為外斜，口緣施青花弦紋，器外壁施青花粉彩團花紋，胎色白黃，例見標本編號 CL-PC-0558（圖 96）。

　　C 型彩瓷碗，口徑 230mm，器身高度約 90mm，足徑約 70mm，敞口，斜壁、弧腹，下接圈足，足心微凸，圈足粗寬厚直，沾黏大量窯砂，碗心與器外壁施紅綠彩流雲花草紋，例見標本編號 CL-PB-4996（圖 97）。

圖 96：標本編號 CL-PC-0558，團花紋青花彩瓷碗

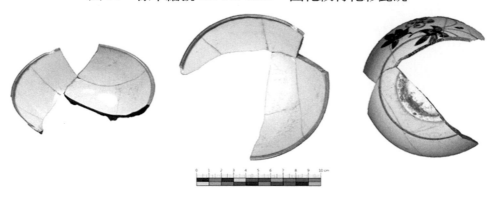

圖 97：標本編號 CL-PB-4996，紅綠彩流雲花草紋彩瓷碗

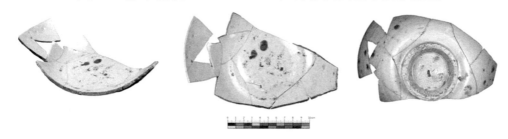

杯類

依照色釉特徵，可分為四型，敘述如下：

A 型白瓷杯，依據口緣特徵可細分三式，分述如下：

A 型 I 式撇口杯，可依照造型與施作特徵細分二亞式：

a 亞式：撇口、斜壁、弧腹、下接圈足，足壁淺短，略為外斜，口徑約 85mm，器高 40mm 左右，足徑 35mm 左右，足底無施釉，釉色白中帶黃，例見標本編號 CL-PV-107（圖 98）。

圖 98：標本編號 CL-PV-107，白瓷撇口杯

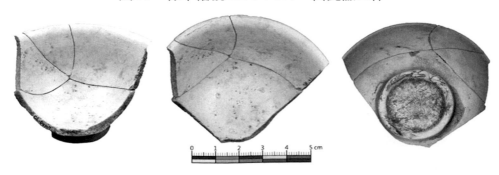

　　b 亞式：撇口、斜壁、弧腹、下接圈足，足壁高直，略為內斜，屬壁式底，口徑約 50mm，器高 45mm 左右，足徑 25mm 左右，足底刮釉露胎，釉色白中帶青，例見標本編號 CL-PV-059（圖 99）。

圖 99：標本編號 CL-PV-059，白瓷撇口杯

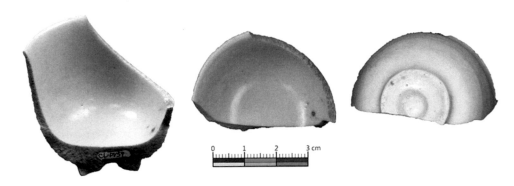

　　A 型 II 式直口杯，可依照口緣特徵與器腹高度細分三亞式：

　　a 亞式：直口、斜壁、弧腹、下接圈足，足壁淺短，略為內斜，口徑約 65mm，器高 30mm 左右，足徑 30mm 左右，足底無施釉，微帶窯砂，釉色白中帶綠，例見標本編號 CL-PV-011（圖 100）。

圖 100：標本編號 CL-PV-011，白瓷直口杯

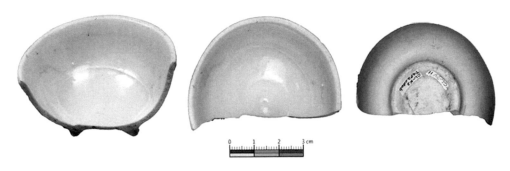

　　b 亞式：直口微撇、弧壁、弧腹、下接圈足，足壁淺短，略為內斜，口徑約 60mm，器高 40mm 左右，足徑 25mm 左右，足底無施釉，微帶窯砂，釉色白中帶黃，例見標本編號 CL-PV-102（圖 101）。

　　c 亞式：撇口、弧壁、弧腹、下接圈足，足壁淺短，略為內斜，口徑約 60mm，器高 40mm 左右，足徑 25mm 左右，足底無施釉，口緣處以紅綠彩繪錦帶紋，釉色白中帶青，例見標本編號 CL-PV-010（圖 102）。

圖 101：標本編號 CL-PV-102，白瓷直口杯

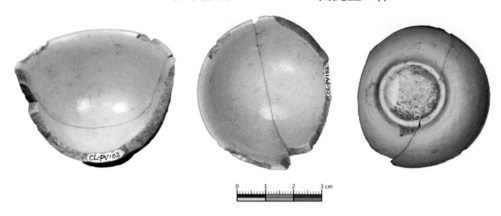

圖 102：標本編號 CL-PV-010，紅綠彩錦帶花草紋彩瓷杯

A 型 III 式，敞口、斜壁、折腹、下接圈足，足壁淺短，略為內斜，口徑約 50mm，器高 30mm 左右，足徑 30mm 左右，足底無施釉，釉色白中帶黃，例見標本編號 CL-PV-157（圖 103）。

圖 103：標本編號 CL-PV-157，白瓷敞口杯

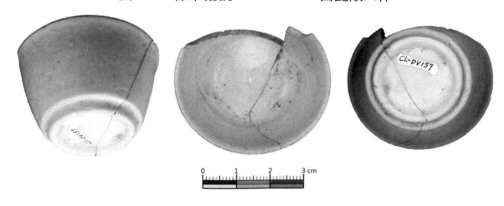

B型彩瓷杯，依據造型特徵可細分二式，分述如下：

B型I式，撇口、斜壁、弧腹、下接圈足，足壁淺短，略為內斜，口徑60mm左右，高度約30mm左右，足徑約35mm左右，器外壁施褐綠彩四組團花紋，例見標本編號CL-PV-048（圖104）。

圖104：標本編號CL-PV-048，褐綠彩團花紋彩瓷杯

B型II式，八角杯，直口、斜壁、弧腹、圈足殘缺，口徑55mm左右，器外壁施紅彩開光紋，例見標本編號CL-PC-0291（圖105）。

圖105：標本編號CL-PC-0291，開光紋紅彩八角杯

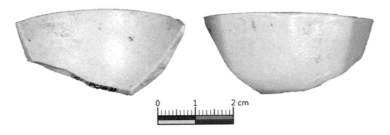

C型醬釉杯，依據口緣特徵可細分二式，分述如下：

C型I式，撇口、直壁、弧腹、圈足殘缺，口徑85mm左右，高度約45mm左右，復原足徑約35mm左右，器外壁飾醬釉，內壁施透明釉，口緣與器腹各兩道青花弦紋，青花發色良好，例見標本編號CL-PB-4556（圖106）。

圖106：標本編號CL-PB-4556，青花醬釉杯

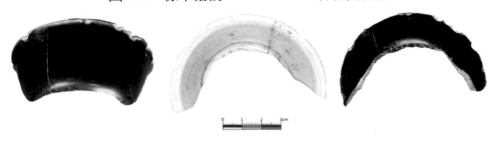

　　C 型 II 式，直口、直壁、弧腹、下接圈足，足壁淺短，略為內斜，口徑 55mm 左右，高度約 35mm 左右，足徑約 25mm 左右，器外壁飾醬釉，內壁施透明釉，例見標本編號 CL-PC-0214（圖 107）。

圖 107：標本編號 CL-PC-0214，醬釉白瓷杯

　　D 型青瓷杯，依據造型特徵可細分二型，分述如下：

　　D 型 I 式，口沿殘缺，弧壁、弧腹、下接圈足，足壁高直粗寬，足徑 30mm 左右，白胎，釉色豆青，器壁外側飾戳點紋，例見標本編號 CL-PC-0556（圖 108）。

圖 108：標本編號 CL-PC-0556，戳點紋豆青釉瓷杯

　　D 型 II 式，口沿殘缺，弧壁，下接圈足，足壁高直細薄，切修精緻，足徑 30mm 左右，灰胎、釉色青綠，施釉及底，例見標本編號 CL-PC-0312（圖 109）。

盤類

依照釉色與裝飾特徵分為三型，敘述如下：

　　A 型青瓷盤，依照裝飾特徵可分為二式，以下分述：

　　A 型 I 式，敞口微撇，斜壁、弧腹、下接圈足，圈足高直粗寬，近壁式

底，全器施青釉，素面無紋，口徑 200mm 左右，高度約 35mm 左右，足徑約 65mm 左右。例見標本編號 CL-PV-007（圖 110）。

圖 109：標本編號 CL-PC-0312，青瓷杯

圖 110：標本編號 CL-PV-007，青瓷盤

　　A 型 II 式，殘存部分圈足，弧壁、下接圈足，圈足矮淺薄直，施青白釉，盤心帶刻花紋。例見標本編號 CL-PC-371。

　　B 型，白瓷盤，撇口、弧壁、弧腹、下接圈足，圈足低淺薄斜，胎色白中帶青，口徑 65mm 左右，高度約 25mm 左右，足徑約 50mm 左右。例見標本編號 CL-PV-012（圖 111）。

　　C 型，彩瓷盤，撇口、弧壁、弧腹、下接圈足，圈足淺短，略微內斜，盤心飾紅綠彩開光紋，彩已氧化，例見標本編號 CL-PC-296。

罐形器類

　　依照器型特徵可分為二型：

圖 111：標本編號 CL-PV-012，白瓷盤

A 型安平壺，依胎壁厚度可區分為二式，以下分述：

A 型 I 式，厚胎安平壺，侈口厚唇、束頸、斜肩下折、斜壁、斜腹、下接凹底，口徑 75mm 左右，高 165mm 左右，足徑 70mm 左右，胎色灰白，釉色青灰，表面略有開片，器底無釉。例見標本編號 CL-PV-018（圖 112）。

圖 112：標本編號 CL-PV-018，厚胎安平壺

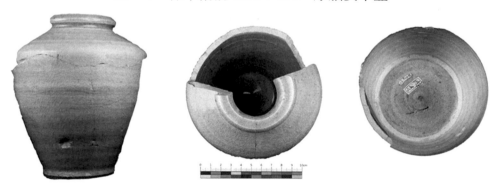

A 型 II 式，薄胎安平壺，嚴重殘缺，侈口薄唇，束頸、斜肩下折、斜壁、斜腹、下接平底，口徑 60mm 左右，胎色灰白，釉色青灰，器壁帶拉坯弦紋，器底無釉。口緣例見標本編號 CL-PA-006（圖 113）與 CL-PA-040（圖 114）。

B 型醬釉罐，依照器型大小可區分二式，分述如下：

B 型 I 式，大型醬釉罐，僅存部分器腹與圈足，弧腹、下接圈足，足壁高直粗寬，足徑 60mm 左右，足底刮釉露胎，白胎，器外壁施醬釉，內壁無釉，例見標本編號 CL-PC-0229（圖 115）。

圖 113：標本編號 CL-PA-006，薄胎安平壺口緣

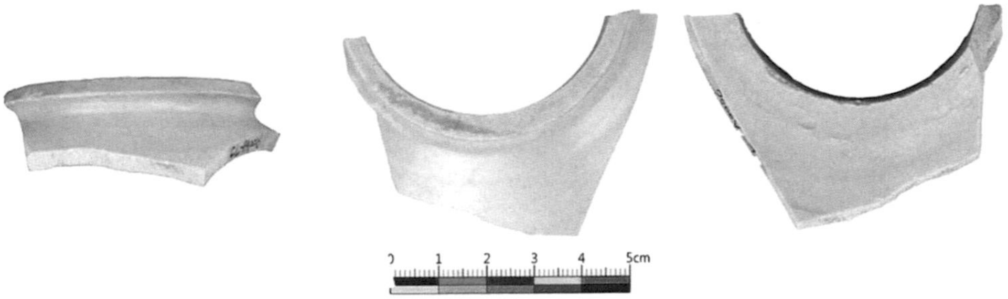

圖 114：標本編號 CL-PA-040，薄胎安平壺口緣

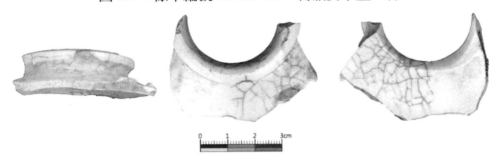

圖 115：標本編號 CL-PC-0229，醬釉大罐

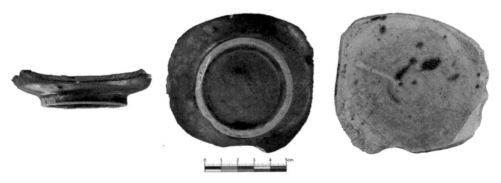

　　B 型 II 式，小型醬釉罐，僅存部分器壁與圈足，弧壁內束、弧腹、下接圈足，足壁高直粗寬，足內大量夾砂，足徑 40mm 左右，足底刮釉露胎，白胎，器外壁施醬釉，內壁無釉，例見標本編號 PC-0587（圖 116）。

　　C 型白瓷罐，口緣與頸部殘缺，弧肩、斜腹，急下收，下接凹底呈臥式足狀，器底微量夾砂，殘高 85mm 左右，足徑 50mm 左右，釉色牙白，內壁無釉，例見標本編號 CL-PB-11593（圖 117）。

圖 116：標本編號 CL-PC-0587，醬釉罐

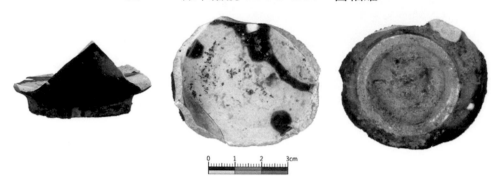

圖 117：標本編號 CL-PB-11593，白瓷罐

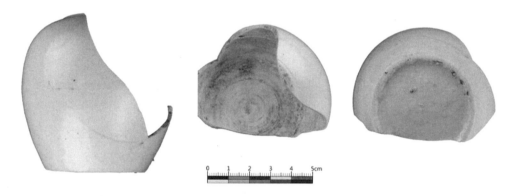

D 型小藥罐，依照造型特徵可區分二式，細述如下：

D 型 I 式，扁壺狀，根據施釉與紋飾差異可區分為三亞式，以下分述：

a 亞式：直口、束頸、弧壁、束弧腹，下接平底，呈扁壺狀，高 30mm 左右，寬 15mm～25mm 左右，兩側飾開光團花紋，胎色牙白，罐底與內壁無釉，一側帶窯渣，為多件燒成時之殘留。例見標本編號 CL-PN-003（圖 118）。

圖 118：標本編號 CL-PN-003，白瓷小扁壺

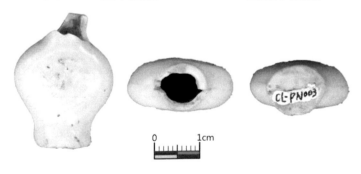

　　b 亞式：口緣殘缺，束頸、弧壁、束弧腹，下接平底，呈扁壺狀，高 30mm 左右，寬 25mm 左右，兩側飾菱格紋，器外壁施綠釉，罐底與內壁無釉，左右合模製成。例見標本編號 CL-PN-002（圖 119）。

圖 119：標本編號 CL-PN-002，青瓷小扁壺

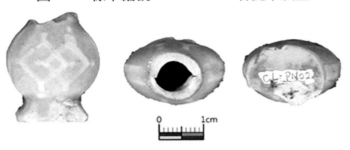

　　c 亞式：口緣殘缺，束頸、弧壁、束弧腹，下接平底，高 30mm 左右，寬 15mm 左右，兩側飾開光五瓣花紋，器外壁施綠釉，罐底與內壁無釉，左右合模製成。例見標本編號 CL-PN-004（圖 120）。

圖 120：標本編號 CL-PN-004，青瓷小罐

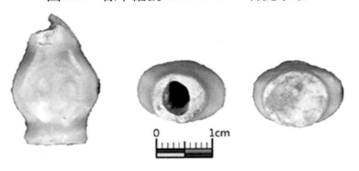

　　D 型 II 式，圓罐狀，僅一式，口緣殘缺，束頸、斜壁、下接平底，高 30mm 左右，寬 20mm 左右，胎色牙白，器表施透明釉，釉色透亮，罐底與內壁無釉。例見標本編號 CL-PC-0019（圖 121）。

圖 121：標本編號 CL-PC-0019，白瓷小圓罐

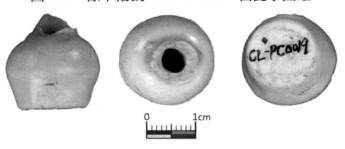

瓷偶類

依據其造型特徵可區分為人物造像與動物型像兩型，以下分述：

A 型人物形象瓷偶，依照人物造型差異可區分二式，分述如下：

A 型 I 式，戴帽人物，頭戴三角帽（Tricorne），蓄長髮、頸帶巾、身著西洋式短馬甲、雙肩帶墊、衣腹帶扣、內著長袖襯衣、袖口寬大多摺、後擺帶飾、長褲過膝、著長靴，盤坐於大石之上，右手平舉至胸持物，左手自然垂擺於左大腿之上，人物下方帶一菱形中空臺座，兩側各開一孔，器表施透明釉，底未施釉，釉色牙黃。例見標本編號 CL-PF-02（圖 122）與 CL-PF-07（圖 123）。

圖 122：標本編號 CL-PF-02，戴帽人物白瓷偶

圖 123：標本編號 CL-PF-07，戴帽人物白瓷偶

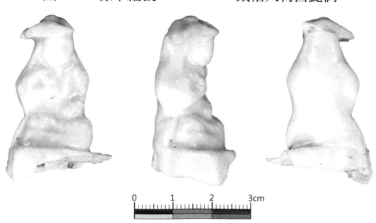

　　A 型 II 式，老叟人物，殘存頭部與部分肩部，光頭無髮、長眉蓄鬚，頂帶一孔，內部中空，器表施透明釉，釉色亮白，例見標本編號 CL-PF-05（圖124）。

圖 124：標本編號 CL-PF-05，老叟人物白瓷偶

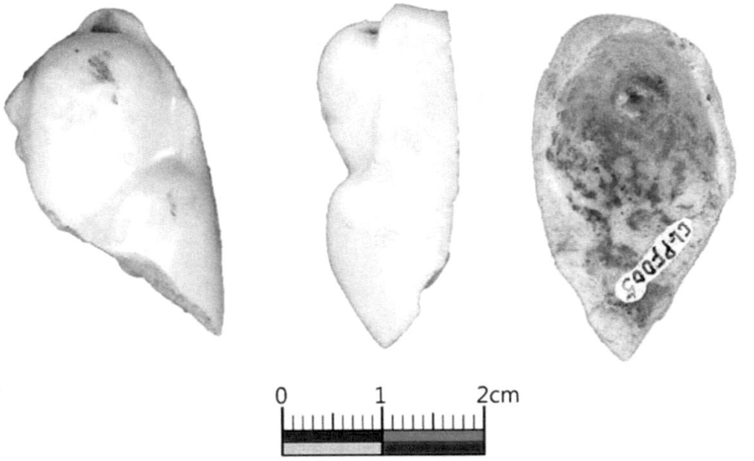

　　B 型動物形象瓷偶：

　　B 型 I 式，鷹型，雙翅收合、雙眼高目向前、鳥喙微張，呈大鉤型，蜷爪、尾略上翹，略有殘缺，踞於一石之上，鷹背陰刻細羽紋，頸後帶一孔，器表施透明釉，底未施釉，釉色黃白。例見標本編號 CL-PF-01（圖125）。

圖 125：標本編號 CL-PF-01，鷹型白瓷偶

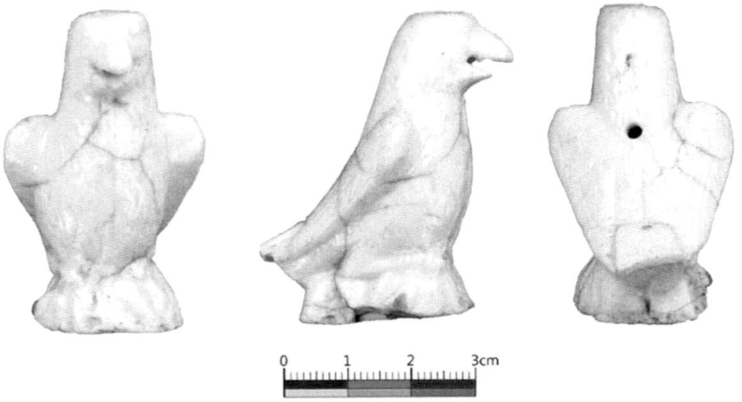

　　B 型 II 式，魚型，殘存魚尾，器表陰刻細紋鱗紋，器內中空，器表施透明釉，釉色潔白，例見標本編號 CL-PC-0147（圖126）。

圖 126：標本編號 CL-PC-0147，魚型白瓷偶

B 型 III 式，獸型，殘存獸身，四足蹲踞呈趴伏狀，尾自然垂下，尾帶一孔，器內中空，器表施透明釉，器底未施釉，釉色牙白，例見標本編號 CL-PF-06（圖 127）。

圖 127：標本編號 CL-PF-06，獸型白瓷偶

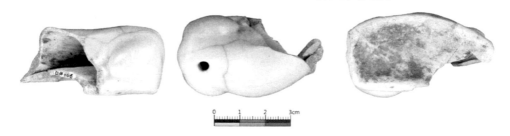

瓷匙類

依照裝飾特徵，匙類遺物可分為白瓷匙、醬釉匙與彩瓷匙等三型，

A 型白瓷匙，可根據匙柄造型區分直柄與曲柄二式，詳述如下：

A 型 I 式，曲柄，可細分二亞式，以下分述：

a 亞式：曲柄，柄斷面呈三角狀，柄頂端浮刻五瓣梅花紋，匙杯殘缺未見，胎色淨白，器表施透明釉，釉色透亮，例見標本編號 CL-PS-93（圖 128）。

圖 128：標本編號 CL-PS-93，五瓣梅花紋白瓷匙柄

b 亞式：曲柄，柄斷面呈三角狀，柄頂呈鉤喙狀，匙杯殘缺未見，胎色白中帶灰，器表施透明釉，釉色透亮，例見標本編號 CL-PS-27（圖 129）。

圖 129：標本編號 CL-PS-27，喙鉤狀白瓷匙柄

　　A 型 II 式，直柄，帶杯槽，柄頂端收平略鉤，呈魚尾狀，匙杯橢圓，底上挖呈臥足狀，足底刮釉露胎，胎色牙白，器表施透明釉，釉色透亮，例見標本編號 CL-PS-62（圖 130）。

圖 130：標本編號 CL-PS-62，平柄白瓷匙

　　B 型醬釉匙，曲柄，匙杯呈橢圓狀，杯底無折圜底，柄與杯端略有殘缺，胎色灰白，通體施醬釉，底略夾砂，例見標本編號 CL-PS-091（圖 131）。

圖 131：標本編號 CL-PS-091，醬釉匙

　　C 型彩瓷匙，曲柄，匙杯呈橢圓狀，杯底無折圜底，柄與杯端略有殘缺，器表施透明釉，釉色灰白，匙杯施彩，底略夾砂，例見標本編號 CL-PS-078（圖 132）。

圖 132：標本編號 CL-PS-078，曲柄彩瓷匙

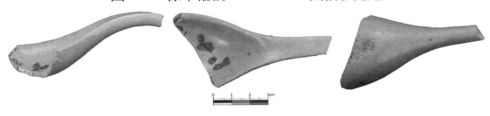

盆型器

僅一型，侈口、斜壁、折腹、下接平底，釉色白中帶青，盆底帶一足，口沿殘缺，例見標本編號 CL-WY-0015（圖 133）。

圖 133：標本編號 CL-WY-0015，白瓷侈口盆

爐型器

依造型與釉色差異，可細分三型，以下分述：

A 型圓爐，斂口、弧壁、弧腹、圜底、帶乳丁足，器內壁無釉，帶拉坯痕，器表施透明釉，釉色白中帶黃，例見標本編號 CL-PC-0585（圖 134）。

圖 134：標本編號 CL-PC-0585，白瓷圓爐

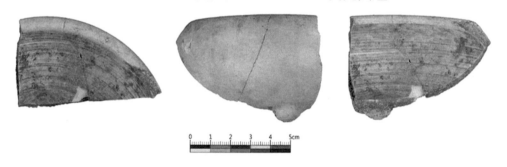

B 型多角爐，口沿殘缺，八角直壁、折腹、平底、帶四組短淺立足，底略呈扁平狀，內外壁皆施透明釉，施釉及底，釉色純淨亮白，例見標本編號 CL-PC-0073（圖 135）。

C 型，束頸爐，口沿殘缺，束頸、弧壁、弧腹、圜底、帶高直圓柱狀足，爐心帶澀圈，內外壁施青綠釉，施釉及底，釉面開片，胎色橙黃帶灰，復原爐徑約 200mm 左右，例見標本編號 CL-PB-11773（圖 136）。

C 型，盒型爐，薄唇，子母口，直腹，下接平底接獸面足，胎色純淨亮白，器表施透明釉，口緣與內壁未施釉，上疑有蓋或其他套接構件，器高 35mm 左右，復原爐徑應超過 250mm 以上，例見標本編號 CL-PC-584（圖 137）。

圖 135：標本編號 CL-PC-0073，白瓷多角爐

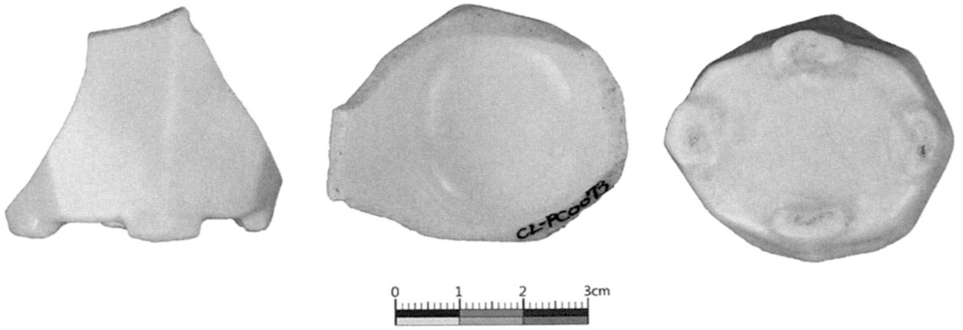

圖 136：標本編號 CL-PB-11773，青瓷束頸爐

圖 137：標本編號 CL-PC-584，白瓷盒型爐

油燈器

僅一型，殘存盤式底座，以上殘缺，胎色白中帶黃，器表施透明釉，釉色透亮，例見標本編號 CL-WO-012（圖 138）。

建築用器

僅一型，醬綠釉瓷磚，殘存一角，其餘殘缺，磚緣折沿高突，一側施醬釉，另一側施綠釉；磚中央內凹，內施透明釉，略成碗狀。緣測高凸處陰刻

流雲如意紋。瓷磚背面無釉，沾黏部分白灰。推測應屬六角瓷磚或八卦瓷磚，例見標本編號 CL-PC-0209（圖 139）。

圖 138：標本編號 CL-WO-012，白瓷油燈座

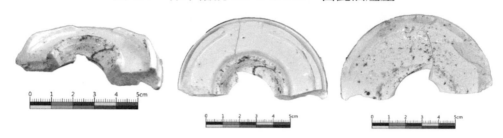

圖 139：標本編號 CL-PC-0209，醬綠釉瓷磚

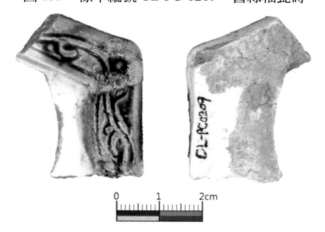

不明器

僅一件，帶槽不明器，直口、斜壁、下折平腹，以下殘，平沿以上施透明釉，胎色白中帶青，底未施釉，內帶一圓槽，詳細器形與功能不明，例見標本編號 CL-PC-315（圖 140）。

圖 140：標本編號 CL-PC-315，帶槽不明器

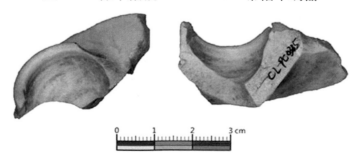

（三）陶質遺物

中寮遺址出土陶質非瓷質遺物，由於數量龐大，粗略估計有 110 籃，約二千二百餘公斤左右，因此無法於本次研究中詳細整理與統計完畢。依照遺物類型，可細分高溫細質硬陶、高溫粗質硬陶、低溫軟陶等三部份。〔註1〕

1. 高溫細質硬陶

屬高溫燒製硬陶鐘，胎質較為精細者，主要包涵宜興茶壺（圖 141）、油燈碟（圖 142），以及部分器蓋。除宜興器外，多呈現灰胎，器內外壁皆施醬釉，部分帶浮雕紋飾。

圖 141：中寮遺址出土宜興壺壺嘴　　圖 142：中寮遺址出土油燈碟

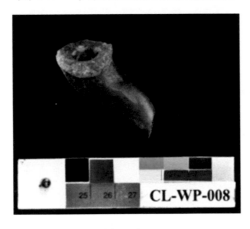 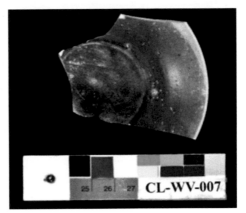

2. 高溫粗質硬陶

屬高溫燒製陶器，胎質較粗糙，或未經人為修飾者，主要器型包括四繫罐（圖 143）盆、器蓋、注壺、油燈碟，以及油燈座等（圖 144）。容器多呈灰紅胎，多施醬釉，或者未施釉，部分罐頸帶繫；燈器則形制多元，油燈碟皆施醬釉，油燈座則醬釉與綠釉者皆有。

3. 低溫軟陶

屬低溫燒製而成的陶器，內容多元，包括生業工具的陶質網墜、飼槽（圖145）；製糖所使用的糖漏、漏罐（圖 146）；磚、瓦等建築用器；日常飲食與裝盛的山形爐、煎壺、器蓋，以及器壺等；遊憩或帶祭祀性質的陶人偶等。多呈紅胎，通體皆不施釉，器表粗糙，胎體厚重。

〔註1〕臧振華、李匡悌《南科液晶電視及產業支援工業區考古遺址受開發影響部分搶救發掘計畫報告》，頁 313～327。

圖 143：中寮遺址
出土中醬釉四繫罐

圖 144：
中寮遺址出土綠釉油燈座

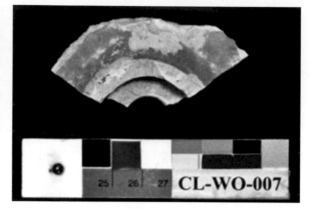

圖 145：中寮遺址出土飼槽

圖 146：中寮遺址出土漏罐

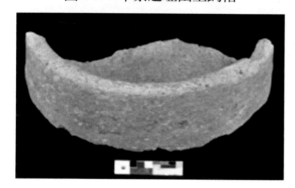

二、出土瓷器所屬年代

　　中寮遺址出土瓷器數量豐富，藉由工藝特徵的差異，包括圈足切修、胎質純淨度、施彩技術、胎釉品質，以及胚體強度等特徵，進行綜合判斷，將出土遺物依照其所屬年代進行分類。此章節將區分為明鄭時期（十七世紀中左右～1684 年）、清代初期（1684 年至十八世紀前半）、清代後期（十八世紀後半至十九世紀後半），以及日治時期至民國初年（1895 年～1945 年）等四個時間段點進行討論，並提出各時間段點中，較具代表性之紋飾特徵進行探討，同時針對國內外各個陸上與水下考古遺址出土之材料進行比對研究。

（一）明鄭時期（十七世紀中左右～1684 年）

　　中寮遺址出土瓷器遺物中，有部分瓷器可明確辨識出產自福建漳州地

區，其特徵為器底圈足部份，帶有大量窯砂沾黏，且圈足粗厚寬大，並以青花描繪特定紋飾。

　　宋代以來，漳州位於福建省南端，東臨臺灣海峽，境內九龍江及其支流遍佈，並在入海口形成如月港（龍海）、舊鎮港（漳浦），以及宮口港（詔安）等諸多良港，享舟車之利，依港道而建的窯址透過水道下海入洋，銷往海外。〔註2〕十五世紀後半以後，海禁逐漸鬆懈，中國沿海地區的海上私人貿易逐漸復甦，至十六世紀以後，海進的開放更讓貿易量大幅提升，同時來自歐洲加入的葡萄牙人、西班牙人，以及荷蘭人開始加入原先在此地貿易的亞洲地的貿易系統，導致海內外的市場需求量大量增加。〔註3〕外來貿易者無法自單從景德鎮取得足夠的商品，開始尋找其他窯口製品作為替代品，因此像是沿海漳州窯（SWATOW）這一類的窯口，便藉此機會而興起，〔註4〕也由於這個原因，海外的貿易中心開始轉移到了荷據臺灣與西領菲律賓等地。〔註5〕

　　中寮地區便藉這個機會，獲得以福建漳州為主的瓷器，作為普遍的民生用器，同時也能獲取明鄭貿易勢力範圍內的商品。十七世紀中期以後的漳州窯瓷器胎質細膩，燒結程度高，胎色呈灰白色，胎體較厚，胎體時常帶切修圈足時所留下的乳凸痕，且多施釉不均，圈足多不施釉，釉水下淌沾黏匣鉢內鋪墊的沙粒，成為沙足器。此外，漳州地處華南沿海，具交通便利之便，在陶瓷器外銷網路中，占有極為重要的地位。〔註6〕

　　中寮遺址出土高溫瓷器中，可確認為十七世紀中期至十七世紀後半時期瓷器者，雖所佔比例在整體數量中並不高，但仍具產地多元，形制豐富等特色，以下就幾類具代表性者進行描述：

〔註2〕 栗建安，〈宋元時期漳州地區的瓷業〉，《福建文博》第 1 期，2001 年，頁 53 ～55。

〔註3〕 盧泰康，〈從臺灣與海外出土的貿易瓷看明末清初中國陶瓷的外銷〉，《逐波泛海──十六至十七世紀中國陶瓷外銷與文名擴散國際學術研討論文集》，香港：香港城市大學中國文化中心，2002 年，頁 235～252。

〔註4〕 熊海棠，〈華南沿海對外陶瓷技術的交流和福建漳州窯發現的意義〉，收錄於福建省博物館，《漳州窯》一書，福州：福建人民出版社，1997 年，頁 116～117。

〔註5〕 森村建一，〈漳州窯陶瓷器──SWATOW──的貿易〉，收於福建省博物館，《漳州窯》一書，福州：福建人民出版社，1997 年，頁 122～123。

〔註6〕 栗建安，〈明清福建漳州地區的窯業技術〉，《福建文博》增刊，1999 年，頁 8 ～14。

1. 錦鯉躍水紋青花碗

中寮遺址出土瓷器遺物中，出現錦鯉躍水紋飾者，僅見二例，為標本編號 CL-PV-069 錦鯉躍水紋青花碗（圖 4）。盤形器例見標本編號 CL-PB-2115（圖 147）。此類標本紋飾特徵，以碗心或盤心為主要布局，以青花細筆描繪鯉魚自水面躍出的形態，水面渦捲，天空伴隨花草或雲彩紋，外壁飾二組流雲紋與翔鳳紋，內壁部份飾雜寶紋。此種紋飾傳統流行年代，大抵落在明代嘉靖時期，〔註7〕早期案例頗為豐富，例見 1600 年代沉沒在菲律賓西部海岸的聖地亞哥號（San Diego）沉船（圖 148）、〔註8〕菲律賓阿亞拉博物館（Ayala Museum）收藏（圖 149）、〔註9〕荷蘭海牙市立博物館（Gemeente Museum）與雅加達美術及陶瓷博物館（Fine Art and Ceramic Museum）藏漳州窯青花與彩瓷大盤（圖 150、圖 151）。〔註10〕多伴隨大量開光紋飾，以及重複而環狀紋飾配置而出現。

而此次中寮遺址所發現之錦鯉躍水紋青花碗，年代應略晚於上述各博物館收藏。根據海外相關出土案例，此類紋飾延續至十七世紀後半，並由原先眾多子題之一，逐漸發展成為母題本身，已可單獨成為紋飾主題。相關案例例見越南會安錦鋪亭（Dinh Cam Pho）第 2 地點河床遺址（圖 152）〔註11〕，目前已知燒造地點，包括華安縣高安鎮三洋村蝦形窯（圖 153）、〔註12〕南勝鎮花仔樓村碗窯山窯（圖 154）、〔註13〕平和縣五寨鄉寨河村洞口窯（圖 155）等地，〔註14〕都有發現相關紋飾之青花瓷器出土。

〔註7〕王志敏，《明代民間青花瓷畫》，北京：中國古典藝術出版社，1958 年，圖 70。

〔註8〕Rita C. Tan, *Zhangzhou ware found in the Philippines: "Swatow" export ceramics from Fujian 16th~17th century.*, ArtpostAsia Pte Ltd, 2008, pp. 101, fig. 75.

〔註9〕同上註，pp.173, fig.171.

〔註10〕Barbara Harrisson, *Swatow in het princessehof*, Leeuwarden, Netherlands: Gemeentelijk Museum Het Princessehof, 1979, fig. 213.; Sumarah Adhyatman, *Zhangzhou (Swatow) ceramics: sixteenth to seventeenth centuries found in Indonesia*, Jakarta:Ceramic Society of Indonesia, 1999, pp. 147~148, fig. 193~196.

〔註11〕菊池誠一編，《昭和女子大學国際文化研究紀要 Vol. 4——ベトナム日本町ホイアンの考古学調査》，東京：昭和女子大學国際文化研究所，1997 年，寫真圖版頁 13，圖 22、1。

〔註12〕吳其生、李和安，《中國福建古陶瓷標本大系——華安窯》，福州：福建美術出版社，2005 年，頁 104。

〔註13〕福建省博物館，《漳州窯》，福州：福建人民出版社，1997 年，圖版三一～5。

〔註14〕同上註，圖版三七。

圖 147：標本編號 CL-PB-2115，錦鯉躍水紋青花盤

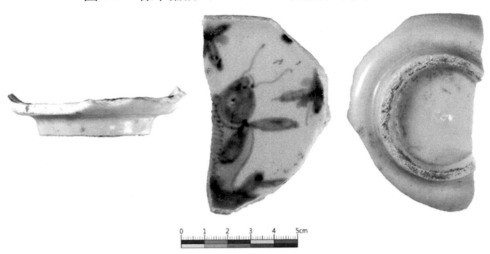

圖 148：聖地亞哥號
沉船出水之錦鯉躍水紋青花盤

圖 149：
阿亞拉博物館錦鯉躍水紋青花盤

圖 150：荷蘭海牙市立博物館藏漳州窯彩瓷大盤

圖 151：荷蘭海牙市立博物館與雅加達美術及陶瓷博物館藏
漳州窯彩瓷大盤

圖 152：越南會安錦鋪亭第 2 地點
河床遺址出土錦鯉躍水紋青花碗

圖 153：蝦形窯採集
之錦鯉躍水紋青花盤

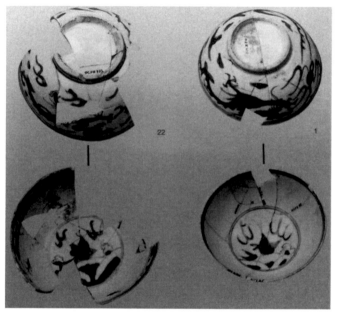

圖 154：
洞口窯採集之錦鯉躍水紋青花碗

圖 155：碗窯山窯採集
之錦鯉躍水紋青花盤

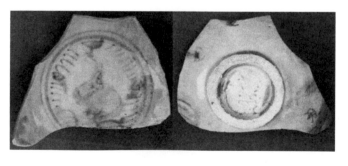

2. 秋葉紋青花盤

秋葉紋青花盤，亦稱一葉知秋紋青花盤，其紋飾特徵主要以秋葉紋、詩句或年款，與章款等部分所組成，三者皆可獨立形成紋飾主題，其中少數秋葉紋盤內的葉紋，連結其他枝葉或花草。本次中寮遺址發掘秋葉紋青花盤總計 45 件，1537 克。依照造型特徵與紋式差異，可區分三型，以下分述：

一型：圈足寬廣類型：足徑 60～80mm 左右，復原口徑皆在 150mm 以上，紋飾佈局多見一葉搭配詩句或年款之形式，字句在秋葉右側或兩句之間皆有，少數加飾一方框印紋。例見標本編號 CL-PB-5150 與 CL-PB-2466（圖156）。

圖 156：標本編號 CL-PB-5150 與 CL-PB-2466，一型秋葉紋青花盤

二型：圈足窄細類型：足徑 40～55mm 左右，復原器高皆在 30mm 以上，紋飾佈局與上述差異不大，多為「太平年興」搭配年款與葉紋，亦出現雙行直書「太平年興」四字搭配葉紋之形式，以及葉紋搭配花草等，未見方框印紋。例見標本編號 CL-PB-1667（圖 157）。

圖 157：標本編號 CL-PB-1667，二型秋葉紋青花盤

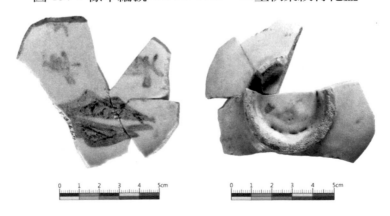

　　三型：小碟類型：足徑 40mm 左右，口徑 100mm 以下，器高僅 25mm 上下，紋飾布局簡化至殘存一方框印紋，或者單飾葉紋，字句則未見。例見標本編號 CL-PB-8329 與 CL-PB-2234（圖 158）。

圖 158：標本編號 CL-PB-8329 與 CL-PB-2234，三型秋葉紋青花盤

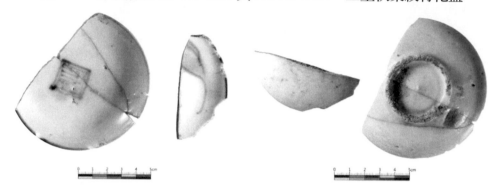

　　關於秋葉紋盤，目前海內外相關出土資料已頗為豐富，國內出土相關案例，包括高雄鳳山舊城遺址（圖 159）[註15]臺南安平熱蘭遮城遺址（圖 160）、[註16]臺南科學園區臺南新市社內遺址（圖 161）、[註17]道爺南遺址（圖 162）、[註18]臺南新寮遺址（圖 163），[註19]以及臺南水交社墓葬群等（圖 164）。[註20]海外地點則包括東帝汶 Manatuto 地區（圖 165）、[註21]澳門崗頂山坡（圖 166）[註22]漳州岱山院遺址（圖 167）[註23]，以及印

〔註15〕臧振華、高有德、劉益昌，〈左營清代鳳山縣舊城聚落的試掘〉，《中央研究院歷史語言研究所集刊》第 64 本第 3 分，1993 年，頁 781～782，圖版 25、26、40。

〔註16〕傅朝卿、劉益昌等，《第一級古蹟臺灣城殘跡（原熱蘭遮城）城址初步研究計畫成果報告書》，臺南：臺南市政府，2003 年，頁 2～78、圖版 66。

〔註17〕李匡悌，《三舍暨社內遺址受相關水利工程影響範圍搶救考古發掘工作計劃期末報告》，臺北：中央研究院歷史語言研究所，2005 年，頁 52，圖版 80、81。

〔註18〕目前陳列於南科考古隊，感謝李匡悌教授提供。

〔註19〕朱正宜、陳俊男等，《新寮遺址搶救發掘研究計畫期末報告》，臺南：財團法人樹谷文化基金會、國立臺灣史前文化博物館，2010 年，頁 95，圖版 86。

〔註20〕盧泰康、李匡悌，《發現臺南水交社墓葬群》，臺南：國立臺南藝術大學，2009 年，頁 150，圖 6-1-8。

〔註21〕趙金勇，〈東帝汶 Manatuto 聚落型態變遷之初探〉，《九十四年臺灣考古工作會報報告集》，國立臺灣史前文化博物館，2006 年，圖版 9、10。

〔註22〕盧泰康，〈澳門崗頂山坡出土陶瓷研究〉，《文化雜誌》第 86 卷第 1 期，2013 年，頁 160，圖 40-2、40-3。

〔註23〕福建博物院、漳州市文物管理委員會辦公室，〈漳州岱山院遺址發掘簡報〉，《福建文博》第 3 期，2010 年，頁 12，圖 15：5。

尼萬丹遺址等。〔註 24〕沉船出水案例也相當豐富，如福建東山島冬古灣沉船〔註 25〕（圖 168）〔註 26〕、1690 年左右沉沒於越南南部海域荷蘭籍頭頓號（Vung Tau）沉船（圖 169），〔註 27〕以及 1697 年左右沉沒於非洲肯尼亞蒙巴薩（Mombasa）沉船〔註 28〕（圖 170）〔註 29〕等等。此外，中寮遺址周邊的埤仔頭、王甲、木柵等遺址，也有相關標本出土。

此類秋葉紋盤為十七世紀後半中國南方青花瓷，亦屬明鄭時期臺灣島內常見之日用陶瓷器類之一。關於此類瓷器的相關研究，已有諸多學者進行研究與討論，透過與比對與分析，認為盤心書寫詩句中所繫之干支記年，可能與該件秋葉紋盤之年代有關。〔註 30〕盧泰康教授於其博士論文，〔註 31〕以及謝明良教授相關研究之中，〔註 32〕皆針對秋葉紋青花碗的產地與年代進行討論。目前可知的燒造窯場包括福建省韶安縣朱厝窯（圖 171）、〔註 33〕平和縣五寨鄉洞口窯、〔註 34〕華安縣高安鎮三洋村蝦形窯（圖 172）〔註 35〕、安溪縣

〔註 24〕大橋康二、坂井隆，〈インドネシア・バンテン遺跡出土の陶磁器〉，《国立歷史民俗博物館研究報告》，1999 年，No. 82，頁 47～94。

〔註 25〕陳立群，〈東山島冬古沉船遺址初探〉，《福建文博》第 1 期，2001 年，頁 33～39。

〔註 26〕栗建安，〈中國水下考古發現的十六至十七世紀外銷瓷及其相關問題〉，《逐波泛海——十六至十七世紀中國陶瓷外銷與物質文明擴散國際學術研討會論文集》，主辦單位：香港城市大學中國文化中心、陶瓷下西洋小組，香港，2012 年，頁 82～83，圖版 9。

〔註 27〕Christiaan J. A. Jörg & Michael Flecker, *Porcelain from the Vung Tau Wreck*, UK: Sun Tree Publishing, 2001, p. 80.

〔註 28〕Hamo Sassoon, Ceramics from the wreck of a Portuguese ship at Mombasa, *Azania (Journal of the British Institute in Eastern Africa,)* Vol. XVI, 1981, pp. 103~104.

〔註 29〕中國國家博物館水下考古研究中心、肯尼亞國立博物館沿海考古部，《中國國家博物館館刊》，〈2010 年度中肯合作肯尼亞沿海水下考古調查主要收穫〉第 8 期，2012 年，頁 89，圖 1。

〔註 30〕謝明良，〈左營清代鳳山縣就成聚落出土陶瓷補記〉，《貿易陶瓷與文化史》，臺北：允晨文化，1997 年，頁 219～222。

〔註 31〕盧泰康，《十七世紀臺灣外來陶瓷研究——透過陶瓷探索明末清初的臺灣》，新北市：花木蘭文化，2013 年，頁 251～253。

〔註 32〕謝明良，〈關於葉型盤：從臺灣高雄縣左營清代鳳山縣舊城聚落遺址出土的青花葉紋盤談起〉，《金沢大学考古学紀要》第 31 期，2010 年，頁 1～18。

〔註 33〕福建省博物館，《漳州窯》，圖版四三。

〔註 34〕同上註，頁 14。

〔註 35〕栗建安，〈東溪窯調查紀略〉，《福建文博》第 1～2 期，1993 年，頁 141～143；吳其生、李和安，《中國福建古陶瓷標本大系——華安窯》，福州：福建美術

龍涓鄉珠塔村珠塔窯、〔註36〕雲霄縣火田鎮、廣東省東部大浦縣水尾窯（圖173），〔註37〕以及香港大埔新界大埔碗窯等（圖174）〔註38〕

　　本次中寮遺址出土秋葉紋盤中，可辨識之詩句款中，帶年代款者有丁未年（1667年）壬子年（1672年）丙辰年（1676年）等三組（圖175），與社內遺址「丙辰秋記（1676年）」、左營鳳山舊城「太平年興　已卯冬記（1675年）」、廣東大埔縣水尾窯址出土「太平年已未□（1679年）」、「太平年庚申□（1680年）」等案例，年代區間皆非常接近。另外位中寮遺址西南側500公尺處，同屬南科液晶專區之埤仔頭遺址，亦有出土「太平年興　甲辰冬記（1664年）」、「太平年興己未冬記（1679年）」（圖176），〔註39〕以及「□堂佳器　壬子年記（1672年）」（圖177）〔註40〕。筆者整理現階段臺灣出土秋葉紋青花盤中，帶有干支紀年款瓷器，發現落款年代皆落在明鄭時期（表1），或可作為這類瓷器輸入臺灣的年代依據。

圖159：高雄鳳山舊城
出土秋葉紋青花盤

圖160：
臺南熱蘭遮城出土秋葉紋青花盤

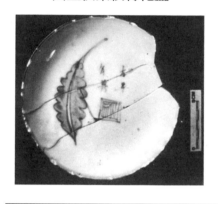

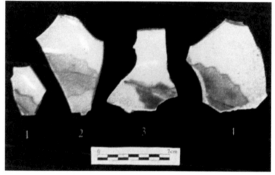

出版社，2005年，頁132。

〔註36〕葉清琳，〈安溪青花瓷器的初步研究〉，收錄於 Ho Chuimei ed., *Ancient Ceramic Kiln Technology in Asia*, Hong Kong: Center of Asian Studies, University of Hong Kong, 1990, p. 83。

〔註37〕楊少祥，〈廣東青花瓷初探〉，收錄於 Ho Chuimei ed., *Ancient Ceramic Kiln Technology in Asia*, Hong Kong: Center of Asian Studies, University of Hong Kong, 1990, pp. 3~7。

〔註38〕嚴瑞源編審，《香港大埔碗窯青花瓷窯址：發掘及研究》，香港：康樂及文化事務署，2000年，頁91，彩圖116。

〔註39〕筆者攝於新港社地方文化館，感謝李匡悌、陳俊男教授協助。

〔註40〕臧振華、李匡悌，《南科液晶電視及產業支援工業區考古遺址受開發影響部分搶救發掘計畫報告》，頁244。

圖 161：臺南社內遺址出土秋葉紋青花盤

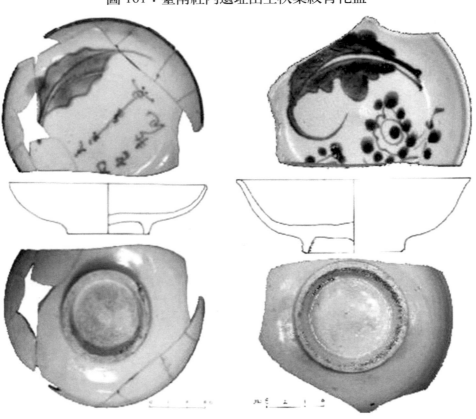

圖 162：臺南科學園區臺南道爺南遺址出土秋葉紋青花盤

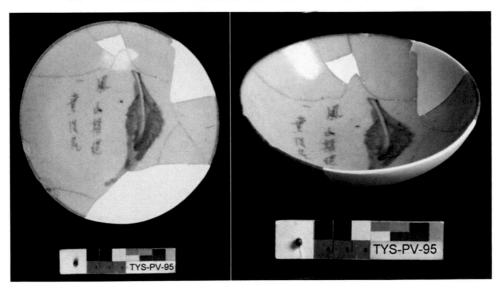

圖 163：新寮遺址出土秋葉紋青花盤

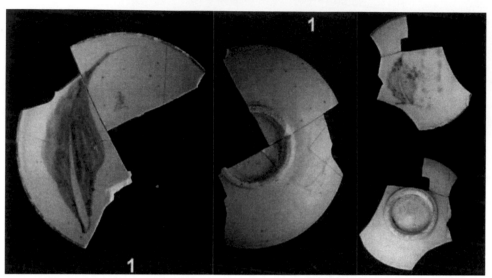

圖 164：
臺南水交社墓葬群
出土秋葉紋青花盤

圖 165：
東帝汶 Manatuto 地區出土秋葉紋青花盤

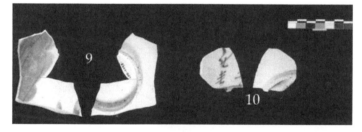

圖 166：澳門崗頂山出土秋葉紋青花盤

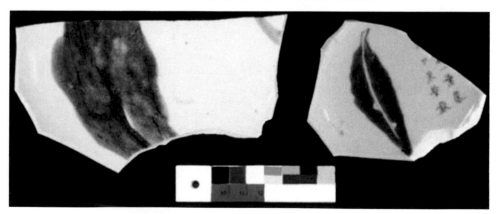

圖 167：
漳州岱山院遺址出土秋葉紋青花盤

圖 168：福建東山島冬古灣
沉船出土秋葉紋青花盤

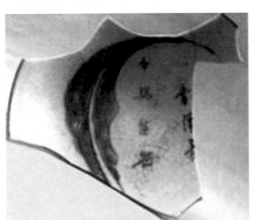

圖 169：1690 年頭頓號（Vung Tau）沉船出土秋葉紋青花盤

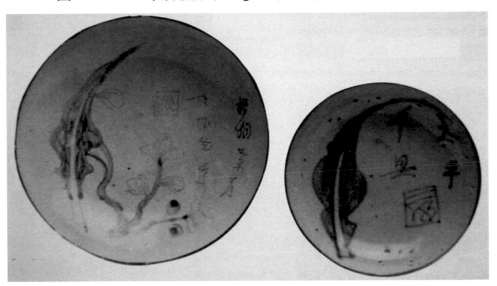

圖 170：蒙巴撒沉船出土秋葉紋青花盤

圖171：漳州朱厝窯採集之秋葉紋青花碗

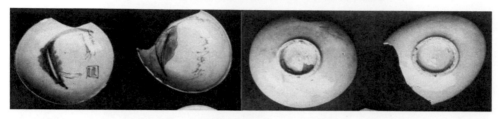

圖172：華安縣蝦形窯採集之秋葉紋青花碗

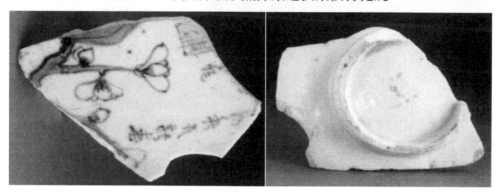

圖173：
華安縣水尾採集之秋葉紋青花碗

圖174：
香港大浦碗窯出土秋葉紋青花碗

圖175：中寮遺址出土帶年款之秋葉紋青花盤

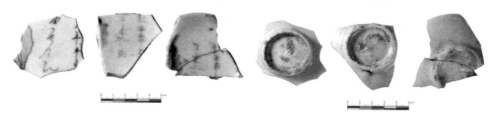

圖 176：臺南科學
工業園區埤仔頭
出土己未年款
秋葉紋青花盤

圖 177：
臺南科學工業園區
埤仔頭出土壬子年款秋葉紋青花盤

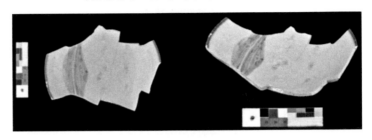

表 1：臺灣出土帶年號款秋葉紋青花盤一覽表

出土位置	干支紀年	西元紀年
高雄左營鳳山舊城	己卯年	1675
臺南新市社內	丙辰年	1676
臺南新市中寮	丁未年	1667
	壬子年	1672
	丙辰年	1676
臺南新市埤仔頭	甲辰年	1664
	己未年	1679
	壬子年	1672

3. 簡筆壽字紋青花碗

此類青花碗造形特徵為侈口，口緣多折角外撇，斜壁，圈足粗寬，足內底心尖突，多帶窯砂。器表施釉多呈現青綠色澤，青料發色多黯淡偏灰藍，器外壁青花書寫文字紋。本次中寮遺址出土此類型青花碗數量頗豐，可確定為此種類型之標本記有 265 件（圖 178），另外多有相似特徵之口緣，但過度破損未見文字部份，因此數量應遠超過上述之 265 件。盧泰康教授於其博士論文當中，亦將此類青花瓷碗區分三型，以下分述：〔註41〕

〔註41〕盧泰康，《十七世紀臺灣外來陶瓷研究——透過陶瓷探索明末清初的臺灣》，頁 253～254。論文中原稱「文字紋青花碗」筆者為與其他類型文字紋青花碗有所區分，因此變更為「簡筆壽字紋青花碗」。

圖 178：中寮遺址出土簡筆壽字紋青花碗

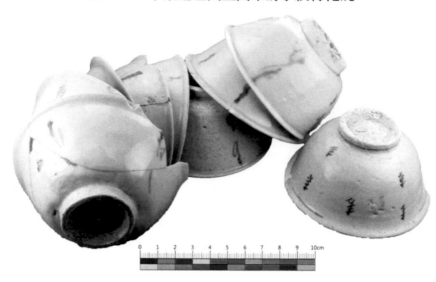

　　一型：圈足較為粗寬、釉色灰白，青料發色淺淡，施釉不及底，碗心澀胎無釉。外壁有重複交錯排列「壽」字紋，此類型於中寮遺址出土遺物中未見。

　　二型：足底普遍沾黏窯砂，釉色白中帶青，青料發色藍中帶紫，施釉及底。外壁有重複交錯排列「壽」字紋，但字形筆劃已有減省，不易辨識。碗心有斜線圈帶紋，內書「雅」字。本次發掘出土案例，例見標本編號 CL-PV-165（圖 34）。

　　三型：足底普遍沾黏窯砂，青料發色深藍，施釉及底。外壁有潦草書寫文字紋，字形筆劃無法辨識，碗心亦有類似草寫文字之花押紋。本次發掘出土案例，例見標本編號 CL-PV-003（圖 35）。

　　而此類簡筆壽字紋青花碗，在臺灣本地出土案例亦相當豐富，如臺南新寮遺址（圖 179）、〔註42〕宜蘭淇武蘭遺址（圖 180）、〔註43〕臺南社內遺址（圖 181）、〔註44〕臺南科學園區柑港遺址，〔註45〕以及高雄鳳山舊城遺址（圖

〔註42〕陳有貝、邱水金，《淇武蘭遺址搶救發掘報告（四）》，宜蘭市：宜蘭縣立蘭陽博物館，2008 年，頁 96，圖版 87。
〔註43〕同上註，頁 166～167，圖版 224～227。
〔註44〕李匡悌，《三舍暨社內遺址受相關水利工程影響範圍搶救考古發掘工作計劃期末報告》，頁 36，圖版 35。
〔註45〕臧振華、李匡悌等，《南部科學工業園區第三期考古遺址搶救發掘及監測計畫期末報告》，南部科學工業園區管理局委託，國立臺灣史前文化博物館執行，

182）〔註 46〕等等，都有大量此類型瓷器出土。海外地點發現案例也相當豐富，如聖多明哥之家旅館及博物館（Arqueologico hotel museo casa santo domingo）〔註 47〕，1690 年沉沒的頭頓號中，亦有出水大量簡筆壽字紋青花碗（圖 183）。〔註 48〕目前已知燒造此類青花碗的閩南窯場，包含福建省韶安縣朱厝窯（圖 184）、〔註 49〕漳浦縣坪水窯（圖 185）、〔註 50〕雲霄縣火田窯、〔註 51〕華安縣東溪窯，〔註 52〕以及安溪縣長坑窯等，〔註 53〕都有發現簡筆壽字紋青花瓷器的燒造。

圖 179：新寮遺址出土簡筆壽字紋青花碗

2010 年，頁 170，圖版 187。

〔註 46〕臧振華、高有德、劉益昌，〈左營清代鳳山縣舊城聚落的試掘〉，頁 816，圖版 18。

〔註 47〕感謝野上建紀教授教示。

〔註 48〕Christiaan J. A. Jörg & Michael Flecker, *Porcelain from the Vung Tau Wreck*, p. 83, fig. 80, 82b; Christie's Amsterdam B. V., *The Vung Tau Cargo: Chinese Export Porcelain*, Amsterdam: Christie's Amsterdam B. V., 1992, p. 129, lots 961~977.

〔註 49〕福建省博物館，《漳州窯》，圖版四三、四五～8。

〔註 50〕同上註，圖版四六～3。

〔註 51〕同註 49，頁 25，圖一四。

〔註 52〕栗建安，《東溪窯調查記略》，頁 141，圖六～2。

〔註 53〕曾凡，《福建陶瓷考古概述》，福州：福建省地圖出版社，2001 年，圖版七九～3。

圖 180：淇武蘭遺址出土簡筆壽字紋青花碗

圖 181：臺南社內遺址出土簡筆壽字紋碗

圖 182：
1690 年頭頓號沉船出土簡筆壽字紋青花碗

圖 183：高雄鳳山舊城
出土簡筆壽字紋青花碗

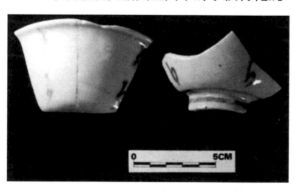

圖 184：朱厝窯採集之簡筆壽字紋青花碗

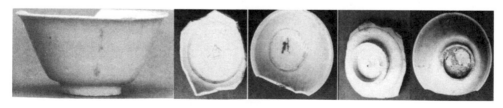

圖 185：漳浦縣坪水窯採集之簡筆壽字紋青花碗

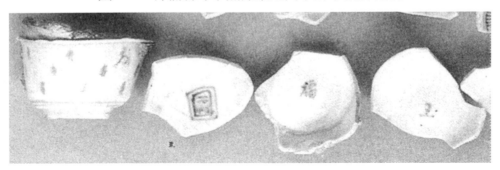

4. 赤壁賦紋青花碗

赤壁賦紋青花碗，造型特徵為直口、弧壁、下接圈足，足壁內外皆直，足內略帶窯砂，紋飾特徵為外壁劃分成兩個部份，一半描繪宋代詩人蘇東坡與友人乘船出遊之景；另一半則以豎行抄寫「赤壁賦」文內容。判定窯口應屬閩南地區，其中少數可確定為福建漳州窯，為當地仿燒十七世紀前半江西景德鎮窯產品。〔註54〕，盧泰康教授依照紋飾風格差異，將此類形遺物分為二型，用以區分早晚之不同類型，分述如下：〔註55〕

一型：紋飾與文字內容較為工整，以越南會安錦鋪亭（Dinh Cam Pho）第 1 地點、第 2 地點河床遺址出土赤壁賦紋青花碗為代表（圖 186），〔註56〕年代較早，且碗心紋飾略有不同，約為 1590～1630 年代福建漳州窯製品；亦有景德鎮窯製品，如江戶遺跡汐留，與港區等地出土遺留。〔註57〕

二型：紋飾已偏向簡約粗放，賦文以行草書寫，內容不易辨識。本地相關案例如高雄鳳山舊城遺址（圖 187）〔註58〕、宜蘭淇武蘭遺址（圖 188）〔註59〕以及臺南新寮遺址（圖 189）〔註60〕等等；海外地區則例見沉沒於平潭

〔註54〕Jessica Harrison-Hall, *Ming Ceramics in the British Museum.*, London: British Museum, pp. 367~368.；中國陶瓷編輯委員會編，《景德鎮民間青花瓷器》，上海：上海人民美術出版社，1994 年，圖 200。

〔註55〕盧泰康，《十七世紀臺灣外來陶瓷研究──透過陶瓷探索明末清初的臺灣》，頁 256。

〔註56〕菊池誠一編，《ベトナム日本町ホイアンの考古學調查》，寫真圖版頁 13，圖 51～54。

〔註57〕堀內秀樹等，《近世都市江戶の貿易陶磁器資料集（1）》，MNT-0370，頁 377，SOD-0754。

〔註58〕臧振華、高有德、劉益昌，〈左營清代鳳山縣舊城聚落的試掘〉，頁 828～829，圖版 41～43。

〔註59〕陳有貝、邱水金，《淇武蘭遺址搶救發掘報告（四）》，頁 174，圖版 272。

嶼頭島東面航道的平潭九梁沉船（圖 190）。〔註61〕本次中寮遺址出土赤壁賦紋青花碗，與鳳山左營舊城遺址發現者之粗放風格相近，同屬十七世紀後半之物。此類青花瓷器在日本肥前亦有生產，但年代已延至十九世紀前半，於器壁內側近口緣處多飾錦帶，明顯與中國製品不同。〔註62〕

圖 186：越南會安錦鋪亭第 2 地點河床遺址出土赤壁賦紋青花碗

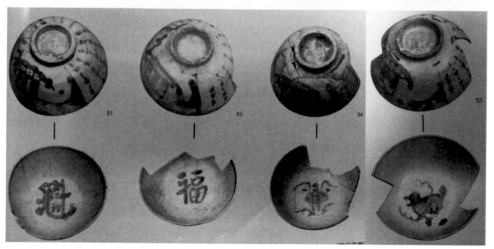

圖 187：高雄鳳山舊城遺址出土赤壁賦紋青花碗

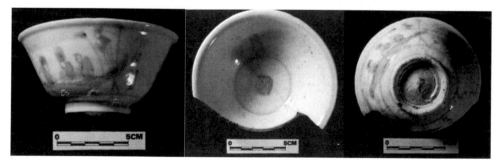

〔註60〕朱正宜、陳俊男等，《新寮遺址搶救發掘研究計畫期末報告》，頁 102，圖版 97。
〔註61〕感謝栗建安教授提供。
〔註62〕北九州市芸術文化振興財団，《北九州市埋藏文化財調查報告書第 271 集　小倉城代米御藏跡 I》，北九州市：北九州市芸術文化振興財団、埋藏文化財調查室，2002 年，頁 96～97。

圖 188：
淇武蘭遺址出土赤壁賦紋青花碗

圖 189：
臺南新寮遺址出土赤壁賦紋青花碗

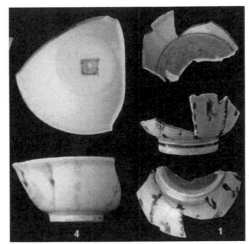

圖 190：平潭九梁沉船遺址出水赤壁賦紋青花碗

5. 開光花草紋青花盤

　　這類青花瓷器造型特徵為敞口、斜壁、弧腹、器壁略折、下接圈足，足壁內斜外直，盤心飾折枝花草，沿側簡筆開光，內飾花草，間以簡筆小開光，鈷料發色灰黑偏淡紫，胎色灰黃，胎釉品質低下粗糙，釉面多帶孔隙。為模仿中國晚明景德鎮窯錦地開光紋青花克拉克瓷盤。此類紋飾在日本又稱「芙蓉手」，專供外銷之克拉克瓷器，本次在中寮遺址中共發現十件，其中兩件較為完整（圖 191）。目前已知燒製此類型盤的窯址包括日本外山地區的多夕良の元窯 A 窯址（圖 192）、[註63] 弥源次窯跡（圖 193）、[註64] 広瀬向

〔註63〕村上伸之、野上建紀編著，《有田の古窯——町內古窯跡詳細分布調查報告書第 11 集》，佐賀：有田町教育委員会，1988 年，頁232～245，圖 A-4、A-5。

窯（圖 194）〔註 65〕、外尾山窯、〔註 66〕吉田窯（圖 195）、〔註 67〕川猿窯、以及稗古場窯等地之間。〔註 68〕同類型的遺物，在海外多有所見，如印尼爪哇萬丹（Bantam）遺址、〔註 69〕、印尼叭沙伊干（Pasar Ikan）遺址（圖 196）、〔註 70〕菲律賓馬尼拉市王城區（Intramuos）西班牙時期遺址，〔註 71〕（圖 197）〔註 72〕、中美洲墨西哥市，〔註 73〕以及瓜地馬拉安提瓜（Antigua）之聖多明哥修道院（Cathedral de Santiago）〔註 74〕等地。臺灣除中寮地點以外，於澎湖馬公港亦有所發現（圖 198）。〔註 75〕日本當地學者研判，這類克拉克瓷器生產年代，大約落在西元 1650 至 1670 之間。〔註 76〕而位中寮遺址西南側之埤仔頭遺址，亦有出土開光花草紋青花盤之紀錄。〔註 77〕

〔註 64〕同上註，頁 194～197，圖 5。

〔註 65〕盧泰康、野上建紀，〈澎湖群島・金門島發見の肥前磁器〉，金沢大学考古学紀要，2003 年，第 30 期，頁 92，写真 3。

〔註 66〕村上伸之、野上建紀編著，《有田の古窯──町内古窯跡詳細分布調査報告書第 11 集》，頁 160～175。

〔註 67〕大橋康二，〈東南アジアに輸出された肥前陶磁〉，《海を渡った肥前のやきもの展》，佐賀1佐賀県立九州陶磁文化館，1990 年，頁 96，Fig.8。

〔註 68〕盧泰康，《十七世紀臺灣外來陶瓷研究──透過陶瓷探索明末清初的臺灣》，頁 237。

〔註 69〕大橋康二、坂井隆，〈インドネシア・バンテン遺跡出土の陶磁器〉，收錄於国立歴史民俗博物館編，《国立歴史民俗博物館研究報告》第 82 期，頁 71，第 5 圖 99。

〔註 70〕大橋康二，〈東南アジアに輸出された肥前陶磁〉，《海を渡った肥前のやきもの展》，佐賀県立九州陶磁文化館，1990 年，頁 158～160，圖 362～371。

〔註 71〕野上建紀、Alfredo B. Orogo、田中和彥、洪曉純，〈マニラ出土的肥前磁器〉，《金大考古》第 48 期，2005 年，頁 1～5。

〔註 72〕圖版出自盧泰康、野上建紀，〈澎湖群島・金門島發見の肥前磁器〉，頁 92，圖版 6。

〔註 73〕同上註，頁 4。

〔註 74〕George Kuwayama, and Anthony Pasinski, *Chinese Ceramics in the Audiencia of Guatemala*, Oriental Art, Vol. XLVIII, No. 4, 2002, p. 30, fig. 8.原文認為該遺址出土之遺物為中國製品，但盧泰康教授認為少有三件標本的紋飾與青料勾染特徵，應屬日本肥前磁器。

〔註 75〕盧泰康，〈澎湖所見的肥前瓷器〉，《金大考古》第 61 期，2008 年，頁 2；盧泰康、野上建紀，〈澎湖馬公港與金門所發現的肥前瓷器〉，《史物論壇》第 6 期，2008 年，頁 97，圖 1。

〔註 76〕整理自村上伸之、野上建紀編著，《有田の古窯──町内古窯跡詳細分布調查報告書第 11 集》。

〔註 77〕筆者 2010 年於南科考古隊整理埤仔頭遺址時有所發現，目前所有出土標本尚未處理完畢。

圖 191：中寮遺址出土開光花草紋青花盤

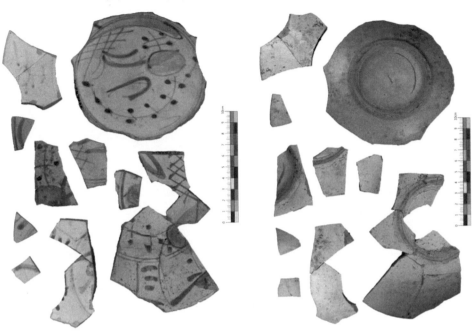
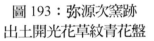

圖 192：外山多タ良の元窯 A 窯址
出土開光花草紋青花盤

圖 193：弥源次窯跡
出土開光花草紋青花盤

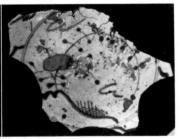

圖 194：
広瀬向窯跡開光花草紋青花盤

圖 195：
吉田 2 号窯跡出土開光花草紋青花盤

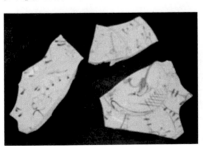

圖 196：印尼叭沙伊干（Pasar Ikan）遺址出土開光花草紋青花盤

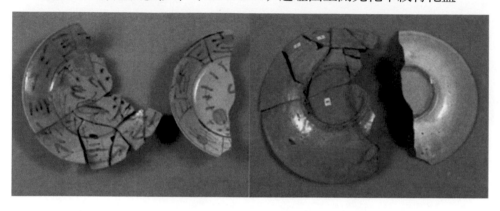

圖 197：菲律賓馬尼拉市王城區西班牙時期遺址出土開光花草紋青花盤

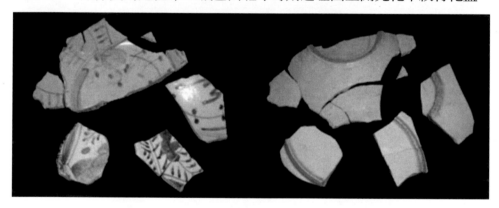

圖 198：澎湖馬公港出水開光花草紋青花盤

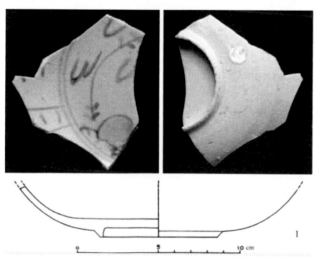

6. 日字鳳凰紋青花盤

這類青花盤紋飾特徵為口緣處飾三組長尾鳳紋，盤心飾一日字，呈三鳳繞日狀，本次中寮遺址僅發現一件，即標本編號 CL-PV-008（圖 49）。此類型器日文做「染付日字鳳凰文皿」，為日本肥前地區輸出外銷用途的青花瓷器，日本本地如東京大學理學部 7 號館地點出土案例。〔註 78〕其他海外地區則有越南會安潘朱貞（Phan Chu Trinh）遺址（圖 199）、〔註 79〕錦鋪亭（Dinh Cam Pho）第 2 地點河床遺址（圖 200），〔註 80〕以及印尼叭沙伊干（Pasar Ikan）等，〔註 81〕皆有相關案例出土紀錄。根據日本當地學者推定年代，大抵在 1640 至 1650 之間。〔註 82〕而在日本東京都千代田區神田淡路町二丁目遺跡出土的日字鳳凰文青花盤，則有明確的年代依據，為明曆三年（1657 年）大火後所遺留（圖 201）。〔註 83〕目前已知生產日字鳳凰紋青花盤的地點以日本有田地區為主，包括內山地區的楠木谷窯跡（圖 202）、〔註 84〕枳藪窯跡、〔註 85〕天狗古窯跡（圖 203）、〔註 86〕年木谷 3 號窯跡（圖 204）、〔註 87〕小樽 2 號窯跡（圖 205），〔註 88〕以及外山地區的掛の谷窯跡 2 號窯

〔註 78〕東京大学埋蔵文化財調査室，《東京大学本郷構内の遺跡理学部 7 号館地点》，東京：東京大学埋蔵文化財調査室，1989 年，頁 109，圖 6n。

〔註 79〕菊池誠一編，《昭和女子大學国際文化研究紀要 Vol. 4——ベトナム日本町ホイアンの考古學調査》，寫真圖版頁 21，圖 35。

〔註 80〕同上註，寫真圖版頁 15，圖 296。

〔註 81〕大橋康二，〈東南アジアに輸出された肥前陶磁〉，頁 95，圖 136。

〔註 82〕村上伸之、野上建紀編著，《有田の古窯——町內古窯跡詳細分布調查報告書第 11 集》，頁 20、188、208。

〔註 83〕鈴木裕子，〈東京都千代田區神田淡路町二丁目遺跡出土の貿易陶磁器——譜代大名屋敷地の一例——〉，《第 34 回日本貿易陶磁研究会研究集会『近世都市江戶の貿易陶磁器』發表要旨》，2013 年 9 月，東京：日本陶瓷貿易研究会，頁 59〜74。

〔註 84〕千代田區立日比谷図書文化館，《平成 24 年度文化財特別展 德川將軍家の器——江戶城跡の最新の發掘成果を美術品とともに——》，東京：千代田區立日比谷図書文化館，2014 年，頁 19，圖 III-015。

〔註 85〕村上伸之、野上建紀編著，《有田の古窯——町內古窯跡詳細分布調查報告書第 11 集》，頁 20〜26，圖 5。

〔註 86〕有田町教育委員會，《国史跡天狗谷窯跡：史跡肥前磁器窯跡（天狗谷窯跡）保存整備事業報告書》，佐賀縣：有田町教育委員會，2010 年，頁 178，寫真 137，圖 82〜11、頁 193，寫真 152，圖 90〜12、90〜14、90〜15。

〔註 87〕村上伸之、野上建紀編著，《有田の古窯——町內古窯跡詳細分布調查報告書第 11 集》，頁 34〜39，圖 3。

〔註 88〕同上註，頁 48〜51，圖 7。

圖 199：越南會安潘朱貞遺址
出土日字鳳紋青花盤

圖 200：越南會安錦鋪亭第 2 地點
河床遺址出土日字鳳紋青花盤

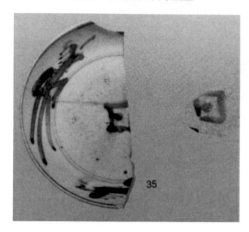
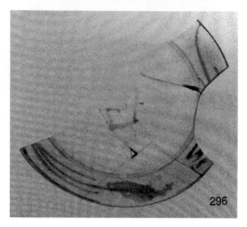

圖 201：東京都千代田區神田淡路町二丁目遺跡出土日字鳳紋青花盤

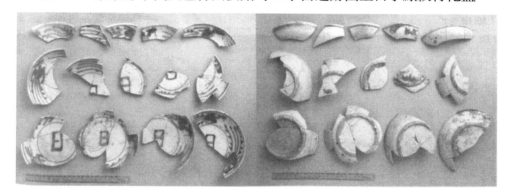

圖 202：楠木谷窯跡出土日字鳳紋青花盤

圖 203：天狗古窯出土日字鳳紋青花盤

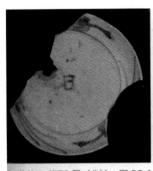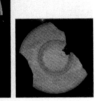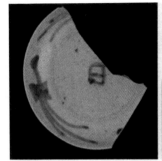

7 染付皿（PT3 層（北）） 図 90-15　　　　6 染付皿（PT3 層（北）） 図 90-14

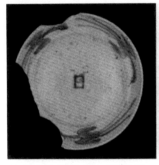

7 染付皿（LT4a 層） 図 82-11　　　　4 染付皿（PT3b 層） 図 90-12

圖 204：年木谷 3 號窯跡
出土日字鳳紋青花盤

圖 205：小樽 2 號窯跡
出土日字鳳紋青花盤

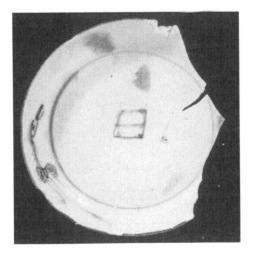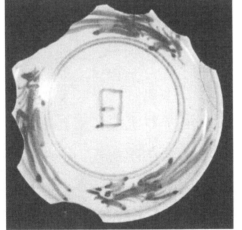

圖 206：山辺田窯跡 1 號（左）2 號窯址（右）出土日字鳳紋青花盤

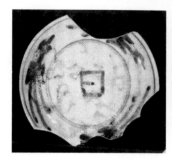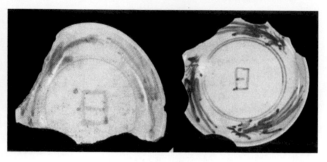

址、〔註89〕山辺田窯跡 1 號、2 號窯址等〔註90〕地點（圖 206）。

7. 簡筆雲龍紋青花碗

此類紋飾在日本又稱「荒磯文碗」。造型特徵為直口、弧壁、下接圈足，足壁內外皆細直。外壁施簡筆雲龍紋，青花發色普遍灰藍，紋飾繪製技法與中國傳統有所差異，多以線描、分水重疊繪染（圖 207）。近年來臺南科學工業園區其他遺址亦有出土案例，如臺南新寮遺址（圖 208）〔註91〕與社內遺址（圖 209），〔註92〕以及澎湖馬公港亦有所發現（圖 210）。〔註93〕海外案例更顯豐富，如泰國大城府（Ayutthaya）Chao Phraya 和打撈遺物（圖 211）、〔註94〕越南會安（Hoi An）錦鋪亭（Dinh Cam Pho）第 2 地點河床遺址（圖 212）、〔註95〕其中又以越南潘朱貞遺址出土類型最為接近（圖 213），〔註96〕

〔註89〕村上伸之、野上建紀編著，《有田の古窯——町內古窯跡詳細分布調查報告書第 11 集》，頁 188～191。

〔註90〕同上註，頁 208～209，圖 6；頁 210～213，圖 5。

〔註91〕朱正宜、陳俊男等，《新寮遺址搶救發掘研究計畫期末報告》，2010 年，頁 111，圖版 114。

〔註92〕刊載於李匡悌，《三舍暨社內遺址受相關水利工程影響範圍搶救考古發掘工作計劃期末報告》，頁 33，圖 27。圖版引自盧泰康、野上建紀，〈澎湖群島・金門島發見の肥前磁器〉，金沢大学考古学紀要，2003 年，第 30 期，頁 93，第 5 圖左。

〔註93〕盧泰康，〈澎湖所見的肥前瓷器〉，《金大考古》，頁 2；盧泰康、野上建紀，〈澎湖馬公港與金門所發現的肥前瓷器〉，《史物論壇》，頁 102，圖 5。

〔註94〕大橋康二，〈東南アジアにされた輸出肥前陶磁〉，《「海を渡った肥前のやきもの」展》，頁 158～160；圖版出自盧泰康、野上建紀，〈澎湖群島・金門島發見の肥前磁器〉，金沢大学考古学紀要，2003 年，第 30 期，頁 93，圖版 7。

〔註95〕菊池誠一編，《昭和女子大学国際文化研究紀要 Vol. 4——ベトナム日本町ホイアンの考古学調査》，寫真圖版頁 15，圖 283。

〔註96〕同上註，寫真圖版頁 21，圖 33。

此類紋飾大約在十七世紀中期開始流行，推定年代上大抵在 1650 至 1680 之間。﹝註 97﹞而外銷時間可能延續至十七世紀末，如福建東山冬古灣沉船（圖 214），﹝註 98﹞以及 1690 年代的沉沒的頭頓號（Vung Tau）沉船貨物中，也有大量此類簡筆雲龍紋青花碗（圖 215）。﹝註 99﹞關於這類瓷器，主要燒製窯址主要為日本的有田地區，多分布在內山的泉山、白川等地區、以及外山地區的応法、黑牟田等地，其中又以応法、黑牟田等地區最最為集中。目前已知出土簡筆雲龍紋青花碗的窯址包括弥源次窯跡（圖 216）﹝註 100﹞、多々良の

圖 207：中寮遺址出土簡筆雲龍紋青花碗

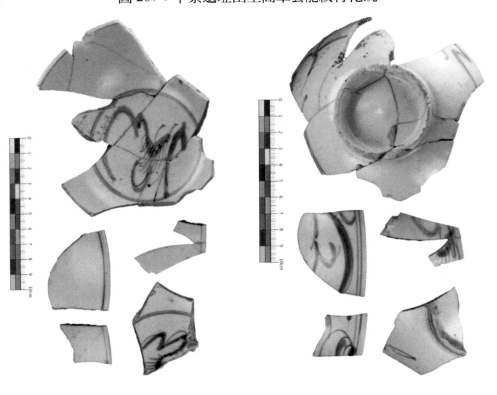

﹝註 97﹞有田町教育委員会，《国史跡天狗谷窯跡：史跡肥前磁器窯跡（天狗谷窯跡）保存整備事業報告書》，頁 183。

﹝註 98﹞栗建安，〈中國水下考古發現的十六至十七世紀外銷瓷及其相關問題〉，《逐波泛海──十六至十七世紀中國陶瓷外銷與物質文明擴散國際學術研討會論文集》，頁 82～83，圖版 10。另角度圖感謝栗建安教授提供。

﹝註 99﹞Christie's Amsterdam B. V., *The Vung Tau Cargo: Chinese Export Porcelain.*, pp. 129, lots 961~977.

﹝註 100﹞村上伸之、野上建紀編著，《有田の古窯──町內古窯跡詳細分布調查報告書第 11 集》，頁 194～197，圖 4。

圖208：
臺南新寮遺址出土
簡筆雲龍紋青花碗

圖209：
臺南社內遺址出土
簡筆雲龍紋青花碗

圖210：
澎湖馬公港出水
簡筆雲龍紋青花碗

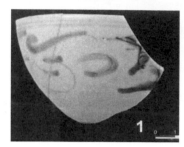

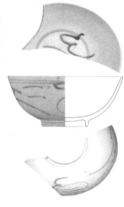

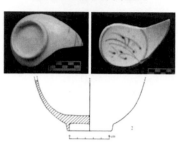

圖211：泰國大城府附近湄南河畔出土簡筆雲龍紋青花碗

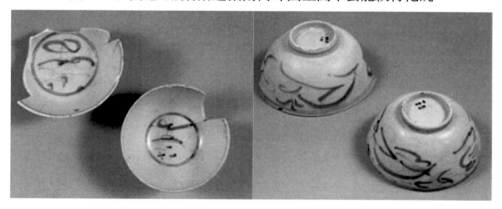

圖212：越南會安錦鋪亭第2地點
河床遺址出土簡筆雲龍紋青花碗

圖213：越南潘朱貞遺址出土
簡筆雲龍紋青花碗

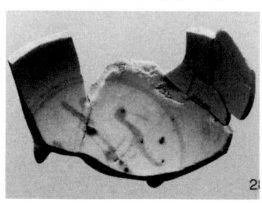

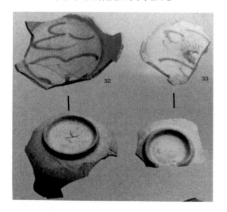

圖 214：福建東山
冬古灣沉船出水
簡筆雲龍紋青花碗

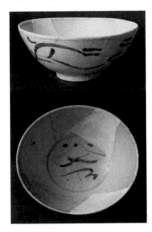

圖 215：
1690 年頭頓號沉船出水簡筆雲龍紋青花碗

圖 216：
弥源次窯跡出土簡筆雲龍紋青花碗

圖 217：多夕良の元窯
出土簡筆雲龍紋青花碗

圖 218：天狗古窯出土簡筆雲龍紋青花碗

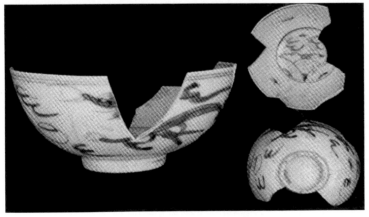

圖219：南川原地區古窯跡出土簡筆雲龍紋青花碗

元窯 C 窯址（圖217）、〔註101〕天狗谷窯跡（圖218）、〔註102〕波佐見窯、嬉野窯、三川內諸窯等，〔註103〕以及南川原地區古窯址等（圖 219），〔註104〕都有相關發現。

8. 花草壽字紋青花碗

此類花草壽字紋青花碗之造型特徵，以青花鉤繪兩組團花，瓣緣延伸四組花草紋，團花下方錦帶交錯，交錯處帶壽字，口緣內外壁與圈足各帶一組弦紋，碗心處飾一壽字，中寮遺址相關出土遺物，例見標本編號 CL-PV-086，相關出土案例可見臺南新寮遺址（圖 220），〔註105〕而 1690 年頭嶼號沉船出水遺物中，亦有發現此類型遺物（圖 221）。〔註106〕該類型器圈足多粗寬，且多沾黏窯砂，應屬福建漳州窯產品。

9. 刻花紋白瓷匙

此類白瓷匙通體施透明釉，釉色多為牙白，匙柄彎曲，柄端帶五瓣刻花，匙底多沾黏窯砂。相同類型遺物在臺灣各地遺址出現相當豐富，如古笨港遺

〔註101〕村上伸之、野上建紀編著，《有田の古窯——町內古窯跡詳細分布調査報告書第 11 集》，頁 240～241，圖 1。

〔註102〕同上註，頁 94～95，圖 1。

〔註103〕盧泰康，《十七世紀臺灣外來陶瓷研究——透過陶瓷探索明末清初的臺灣》，頁 238。

〔註104〕駒澤大学禅文化歷史博物館，《考古資料展 4　有田燒の考古学図録　窯跡資料にみる有田燒の変遷——有田・南川原窯ノ辻窯跡出土の陶磁器——》，東京：駒澤大学禅文化歷史博物館，2010 年，頁 47。

〔註105〕朱正宜、陳俊男等，《新寮遺址搶救發掘研究計畫期末報告》，頁 99，圖版 93。

〔註106〕Christiaan J. A. Jörg & Michael Flecker. *Porcelain from the "Vung Tau" Wreck: The Hallstrom Excavation.* p. 82, fig 77.

址板頭村地點（圖 222）、〔註107〕朝天宮地點（圖 223）、〔註108〕臺南社內遺址（圖 224）、〔註109〕臺南關廟鄉（圖 225），〔註110〕以及臺南新寮遺址（圖 226）〔註111〕等皆有所見。而在 1690 年頭嶼號沉船出水遺物中亦有發現（圖 227）。〔註112〕這一類白瓷匙生產地，目前已知包含德化窯系龍濤鎮寶美村甲杯山窯，〔註113〕以及潯中鎮後所村後所窯等地區（圖 228）。〔註114〕

圖 220：
臺南新寮遺址出土花草壽字紋青花碗

圖 221：1690 年頭嶼號沉
船出水花草壽字紋青花碗

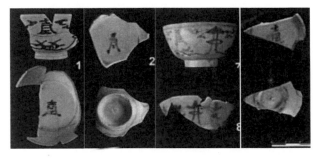

圖 222：古笨港遺址板頭村地點出土刻花紋白瓷匙

〔註107〕何傳坤、劉克竑，《板頭村遺址標本圖鑑：清代諸羅縣笨港縣丞署出土遺物》，臺中：自然科學博物館，2004 年，頁 45。

〔註108〕蔡承祐，《笨港出土文物》，雲林：雲縣笨港合和民俗發展協會，2001 年，頁 83。

〔註109〕李匡悌，《三舍暨社內遺址受相關水利工程影響範圍搶救考古發掘工作計劃期末報告》，頁 68，圖 123。

〔註110〕盧泰康，《十七世紀臺灣外來陶瓷研究——透過陶瓷探索明末清初的臺灣》，頁 265，圖 5-2-38。

〔註111〕朱正宜、陳俊男等，《新寮遺址搶救發掘研究計劃期末報告》，頁 151，圖版 166-6、圖版 166-7。

〔註112〕Christiaan J. A. Jörg & Michael Flecker. *Porcelain from the "Vung Tau" Wreck: The Hallstrom Excavation.* p. 90, fig 93.

〔註113〕陳建中、陳麗華，《福建德化窯：明代》，頁 108，圖 208。

〔註114〕陳建中、陳麗芳，《中國福建古陶瓷標本大系——德化窯（中）》，福州：福建美術出版社，2005 年，頁 93。

圖 223：古笨港遺址朝天宮地點出土刻花紋白瓷匙

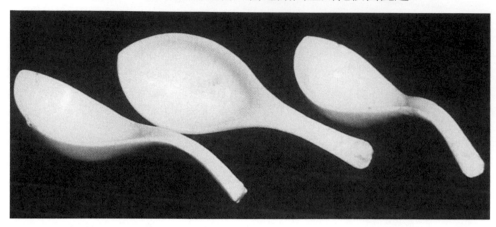

圖 224：
臺南社內遺址出土刻花紋白瓷匙

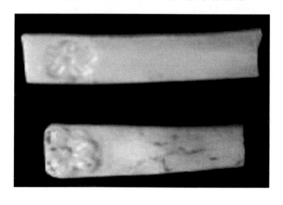

圖 225：
臺南關廟所發現之刻花紋白瓷匙

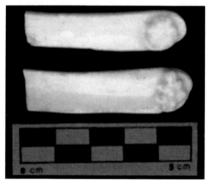

圖 226：
臺南新寮遺址出土刻花紋白瓷匙

圖 227：
頭頓號沉船出水刻花紋白瓷匙

Fig. 93.

圖 228：德化縣後所窯發現之刻花紋白瓷匙

10. 白瓷西洋人物塑像

主要特徵包括頭戴三角帽、長袍大衣並左手持杯。依照現今所發現之相關案例，可區分乘坐姿與站姿兩種類型，其中，本次出土案例皆以坐姿類型為主，可再向下細分獨立型、騎馬形，與家庭型等三型：獨立型例見臺南新市社內遺址（圖 229），〔註 115〕陳明良私人收藏（圖 230），〔註 116〕騎馬形與家庭型則多見於海外公私立博物館與私人收藏，如陳明良私人收藏（圖 231），〔註 117〕維多利亞與艾伯特博物館（Victoria & Albert Museum）館藏（圖 232、圖 234）〔註 118〕新加坡私人蒐藏（圖 233、圖 235）〔註 119〕以及 C.C. 克里斯弗女士私人收藏等（圖 236）〔註 120〕，都可見此類收藏；目前已知生產此類西洋人物之窯口，包含德化窯系三班鎮三班村桐嶺窯（圖 237），〔註 121〕同時也有出土燒製瓷偶之匣鉢（圖 238），〔註 122〕此外，甲杯山窯在明代晚期以後，也是生產外銷白瓷偶的重要產地之一。〔註 123〕目前臺灣本地發現者皆為獨立型，如社內與中寮等地出土類型，皆屬坐石持杯，人物下方帶一座臺，

〔註 115〕盧泰康，《十七世紀臺灣外來陶瓷研究——透過陶瓷探索明末清初的臺灣》，頁 291，圖 5-2-40。

〔註 116〕陳明良編，《德化古瓷珍品鑑賞》，福州：福建省美術出版社，2005 年，頁 49。

〔註 117〕同上註。

〔註 118〕Bequeathed by Basil Ionides. Museum numer: C.108~1963. Victoria and Albert Museum, London.、Bequeathed by the Hon. Mrs Nellie Ionides, Museum number C.112~1963, Victoria and Albert Museum, London.上述二圖版引自甘淑美，〈17 世紀末～18 世紀初歐洲及新世紀的德化白瓷貿易〉一文。

〔註 119〕Rose Kerr & John Ayers. *Blanc de Chine-Porcelain from Dehua*. Singapore: National Heritage Board. 2002. Catalogue 38, 41~44.

〔註 120〕轉引自陳建中，〈「中國白」在歐洲的影響——談德化古代陶瓷的對外貿易〉，《德化陶瓷研究論文集》，2002 年，頁 279，圖二。

〔註 121〕陳建中、陳麗華，《福建德化窯：明代》，頁 85，圖 136。

〔註 122〕陳建中、陳麗芳，《中國福建古陶瓷標本大系——德化窯（中）》，頁 157。

〔註 123〕福建博物院、德化縣文物管理委員會、德化陶瓷博物館，〈德化明代甲杯山窯址發掘簡報〉，《福建文博》第 55 卷第 2 期，2006 年，頁 14～15、1～15。

以陳明良私人收藏之獨立型（圖 231）之形象最為接近。

這一類的白瓷塑偶，福建考古學者陳建中先生認為此頭戴船形帽者，可能屬荷蘭人形象。〔註 124〕一般認定在十七世紀及其之後，開始輸入歐洲市場。〔註 125〕多人形象的家庭式「荷蘭人家庭（Dutch familyes）」，或稱「達弗先生（Duivver）」〔註 126〕，在十八世紀初的瓷貨外銷紀錄中可明顯發現此類瓷偶的輸出紀錄。如 1701 年冬天駛往廈門的 Dashwood 號商船，於 1703 年返回倫敦拍賣，貨艙中裝載了 41 組荷蘭人家庭與 110 組荷蘭人塑像；1703 年抵達廈門的 Union 號商船，於 1705 年 3 月返回倫敦拍賣時，亦有裝載 2 尊荷蘭人家庭與 2 尊荷蘭人白瓷塑像的紀錄。〔註 127〕由此可知，本類白瓷偶生產製作的年代，大抵在十七世紀末，至十八世紀初已在市場上活躍。

關於瓷雕塑像的工藝，自明代以來即使用合模製作，輔以捏塑技法。其中，捏塑又分為「圈堆」與「挖芯」兩種。堆圈是以長條狀瓷土，自底至頂盤築向上；挖芯則是以瓷土直接塑形，後用竹刀挖空內腹。最後則以黏、貼、接、雕等技法完成細節。〔註 128〕

圖 229：臺南社內遺址出土獨立型西洋人物白瓷偶	圖 230：陳明良私人收藏獨立型荷蘭人白瓷偶	圖 231：陳明良私人收藏騎馬型荷蘭人白瓷偶

〔註 124〕陳建中，〈泉州的陶瓷貿易與東西文化互動：以德化窯外銷瓷為例〉，《海交史研究》第 1 期，2004 年，頁 100。

〔註 125〕何翠媚，〈德化明清瓷雕——評唐納利的書〉，《德化陶瓷研究論文集》，2002年，頁 317～320。

〔註 126〕陳建中，〈「中國白」在歐洲的影響——談德化古代陶瓷的對外貿易〉，頁 276～277。

〔註 127〕甘淑美，〈17 世紀末～18 世紀初歐洲及新世紀的德化白瓷貿易〉，《福建文博》第四期，2012 年，頁 4。

〔註 128〕陳明良，《德化窯古瓷珍品鑒賞》，福州：福建美術出版社，2005 年，頁 11。

圖232：維多利亞
與艾伯特博物館藏
騎馬荷蘭人白瓷偶

圖233：
新加坡私人收藏之各式荷蘭人白瓷偶

圖234：維多利亞與
艾伯特博物館藏
荷蘭人家庭白瓷偶

圖235：
新加坡私人收藏之
荷蘭人家庭白瓷偶

圖236：
C.C.克里斯弗女士
私人收藏

圖237：德化縣桐嶺窯
發現之西洋人物白瓷偶

圖238：
德化縣桐嶺窯發現燒製人物白瓷偶之匣缽

11. 安平壺

中寮遺址出土安平壺總計共 84 件〔註 129〕，重量總計 2945.32 克，其中包含一件可復原之整器。此次發掘之安平壺可區分為厚胎與薄胎兩型，厚胎例見 PV-018（圖 113）；薄胎型總計件，例見標本編號 CL-PA-006（圖 114）與 CL-PA-040（圖 115）。〔註 130〕

迄今，臺灣澎湖地區所發現之安平壺，以及相關研究已相當豐富，透過比對發現的地點與遺物，可確定安平壺多出現在荷西至明鄭時期的考古遺址，〔註 131〕此外，亦有流入臺灣本地平埔族聚落內並作為祭祀之用，其分佈區域與平埔族的遷移路線可能有關係。〔註 132〕目前已發現出土安平壺的遺址數量豐富，其中明確出土薄胎類型安平壺的地點，例見宜蘭淇武蘭遺址（圖 239）、〔註 133〕臺南社內遺址（圖 240）、〔註 134〕臺南熱蘭遮城遺址（圖 241）等，〔註 135〕海外地點則包括澳門崗頂山坡（圖 242）〔註 136〕、越南會安錦鋪亭（Dinh Cam Pho）第 2 地點河床遺址（圖 243）、〔註 137〕1600 年聖地牙哥號沉船（圖 244）、〔註 138〕平潭九梁沉船遺址（圖 245），〔註 139〕以及 1690 年頭頓號沉船等（圖 246），都有豐富的發現。〔註 140〕關於安平壺的燒造地點，主

〔註 129〕筆者於 2010 年參與整理中寮遺址標本時，於原報告中僅記 67 件，後經筆者持續整理後，現予以修正為 84 件，見臧振華、李匡悌，《南科液晶電視及產業支援工業區考古遺址受開發影響部分搶救發掘計畫報告》，2011 年，頁 357。

〔註 130〕相關敘述見本論文第參章第一節，（二）其他高溫瓷器中，罐類之描述。

〔註 131〕陳信雄，〈安平壺──東南アジアで多出する 17 世紀の灰白色釉磁器壺〉，《東南アジア考古學》第 22 期，2002 年，頁 107～127。

〔註 132〕謝明良，〈安平壺芻議〉，《美術史研究集刊》第 2 期，國立臺灣大學藝術史研究所，1995 年，頁 77～93。

〔註 133〕陳有貝、邱水金，《淇武蘭遺址搶救發掘報告（四）》，頁 153，圖版 140～144。

〔註 134〕李匡悌，《三舍暨社內遺址受相關水利工程影響範圍搶救考古發掘工作計劃期末報告》，頁 31，圖 18～21。

〔註 135〕傅朝卿、劉益昌等，《第一級古蹟臺灣城殘跡（原熱蘭遮城）城址初步研究計畫成果報告書》，頁 2～76，圖版 58。

〔註 136〕盧泰康，〈澳門崗頂山坡出土陶瓷研究〉，《文化雜誌》第 86 卷第 1 期，2013 年，頁 164，圖 37。

〔註 137〕菊池誠一編，《昭和女子大學國際文化研究紀要 Vol. 4──ベトナム日本町ホイアンの考古學調查》，寫真圖版頁 15，圖 276、111。

〔註 138〕Desroches, Jean Paul and Albert Giordaned. *The Treasure of San Diego*., Paris: AFAA and ELF, 1996, pp, 226~227.

〔註 139〕感謝栗建安教授提供。

〔註 140〕Christiaan J. A. Jörg & Michael Flecker. *Porcelain from the "Vung Tau" Wreck: The Hallstrom Excavation*. pp. 90, fig. 94.

要以閩北地區為主〔註141〕，如福建北部邵武四都青雲窯等地〔註142〕，都有發現燒製薄胎類型安平壺的蹤跡。

圖239：淇武蘭遺址出土薄胎安平壺

圖240：臺南社內遺址出土薄胎安平壺

圖241：臺南
熱蘭遮城出土
薄胎安平壺

圖242：
澳門崗頂山坡
出土薄胎安平壺

圖243：
越南會安錦鋪亭第2地點
河床遺址出土薄胎安平壺

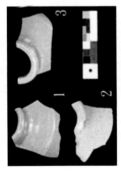
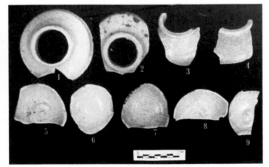

〔註141〕陳信雄，〈安平壺──漢族開台起始的標誌〉，《歷史月刊》第 146 期，2000年 3 月，頁 4～15。

〔註142〕傅宋良、王上，〈邵武四都青雲窯址調查簡報〉，《福建文博》第 1 期，1998年，頁 19～22。

圖 244：
1600 年聖地牙哥號沉船出水薄胎安平壺

圖 245：
平潭九梁沉船出水薄胎安平壺

圖 246：頭頓號沉船出水薄胎安平壺

12. 醬釉杯／醬釉青花杯

　　包含醬釉白瓷與醬釉青花兩類型，其裝飾特徵大致相同，主要皆以外壁施醬釉，內壁與底心施透明釉。杯心多以青花繪製山水紋，口緣側施一至兩道弦紋，亦有未施青花者。此類型器於海內外皆有所發現，國內遺址例見高雄鳳山舊城遺址（圖 247）〔註 143〕臺南社內遺址（圖 248），〔註 144〕以及臺南新寮遺址（圖 249）等，〔註 145〕海外相關案例，如澳門崗頂山坡（圖 250）

〔註 143〕臧振華、高有德、劉益昌，〈左營清代鳳山縣舊城聚落的試掘〉，頁 823，圖版 31～32。

〔註 144〕李匡悌，《三舍暨社內遺址受相關水利工程影響範圍搶救考古發掘工作計劃期末報告》，頁 62，圖 107～109。

〔註 145〕朱正宜、陳俊男等，《新寮遺址搶救發掘研究計畫期末報告》，頁 141，圖版 150。

〔註146〕、東帝汶 Manatuto 地區（圖 251）〔註147〕1690 年代的平潭碗礁一號
（圖 252）、〔註148〕1723～1735 年間沉沒於越南的金甌號（Ca Mau）沉船（圖
253）、〔註149〕乾隆十七年（1752 年）沉沒於南中國海的所屬東印度公司基爾
德馬森號（Geldermalsen）沉船（圖 254）、〔註150〕瓜地馬拉卡薩聖多明哥之
家旅館及博物館（Arqueologico hotel museo casa santo domingo）〔註151〕等，
皆有大量發現。同時藉由上述發現地點與沉船年代，可得知此類型遺物年代
跨距，自十七世紀後半至十八世紀中皆有所見。其中，臺灣所發現者大多為
福建漳州窯製品，海外沉船則多以江西景德鎮窯製品為主。

圖 247：高雄鳳山舊城出土醬釉青花杯

圖 248：臺南社內遺址出土醬釉杯與醬釉青花杯

〔註146〕盧泰康，〈澳門崗頂山坡出土陶瓷研究〉，頁 167，圖 42。
〔註147〕趙金勇，〈東帝汶 Manatuto 聚落型態變遷之初探〉，圖版一。
〔註148〕碗礁一號水下考古隊，《東海平潭——碗礁一號出水瓷器》，北京：科學出版
社，2006 年，頁 209，圖版 127。
〔註149〕越南國家歷史博物館等編著，《海上絲綢之路遺珍——越南出水陶瓷》，北
京：科學出版社，2009 年，頁 119，圖版 124。
〔註150〕Christie's Amsterdam, *The Nanking Cargo: Chinese Export Porcelain and Gold,
European Glass and Stoneware Recovered by Captain Michael Hatcher from a
European Merchant Ship Wrecked in the South China Seas.*, Amsterdam:
Christie's Amsterdam B.V., 1986, p. 241, 257.
〔註151〕感謝野上建紀教授告知。

圖 249：
臺南新寮遺址出土醬釉青花杯

圖 250：澳門崗頂山坡
出土醬釉青花杯

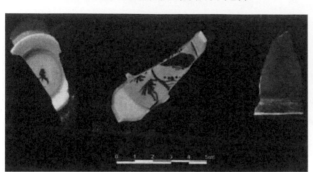

圖 251：東帝汶 Manatuto 地區出土醬釉青花杯盤

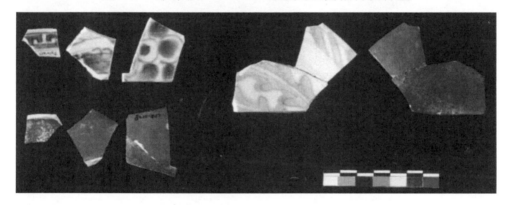

圖 252：福建平潭碗礁一號出水醬釉青花杯

圖 253：金甌號（Ca Mau）沉船出水醬釉青花杯盤

圖 254：基爾德馬森號（Geldermalsen）沉船出水醬釉青花杯盤

（二）清代初期（1684 年至十八世紀前半）

進入清代初期以後，國外市場對於中國瓷器的需求量不減反增。漳州地區的青花瓷在解除禁令之前擁有與外通商的條件，得以合法的輸出大量陶瓷器，生產盛極一時，獲得蓬勃發展的機會。〔註 152〕但隨著清初朝政更迭、社會動亂，特別是清廷頒行嚴厲的海禁政策以及漳州月港的衰敗和外銷的斷絕，其生產規模迅速萎縮而走向停產。〔註 153〕

康熙二十三年（1684 年），沿海抗清勢力覆滅，清廷開放海禁，「許江南、浙江、福建、廣東沿海人民用五百石以上船隻出洋貿易」。〔註 154〕景德鎮窯產品市場進一步拓展至美洲、非洲、東南亞等更遠的地區，歐洲市場也更進一步擴大，各國陸續在十八世紀前半期間，在廣州等地開設貿易機構以利外銷，

〔註 152〕Brian Mcelney, *Chinese ceramics & the maritime trade pre-1700.*, United Kingdom:Museum of East Asian Art, 2006, pp. 24.

〔註 153〕鄭東，〈福建閩南地區古代陶瓷生產概述〉，《東南文化》第 5 期，2002 年，頁 60。

〔註 154〕耿寶昌，《明青瓷器鑑定》，北京：紫禁城出版社，1993 年，頁 185。

〔註155〕此外，景德鎮窯鄰近福建北部閩江上游地區，具有優越的地理位置與便利的交通條件。掌握海內外有利情勢的景德鎮窯，成為中國十七世紀晚期至十八世紀初期間外銷瓷器的最大宗。

中寮遺址出土十七世紀後半至十八世紀前半之高溫瓷器，由於產地來源的改變，紋飾風格與瓷器品質相較前一階段，有極大的轉變，燒造品質也隨之上升，以下就清代初期階段具代表性瓷器類型進行描述：

1. 纏枝團菊紋青花碗

紋飾特徵為外壁數組牡丹花紋搭配纏枝花草，碗心弦紋開光，內帶一組團花，內壁口緣帶花草錦帶，緣側多施醬釉，底心落款多樣，包含雙魚款、葉款，以及楷書六字雙行「大清康熙年製」款等等。依照其紋飾佈局與風格可分為藍地白花與白地藍花二類，藍地白花纏枝團菊紋類型，例見標本編號CL-PB-6191（圖255），白地藍花纏枝團菊紋類型，例見標本編號CL-PB-4160（圖256）。

這一類纏枝團菊紋青花碗，在同屬南部科學園區的道爺南遺址出土一組九件相同枝纏枝牡丹紋青花碗（圖257）、〔註156〕日本東京涉谷區千駄ヶ谷五丁目（圖258）、〔註157〕岩原目付屋敷跡（圖259）、〔註158〕澳門崗頂山坡（圖260）、〔註159〕東帝汶Manatuto地區〔註160〕占婆（Tran Phu）遺址、〔註161〕錦鋪亭（Dinh Cam Pho）第3地點（圖261）、〔註162〕聖多明哥之家旅館及博物館、〔註163〕1697年沉沒於東非的葡萄牙聖安東尼奧・達・塔納號（The Santo Antonio de Tanna）（圖262）、〔註164〕1690年頭嶼號沉船（圖263）、〔註165〕

〔註155〕方李莉，《景德鎮民窯》，北京：人民美術出版社，2002年，頁109。
〔註156〕臧振華、李匡悌等，《南部科學工業區第三期考古遺址搶救發掘及監測計畫期末報告》，頁187。
〔註157〕中野高久，〈長崎奉行関連遺跡出土遺物と貿易陶瓷〉，《第34回日本貿易陶磁研究会研究集会『近世都市江戶の貿易陶磁器』発表要旨》，2013年9月，日本陶瓷貿易研究会，頁97～126，第2圖-5。
〔註158〕同上註，第18圖。
〔註159〕盧泰康，〈澳門崗頂山坡出土陶瓷研究〉，頁160，圖40-1。
〔註160〕趙金勇，〈東帝汶Manatuto聚落型態變遷之初探〉，圖版一。
〔註161〕菊池誠一編，《ベトナム日本町ホイアンの考古学調査》，寫真圖版頁19，圖7。
〔註162〕同上註，寫真圖版頁18，圖1。
〔註163〕感謝野上建紀教授告知。
〔註164〕Hamo Sassoon, *Ceramics from the wreck of a Portuguese ship at Mombasa,*

1735 年金甌號沉船（圖 264），﹝註 166﹞以及福建東山島冬古灣沉船（圖 265）等地，都有一定數量的發現；﹝註 167﹞藍地白花類型的發現，則包括臺南安平古堡、及漳州岱山院遺址（圖 266）等地，﹝註 168﹞皆有發現此類纏枝牡丹紋青花碗。而岩原目付屋敷跡屬長崎奉行所遷移至立山役所時期，年代為延寶元年（1673 年）至享保 2 年（1717 年），可做為該類型器年代參考依據。

圖 255：標本編號 CL-PB-6191，藍地白花纏枝團菊紋青花碗

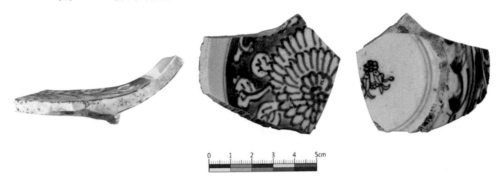

圖 256：標本編號 CL-PB-4160，白地藍花纏枝團菊紋青花碗

Azania (Journal of the British Institute in Eastern Africa)., Vol. XVI, 1981, pp. 103~104, Fig 5.

﹝註 165﹞ Christiaan J. A. Jörg & Michael Flecker. *Porcelain from the "Vung Tau" Wreck: The Hallstrom Excavation.*, Singapore: Oriental Art, 2001, p.81, fig.76.

﹝註 166﹞ Dinh Chién Nguyén, *The Ca Mau Shipwreck. 1723~1735.*, Museum of Vietnamese History and Ca Mau Provincial Museum. Hanoi, 2003, pp. 145, fig. 144.

﹝註 167﹞ 感謝栗建安教授提供。

﹝註 168﹞ 福建博物院、漳州市文物管理委員會辦公室，〈漳州岱山院遺址發掘簡報〉，《福建文博》，頁 11，圖 15：1。

圖 257：臺南科學工業園區道爺南遺址出土纏枝團菊紋青花碗

圖 258：
日本東京涉谷區千馱ヶ谷五丁目
出土纏枝牡丹紋青花碗

圖 259：
岩原目付屋敷跡 IV 層出土
纏枝牡丹紋青花碗

圖 260：
澳門崗頂山出土
纏枝牡丹紋青花碗

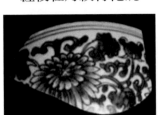

圖 261：
錦鋪亭第 3 地點出土
纏枝牡丹紋青花碗

圖 262：聖安東尼奧・
達・塔納號沉船出水
纏枝牡丹紋青花碗

圖 263：1690 年頭頓號沉船出水纏枝牡丹紋青花碗

圖 264：金甌號沉船出水纏枝牡丹紋青花碗

圖 265：福建東山島冬古灣沉船
出水纏枝牡丹紋青花碗

圖 266：漳州岱山院遺址
出土纏枝牡丹紋青花碗

2. 臨江對飲紋青花杯／盤

臨江對飲這類紋飾特徵，主要為二人坐與江邊，一人乘船，岸邊二人舉杯對飲，身邊擺放茶碗杯盤，遠景則飾高山流水。裝飾此類紋飾之器型豐富，杯型器例見標本編號 CL-PV-104（圖 62）、盤形器例見編號 CL-PB-6042（圖 267），不同器形之間，將根據器型佈局空間，紋飾有所拆解，但上述基本元素皆會存在。國內如臺南社內遺址有相關出土案例（圖 268）。〔註 169〕而福建平潭的碗礁一號沉船上，亦裝載大量此類紋飾之瓷器（圖 269、圖 270），〔註 170〕其他如頭頓號沉船（圖 271）〔註 171〕，以及金甌號沉船都有相關案例

圖 267：標本編號 CL-PB-6042，臨江對飲紋青花盤

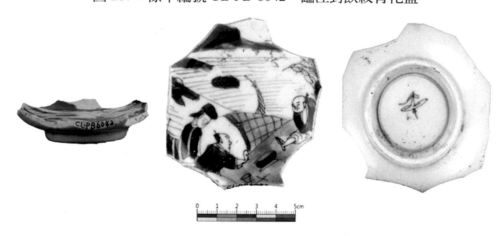

〔註 169〕李匡悌，《三舍暨社內遺址受相關水利工程影響範圍搶救考古發掘工作計劃期末報告》，頁 53，圖版 84、85。

〔註 170〕碗礁一號水下考古隊，《東海平潭——碗礁一號出水瓷器》，頁 158～159、圖 78～80；頁 190，圖 106、107。

〔註 171〕Christiaan J. A. Jörg & Michael Flecker. *Porcelain from the "Vung Tau" Wreck: The Hallstrom Excavation.*, p. 79, fig. 71.

圖 268：臺南社內遺址出土臨江對飲紋青花盤

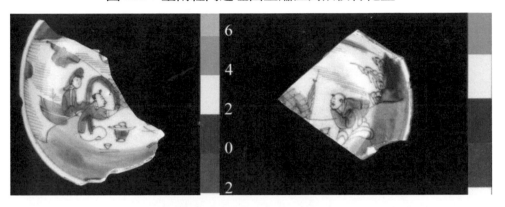

圖 269：福建平潭碗礁一號沉船出水臨江對飲紋青花盤

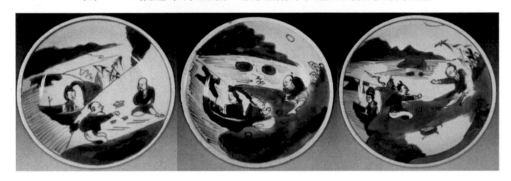

圖 270：福建平潭碗礁一號沉船出水臨江對飲紋青花杯

圖 271：頭頓號（Vung Tau）沉船出水臨江對飲紋青花杯

出水，〔註172〕這類青花瓷器普遍青花發色精良，瓷胎淨白，品質頗高，皆為
江西景德鎮製品。

3. 太極八卦紋青花碗

紋飾特徵以外壁飾青花太極與八卦紋，碗心飾一太極，碗底花押或落章
款，中寮遺址出土案例例見標本編號 CL-PV-161（圖 30），國內相關案例見臺
南社內遺址（圖 272）、〔註173〕古笨港遺址朝天宮地點（圖 273）；〔註174〕海
外相關案例如福建平潭碗礁一號沉船（圖 274、圖 275）、〔註175〕上述兩者紋
飾大小略有差異，生產窯口也有所不同，國內各遺址出土者屬福建漳州窯製
品，碗礁一號出水者則屬江西景德鎮窯製品，但仍屬相同時代風格之產品。
而相關燒製地點，目前可知有香港大埔新界大埔碗窯（圖 276），〔註176〕以及
南靖縣南靖窯（圖 277）等窯場。〔註177〕

〔註172〕Nguyen Dinh Chien, *The Ca Mau Shipwreck 1723~1735.*, Ha Noi: The National
Museum of Vientamese History, 2002, pl. 116.
〔註173〕盧泰康，《十七世紀臺灣外來陶瓷研究──透過陶瓷探索明末清初的臺灣》，
頁 300，圖版 5-3-13。
〔註174〕蔡承祐，《笨港出土文物》，頁 31。
〔註175〕碗礁一號水下考古隊，《東海平潭──碗礁一號出水瓷器》，頁 184、198，圖
100、116。
〔註176〕嚴瑞源編審，《香港大浦碗窯青花瓷窯址──發掘及研究》，頁 78，彩圖 14。
〔註177〕吳其生，《中國福建古陶瓷標本大系──南靖窯》，福州：福建美術出版社，
2005 年，頁 111。

圖272：臺南道爺遺址
出土太極八卦紋青花碗

圖273：古笨港遺址朝天宮地點
出土太極八卦紋青花碗

圖274：福建平潭碗礁一號沉船出水太極八卦紋青花碗

圖275：福建平潭碗礁一號沉船出水太極八卦紋青花碗

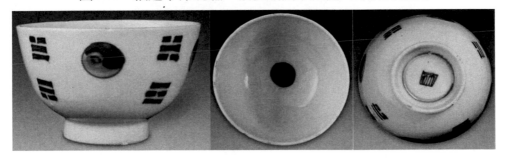

圖276：香港大浦碗窯
出土太極八卦紋青花碗

圖277：
南靖縣南靖窯發現之太極八卦紋青花碗

4. 夔龍戲珠紋青花杯

這一類青花瓷器特徵為外壁飾一至二組夔龍戲珠，龍爪高舉，龍身捲曲，伴隨流雲與火焰，內外底則飾簡筆花草或雜寶紋。國內出土例見臺南新寮遺址（圖278）。〔註178〕海外沉船如福建平潭碗礁一號沉船，亦有相關景德鎮窯器出土案例（圖279）；〔註179〕而在華安縣高安鎮三洋村馬飯坑窯，亦有採集到相關夔龍戲珠紋青花碗（圖280）〔註180〕，可確定該地曾有燒製此類紋飾，且相較於景德鎮地區燒製的產品，福建地區產品多以撇口造型為多，年代可能較景德鎮製品稍晚。上述各出土遺物，形制上雖有些許差異，但夔龍右掌向前，另一掌撐地，體態細長彎曲，周邊間以流雲等，兩者紋飾佈局方式大致相仿，屬同一類紋飾，推測應為福建地區窯場模仿江西景德鎮地區之產品。

圖278：臺南新寮遺址出土夔龍戲珠紋青花碗

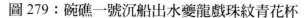

圖279：碗礁一號沉船出水夔龍戲珠紋青花杯

〔註178〕朱正宜、陳俊男等，《新寮遺址搶救發掘研究計畫期末報告》，頁 109，圖版 111。

〔註179〕碗礁一號水下考古隊，《東海平潭——碗礁一號出水瓷器》，頁195，圖113。

〔註180〕吳其生，李和安，《中國福建古陶瓷標本大系——華安窯》，頁113。

圖 280：華安縣馬飯坑窯採集之夔龍戲珠紋青花碗

5. 花草兔紋青花碗

例見標本編號 CL-PB-6366，花草兔紋青花碗（圖 281），主要特徵以碗心飾白描回首兔紋，伴隨各式花草或山水。國內相關出土案例，例見臺南新寮遺址（圖 282）。〔註 181〕中國大陸地區則有關於此類紋飾之紀年墓，如龍海市浮宮鎮霞威村比疆山，葬於康熙四十年（1701 年）的陳氏夫婦合葬墓（圖 283）。〔註 182〕上述兩者形制上雖有所差異，但根據兩者母題與周邊紋飾布局，可確定為同一種紋飾。而海外沉船案例如金甌號沉船出水貨物內，亦有出水描繪回首兔紋紋飾之瓷器，但做工與描繪較為細緻，且多施於醬釉青花杯上，〔註 183〕其他相似案例，年代大抵落在十七世紀二〇至三〇年代，〔註 184〕因此可得知此種紋飾可能為模仿江西景德鎮窯之製品。目前已知生產此類產品之窯口，以華安縣高安鎮三洋村蝦形窯為主（圖 285）為主，〔註 185〕根據過去研究，這類紋飾瓷器屬東溪窯明末清初時期產品，〔註 186〕現或可確認其年代為清初。

〔註 181〕朱正宜、陳俊男等，《新寮遺址搶救發掘研究計畫期末報告》，頁 112，圖版 116。

〔註 182〕吳其生、李和安，《中國福建古陶瓷標本大系——華安窯》，頁 136。

〔註 183〕Dinh Chién Nguyén, *The Ca Mau Shipwreck. 1723~1735.*, Museum of Vietnamese History and Ca Mau Provincial Museum. Hanoi, 2003, pp. 180.

〔註 184〕Jessica Harrison-Hall, *Ming Ceramics in the British Museum.*, London:British Museum, pp. 370~371.

〔註 185〕栗建安，〈東溪窯調查紀略〉，頁 141～143。圖版出自吳其生，李和安，《中國福建古陶瓷標本大系——華安窯》，頁 135。

〔註 186〕福建省博物館、漳州市博物館，〈華安東溪窯 1999 年度調查〉，《福建文博》第 2 期，2001 年，頁 68～69。

圖 281：標本編號 CL-PB-6366，花草兔紋青花碗

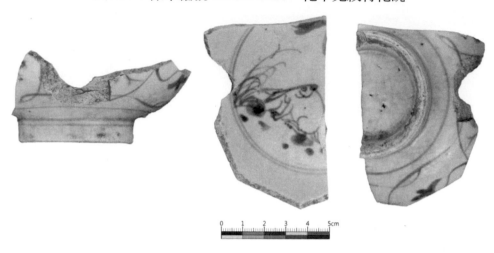

圖 282：臺南新寮遺址出土花草兔紋青花碗

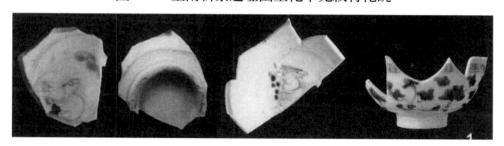

圖 283：
龍海市浮宮鎮霞威村比疆山
陳氏夫婦合葬墓出土花草兔紋青花盤

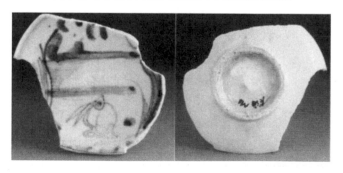

圖 284：
華安縣水尾採集之
花草兔紋青花盤

圖 285：華安縣蝦形窯採集之花草兔紋青花盤

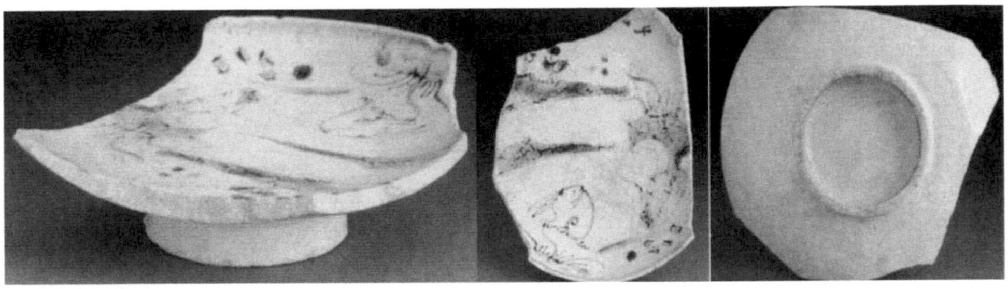

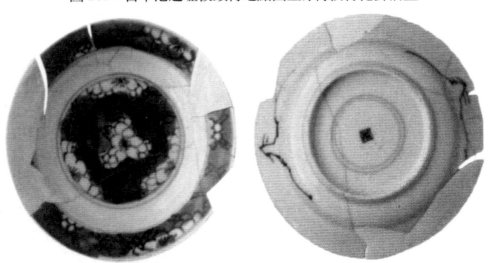

6. 冰梅紋青花盤

紋飾特徵為盤內壁口緣側與盤心飾以藍地白花之冰梅紋，亦有盤心飾花籃紋者，盤外壁飾簡筆花草紋，足底見有雙圈落章款、書寫堂號款，以及簡筆花草款等。特徵為敞口，折沿，弧腹，下接圈足。中寮遺址例見標本編號CL-PB-1436，國內相關出土案例頗為豐富，例見古笨港遺址板頭村地點（圖286）、〔註187〕朝天宮地點（圖287），〔註188〕以及臺南麻豆水崛頭遺址等大型漢人聚落〔註189〕；海外出土案例，則參照江西景德鎮民窯藝術研修院館

圖286：古笨港遺址板頭村地點出土冰梅紋青花折沿盤

〔註187〕何傳坤、劉克竑，《板頭村遺址標本圖鑑：清代諸羅縣笨港縣丞署出土遺物》，臺中：自然科學博物館，2004年，頁13。

〔註188〕蔡承祐，《笨港出土文物》，頁114。

〔註189〕劉益昌，劉瑩三，《舊麻豆港水崛頭遺址文化園區探勘復原計畫期末報告》，臺南縣政府委託，2005年，圖版65。

圖 287：古笨港遺址朝天宮地點
出土冰梅紋青花折沿盤

圖 288：景德鎮民窯藝術研修院
藏冰梅紋青花折沿盤

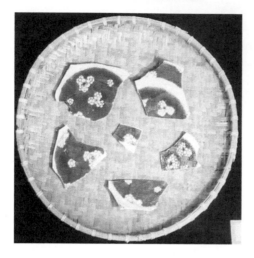

圖 289：碗礁一號沉船出水冰梅紋青花折沿盤

藏（圖 288），〔註 190〕日本大阪住友銅吹所，〔註 191〕以及福建平潭的碗礁一號沉船（圖 289）。〔註 192〕關於這類型器流行年代，根據碗礁一號沉船沉沒年代與其他遺址來看，應出現於十七世紀晚期至十八世紀初期。〔註 193〕

〔註 190〕方李莉，《景德鎮民窯》，頁 328，圖 25。
〔註 191〕松尾信裕，〈大阪住友銅吹所〉，《季刊考古學》第 75 期，2001 年，頁 79，圖 25。
〔註 192〕碗礁一號水下考古隊，《東海平潭──碗礁一號出水瓷器》，頁 125，圖版 54。
〔註 193〕謝明良，〈對於嘉義縣新港鄉板頭村遺址出土陶瓷年代的一點意見〉，《臺灣史研究》第 9 卷第 2 期，2002 年，頁 209～210。

7. 開光花草紋青花碗

此類型標本紋飾部分,以青花快速寫意描繪外壁、粗細墨筆勾勒花草,同時帶數組開光,開光內書寫文字或簡筆山水等紋飾,內壁口緣與碗底部分帶弦紋,青花發色多呈青綠,亦有灰暗者,普遍發色不良。碗心帶澀圈,胎質粗糙多夾雜質,胎色多呈灰黃。頭頓號沉船曾出水數量頗豐的此類青花瓷碗(圖290),〔註194〕可推斷這類瓷碗流行年代大抵在十七世紀晚期。

圖290:1690年頭頓號(Vung Tau)沉船出土開光花草紋青花碗

8. 流雲天馬紋青花杯

此類紋飾特徵,鉤繪兩組青花奔馬紋,間以排點、流雲等紋飾,口緣皆為撇口,內壁帶弦紋,杯心開光流雲紋,圈足切修細緻,胎質淨白,釉色透亮,青花發色濃艷,屬江西景德鎮製品,中寮遺址出土遺物例見標本編號CL-PV-101(圖82)與標本編號 CL-PV-074(圖83)。海外亦有發現相同遺物,如1690年頭頓號(Vung Tau)沉船(圖291)、〔註195〕平潭九梁沉船(圖292),〔註196〕都有相關案例出土,而國內案例則在高雄鳳山舊城有相關出土案例(圖293)。〔註197〕根據前述遺址與沉船年代,這類瓷杯大抵流行時間約落在十七世紀晚期。

〔註194〕Christiaan J. A. Jörg & Michael Flecker, *Porcelain from the Vung Tau Wreck.*, pp. 84, fig. 83.
〔註195〕同上註,pp. 78, fig 70。
〔註196〕感謝栗建安教授提供。
〔註197〕筆者攝於高雄歷史博物館,感謝盧泰康教授與高雄歷史博物館張寶玉女士提供協助。

圖 291：1690 年頭頓號
（Vung Tau）沉船出水
流雲天馬紋青花杯

圖 292：
平潭九梁沉船出水
流雲天馬紋青花杯

圖 293：
高雄永清國小出土
流雲天馬紋青花杯

9. 僧侶人物紋青花碗／盤

紋飾特徵為藍地白花，中央僧侶人物盤坐於蓆或葉上，雙手結印，安詳入定，底心雙圈雜寶紋。中寮遺址例見標本編號 CL-PB-3250（圖 294），僧侶人物紋青花盤。這類紋飾瓷器，年代多訂於清中期，約為乾隆、嘉慶時期。〔註 198〕但透過國外相關案例可見頭頓號沉船出水貨物（圖 295），〔註 199〕以及福建平潭的碗礁一號沉船（圖 296），〔註 200〕以及江戶遺跡文京區林町地點出土案例（圖 297）。〔註 201〕可知年代約在十七世紀晚期。裝飾此類紋飾之青

圖 294：標本編號 CL-PB-3250，僧侶人物紋青花盤

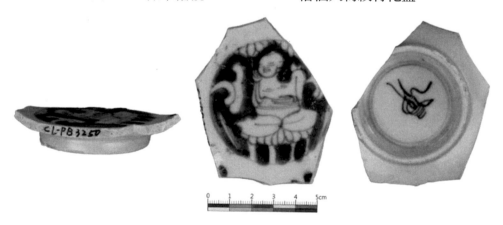

〔註 198〕王志敏，《明代民間青花瓷畫》，北京：中國古典藝術出版社，1958 年，圖 24。
〔註 199〕Christiaan J. A. Jörg & Michael Flecker. *Porcelain from the "Vung Tau" Wreck: The Hallstrom Excavation.*, pp. 79, fig. 71.
〔註 200〕碗礁一號水下考古隊，《東海平潭——碗礁一號出水瓷器》，頁 197，圖版 155。
〔註 201〕堀內秀樹等，《近世都市江戶の貿易陶磁器資料集（1）》，頁 62，第 61 圖，BNK-0431。

圖 295：
頭頓號出水
僧侶人物紋青花碗

圖 296：
福建平潭碗礁一號沉船
出水僧侶人物紋青花碗

圖 297：
江戶遺跡文京區
林町地點出土僧
侶人物紋青花碗

花瓷器種多樣，碗、盤等器形皆有所見，觀察上述出土標本案例，可以得知該類紋飾位置不一，包含碗心、外壁，盤心或內壁皆有出現，僧人形象亦接近童子形象。

（三）清代後期（十八世紀後半至十九世紀後半）

不同於明代末期，江西景德鎮窯發展至清代後期以後，走向衰落的低谷。十八世紀後半以後，面臨歐美各國社會快速發展的同時，中國傳統封建制度尚未打破，景德鎮陶瓷業身處舊有的行規與制度的束縛；技術方面，為達到「工省而速效」而採用印繪等簡省的工藝技術，傳統技術日漸失傳；〔註202〕原料方面，高嶺山採礦業，在乾隆末年，已經明顯衰退，如《南康府志》卷四《物產・附白土案》中所描述，〔註203〕道光年間景德鎮所使用之高嶺土之採集地，已轉移至盧山地區；〔註204〕十八世紀以後，在市場方面，各國製瓷業已有顯著成長，加上清末對外戰爭的失敗所附屬的不平等條約，對於中國產品外銷有著一定程度的影響。因此，清代後期以後的景德鎮窯產品，面對市場萎縮、原料短缺、技術低落等等原因，而國內外的市場占有率，已無法與清代前期比擬。〔註205〕

〔註202〕梁淼泰，《明清景德鎮城市經濟研究》，江西：江西人民出版社，1991年，頁214。
〔註203〕原文載：「景德鎮各窯製造瓷器所謂高嶺，即盧山所出白土，無論粗細瓷器必須以之配合，即御窯製造上用瓷器亦須配用。」
〔註204〕劉新園、白焜，〈高嶺土史考──兼論瓷石、高嶺與景德鎮十至十九世紀的製瓷業〉，《中國陶瓷》第7期，1982年，頁141。
〔註205〕方李莉，《景德鎮民窯》，頁129～139。

藉由這個契機，位於福建的德化窯開始崛起，於明末清初之際，泉州港與漳洲月港日漸衰弱，廈門港興起，德化藉此利用廈門港外銷。尤其在康熙二十三年（1684年）以後，廈門由戶部派員「榷徵閩海關稅務」〔註206〕，往後德化瓷器以廈門港大量出口。〔註207〕在清代周亮工之《閩小記》中針對「德化磁」有所描述：「閩德化磁茶甌，式亦精好，類宣之填白。」〔註208〕顯示德化瓷器精細程度漸高，尤其品質高者已可與江西景德鎮比擬，開始改變先前由景德鎮佔瓷器外銷鰲頭的狀況。

上述這些現象也反映在臺灣南部的中寮聚落中，整體數量相較前期更為龐大，以下就中寮遺址出土清代晚期較具代表性瓷器類型進行描述：

1. 錦帶花草紋青花碗

造型特徵為直口，弧壁，下接圈足，外壁近口沿處飾一錦帶，間以網格紋與開光花草，器壁飾四組米字紋，近圈足處飾變形蓮瓣紋，圈足皆為外直內斜。青花發色普遍呈現青藍，少部分呈現綠青，主要以碗型器為主，杯亦有少數。中寮遺址出土者例見標本編號 CL-PV-061（圖 39）。這類紋飾之瓷器普遍見於臺灣各地清晚期遺址，如臺南科學園區內道爺南遺址（圖 298）、〔註209〕臺南新寮遺址（圖 299）、〔註210〕臺南麻豆水崛頭遺址、〔註211〕臺南熱蘭遮城遺址（圖 300）、〔註212〕高雄鳳山舊城遺址（圖 301）、〔註213〕臺北金山海尾遺址、〔註214〕宜蘭淇武蘭遺址（圖 302），〔註215〕以及古笨港遺址

〔註206〕周凱，《廈門志》，卷七，關賦略。原文載：「廈門海關，始於康熙二十二年；臺灣既入版圖，靖海侯施琅請設海關。二十三年設立，派戶部司官一員榷徵閩海關稅務，一年一更。」

〔註207〕鄭炯鑫，〈從「泰興號」沉船看清代德化青花瓷器的生產與外銷〉，《德化陶瓷研究論文集》，德化陶瓷研究論文集編委會，2002年，頁 255、253～256。

〔註208〕（清）周亮工，《閩小記》，北京：中華書局，1985年，頁 26。

〔註209〕臧振華、李匡悌等，《南部科學工業區第三期考古遺址搶救發掘及監測計畫期末報告》，頁 188。

〔註210〕朱正宜、陳俊男等，《新寮遺址搶救發掘研究計畫期末報告》，頁 133，圖版 147。

〔註211〕劉益昌、劉瑩三，《舊麻豆港水崛頭遺址文化園區探勘復原計畫期末報告》，圖版 80。

〔註212〕傅朝卿、劉益昌等，《第一級古蹟臺灣城殘跡（原熱蘭遮城）城址初步研究計畫成果報告書》，頁 2～79、圖版 68-1、2、3、4、6。

〔註213〕臧振華、高有德、劉益昌，〈左營清代鳳山縣舊城聚落的試掘〉，頁 831，圖版 48。

〔註214〕劉益昌，《臺北縣北海岸地區考古遺址調查報告》，臺北縣立文化中心委託，

圖 298：臺南科學工業園區道爺南遺址出土錦帶花草紋青花碗

圖 299：臺南新寮遺址出土錦帶花草紋青花碗

中華民族學會研究，1997 年，頁 84，圖三七；頁 117，圖版二二。

〔註215〕陳有貝、邱水金，《淇武蘭遺址搶救發掘報告（四）》，頁 181，圖版 312。

圖 300：臺南熱蘭遮城遺址出土錦帶花草紋青花碗

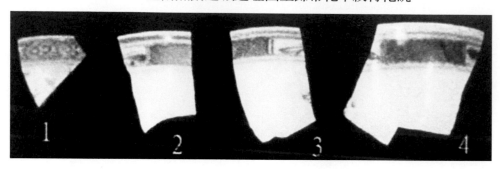

圖 301：高雄鳳山舊城遺址
出土錦帶花草紋青花碗

圖 302：
宜蘭淇武蘭遺址出土錦帶花草紋青花碗

圖 303：古笨港遺址朝天宮地點
出土錦帶花草紋青花碗

圖 304：古笨港遺址水仙宮地點
出土錦帶花草紋青花碗

圖 305：德化系石排格窯發現
之錦帶花草紋青花碗

圖 306：德化系大路巷窯發現
之錦帶花草紋青花碗

朝天宮（圖 303）、〔註 216〕水仙宮等地點（圖 304），〔註 217〕以及臺南市海安路（五條港），〔註 218〕都有極為豐富的發現。目前已知燒製窯口主要為福建省德化窯，以潯中鄉潯中村石排格窯（圖 305）、〔註 219〕潯中鄉高陽村大路巷窯（圖 306）等窯場。〔註 220〕

2. 花圈紋青花碗

造型特徵為直口，弧壁，下接圈足，外壁近口沿處飾一中空花圈，間以兩小點與弦紋成錦帶，圈足皆為外直內斜，青花發色多數灰暗，品質普遍低落。這類紋飾之青花瓷器，於 1822 年的惺號（Tek Sing）沉船中發現極大的數量（圖 307），〔註 221〕可得知此類型之青花瓷碗作為大量外銷之類型之一，流行年代大抵為十八世紀至十九世紀前半，又以十八世紀為主。〔註 222〕除海外沉船之外，國內出土案例亦相當豐富，如雲林古笨港遺址崩溪缺地點（圖 308）、〔註 223〕朝天宮地點（圖 309）、〔註 224〕板頭村地點（圖 310）、

〔註 216〕蔡承祐，《笨港出土文物》，頁 36。

〔註 217〕感謝盧泰康、邱鴻霖教授提供。

〔註 218〕感謝盧泰康教授提供。

〔註 219〕陳建中、陳麗芳，《中國福建古陶瓷標本大系——德化窯（下）》，福州：福建美術出版社，2005 年，頁 105。

〔註 220〕同上註，頁 73。

〔註 221〕Nigel Pickford, Michael Hatcher, *The legacy of Tek Sing: China's Titanic-its tragedy and its treasure*, Cambridge: Granta Editions, 2000, pp. 229.

〔註 222〕謝明良，〈對於嘉義縣新港鄉板頭村遺址出土陶瓷年代的一點意見〉，《臺灣史研究》第 9 卷第 2 期，頁 214～215。

〔註 223〕何傳坤、劉克竑，《雲林縣及嘉義縣北港溪古笨港遺址「崩溪缺」地點搶救考古調查及評估計畫》，行政院文化建設委員會委託，國立自然科學博物館執行，2003 年，頁 VIII，圖版 59。

〔註 224〕蔡承祐，《笨港出土文物》，頁 39。

〔註225〕高雄鳳山舊城遺址（圖 311）、〔註226〕宜蘭淇武蘭遺址（圖 312）
〔註227〕臺南新寮遺址（圖 313）、〔註228〕臺南麻豆水崛頭遺址，〔註229〕以及
臺南熱蘭遮城遺址（圖 314）〔註230〕等諸多地點皆有發現。目前已知德化窯
系窯口包含潯中鄉潯中村嶺兜窯（圖 315）、〔註231〕潯中鄉潯中村石排格窯等
地（圖 316）、〔註232〕上涌鄉黃井村瓷窯坪窯等（圖 317），〔註233〕皆有燒製
此類紋飾青花瓷器之紀錄。

圖 307：的惺號（Tek Sing）　　　圖 308：古笨港遺址崩溪缺地點
　　　　沉船出土花圈紋青花碗　　　　　　出土花圈紋青花碗

〔註225〕何傳坤、劉克竑，《板頭村遺址標本圖鑑：清代諸羅縣笨港縣丞署出土遺
　　　　物》，頁 48。
〔註226〕臧振華、高有德、劉益昌，〈左營清代鳳山縣舊城聚落的試掘〉，頁 844，圖
　　　　版 74。
〔註227〕陳有貝、邱水金，《淇武蘭遺址搶救發掘報告（四）》，頁 181，圖版 310、
　　　　311。
〔註228〕朱正宜、陳俊男等，《新寮遺址搶救發掘研究計畫期末報告》，頁 132，圖版
　　　　146。
〔註229〕劉益昌、劉瑩三，《舊麻豆港水崛頭遺址文化園區探勘復原計畫期末報告》，
　　　　圖版 80。
〔註230〕傅朝卿、劉益昌等，《第一級古蹟臺灣城殘跡（原熱蘭遮城）城址初步研究計
　　　　畫成果報告書》，頁 2～79，圖版 68-9、10。
〔註231〕陳建中、陳麗芳，《中國福建古陶瓷標本大系——德化窯（下）》，頁 150。
〔註232〕同上註，頁 108。
〔註233〕陳建中、陳麗華，《福建德化窯：明代》，廣州：嶺南美術出版社，2003 年，
　　　　頁 58，圖 49、50。

圖 309：古笨港遺址朝天宮地點
出土花圈紋青花碗

圖 310：古笨港遺址板頭村地點
出土花圈紋青花碗

圖 311：高雄鳳山舊城遺址
出土花圈紋青花碗

圖 312：
淇武蘭遺址出土花圈紋青花碗

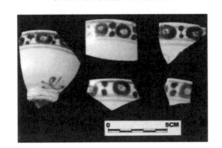
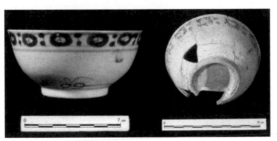

圖 314：臺南
熱蘭遮城遺址
出土花圈紋青花碗

圖 313：
臺南新寮遺址出土花圈紋青花碗

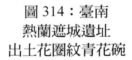
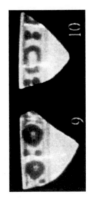

圖 315：德化縣嶺兜窯發現　　　　　圖 316：德化縣石排格窯發現
　　　之花圈紋青花碗　　　　　　　　　　之花圈紋青花碗

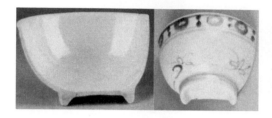

圖 317：德化縣上涌鄉黃井村瓷窯坪窯發現之花圈紋青花碗

3. 藍圈青花折沿盤

　　此類藍圈青花折沿盤普遍出現在各地清中後期遺址，造型特徵與前述之冰梅紋青花折沿盤相似，為紋飾簡化為藍圈，偶有伴隨三至四組菊瓣，或間以流雲，盤心紋飾更為多元，團花、花籃、飛禽走獸，仕女人物，雜寶等極為豐富。中寮遺址出土者例見標本編號 CL-PV-056（圖 45）。國內凡屬清代漢人聚落，絕大多數可見此類瓷器遺存，如臺南新寮遺址（圖 318）、〔註 234〕臺南社內遺址（圖 319）、〔註 235〕新竹清華大學雞卵面公墓遺址（圖 320）、〔註 236〕古笨港遺址板頭村地點（圖 321）、〔註 237〕崩溪缺地點（圖 322）、

〔註 234〕朱正宜、陳俊男等，《新寮遺址搶救發掘研究計畫期末報告》，頁 107，圖版 106。

〔註 235〕李匡悌，《三舍暨社內遺址受相關水利工程影響範圍搶救考古發掘工作計劃期末報告》，頁 51，圖版 78。

〔註 236〕李匡悌，《國立清華大學新校區雞卵面公墓清理及遷移歷史考古學監控及搶救計劃報告》，國立清華大學委託，中央研究院歷史語言研究所執行，圖版 51、52。

〔註 237〕何傳坤、劉克竑，《板頭村遺址標本圖鑑：清代諸羅縣笨港縣丞署出土遺物》，頁 15。

〔註238〕朝天宮地點（圖323）、〔註239〕高雄鳳山舊城遺址（圖324）、〔註240〕
宜蘭淇武蘭遺址（圖325）、〔註241〕臺南麻豆水崛頭遺址，〔註242〕以及臺南
熱蘭遮城遺址（圖326）等，〔註243〕都有大量發現；而海外案例如創建於
1820至1840年代的美國加州蒙特瑞庫柏之屋（Cooper-Molera Adobe）（圖
327）、〔註244〕的惺號號沉船，〔註245〕以及江戶遺跡文京區的真砂地點（圖
328）等，都有該類紋飾之青花瓷盤之發現。〔註246〕而目前已知生產這類瓷盤
的窯口，以德化窯系為主，包括龍門灘鎮朱地村林地窯（圖329）〔註247〕與
枋山窯（圖330）、〔註248〕三班鎮三班村上寮窯（圖331）〔註249〕與桐嶺窯
（圖332）〔註250〕，三班鎮泗濱村南嶺窯（圖333）與〔註251〕大壠口窯（圖
334）、〔註252〕三班鎮奎斗村新窯（圖335）、上涌鄉下涌村虎頭窯（圖336）、
葛坑鎮下玲村石坊窯（圖337）、以及杉林窯等（圖338）〔註253〕，諸多的窯
口生產紀錄，也間接顯示此類紋飾普遍風行的狀況。而關於此類紋飾流行的
年代，大抵在十八世紀末期至十九世紀初期。〔註254〕

〔註238〕何傳坤、劉克竑，《雲林縣及嘉義縣北港溪古笨港遺址「崩溪缺」地點搶救考
　　　　古調查及評估計畫》，頁X，圖版77。
〔註239〕蔡承祐，《笨港出土文物》，頁107。
〔註240〕臧振華、高有德、劉益昌，〈左營清代鳳山縣舊城聚落的試掘〉，頁851，圖
　　　　版88。
〔註241〕陳有貝、邱水金，《淇武蘭遺址搶救發掘報告（四）》，頁161，圖版192～195。
〔註242〕劉益昌、劉瑩三，《舊麻豆港水崛頭遺址文化園區探勘復原計畫期末報告》，
　　　　圖版79。
〔註243〕傅朝卿、劉益昌等，《第一級古蹟臺灣城殘跡（原熱蘭遮城）城址初步研究計
　　　　畫成果報告書》，頁2～78、圖版64。
〔註244〕Jean McClure Mudge, *Chinese export porcelain in North America.*, New
　　　　York:Clarkson N. Potter, Inc. 1986, pp. 186, pla. 292.
〔註245〕Nagel Auctions, *Tek Sing Treasures.*, Stuttgart, Germany: Nagel Auctions, 2000, p.
　　　　213.
〔註246〕堀內秀樹著，《近世都市江戶の貿易陶瓷器資料集（1）》，頁4，第3圖，
　　　　BNK-0035、BNK-0038。
〔註247〕陳建中、陳麗華，《福建德化窯：明代》，頁62，圖65、66。
〔註248〕陳建中、陳麗芳，《中國福建古陶瓷標本大系──德化窯（下）》，頁65。
〔註249〕同上註，頁144。
〔註250〕同註248，頁86。
〔註251〕陳建中、陳麗芳，《中國福建古陶瓷標本大系──德化窯（中）》，頁74。
〔註252〕同上註，頁145。
〔註253〕同註251，頁50、100、85、62。
〔註254〕謝明良，〈對於嘉義縣新港鄉板頭村遺址出土陶瓷年代的一點意見〉，頁210
　　　　～211。

圖 318：臺南新寮遺址出土各式藍圈青花折沿盤

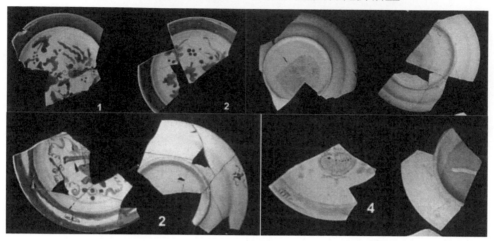

圖 319：
臺南社內遺址出土藍圈青花折沿盤

圖 320：新竹清華大學
雞卵面公墓遺址出土
藍圈團花紋青花折沿盤

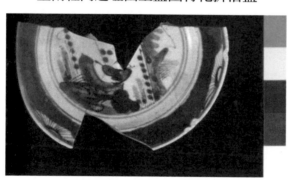

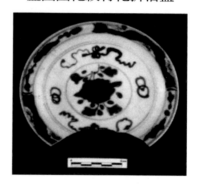

圖 321：古笨港遺址板頭村
地點出土藍圈青花折沿盤

圖 322：古笨港遺址崩溪缺
地點出土藍圈青花折沿盤

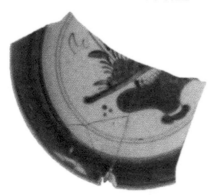

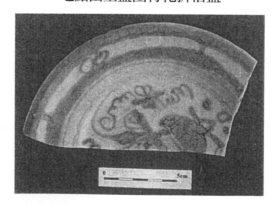

圖 323：
古笨港遺址朝天宮
地點出土藍圈青花折沿盤

圖 324：
高雄鳳山舊城遺址出土藍圈青花折沿盤

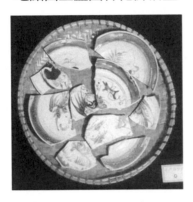
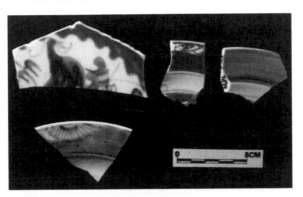

圖 325：淇武蘭遺址出土藍圈青花折沿盤

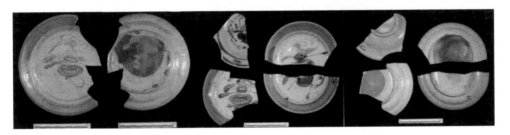

圖 326：臺南熱蘭遮城遺址
出土之藍圈青花折沿盤

圖 327：美國加州蒙特瑞庫柏
之屋出土之藍圈青花折沿盤

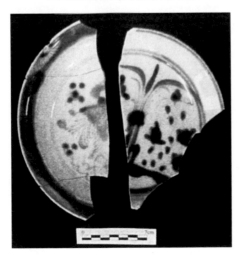

圖 328：江戶遺跡文京區的真砂地點出土藍圈青花折沿盤

圖 329：德化縣朱地林地窯發現之藍圈青花折沿盤

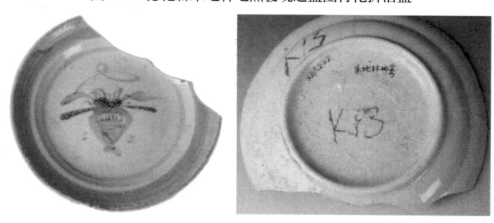

圖 330：德化縣朱地枋山窯發現之藍圈青花折沿盤

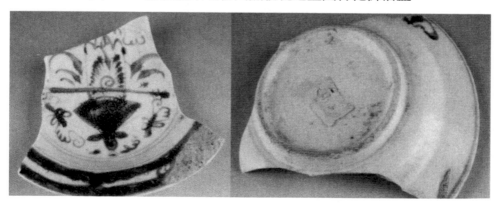

圖 331：德化縣上寮窯發現之藍圈青花折沿盤

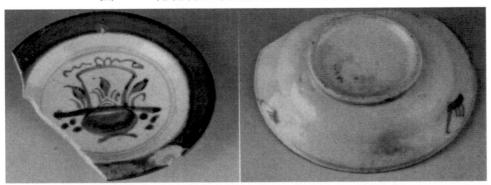

圖 332：德化縣桐嶺窯發現之藍圈青花折沿盤

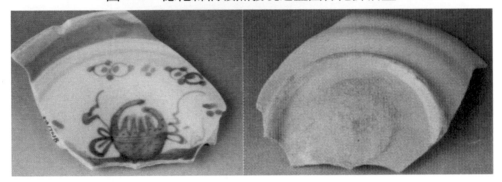

圖 333：德化縣南嶺窯發現之藍圈青花折沿盤

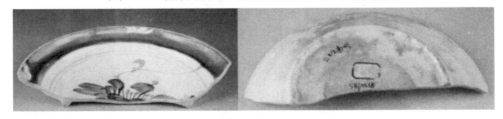

圖 334：德化縣大壠口窯發現之藍圈青花折沿盤

圖 335：德化縣新窯發現之藍圈青花折沿盤

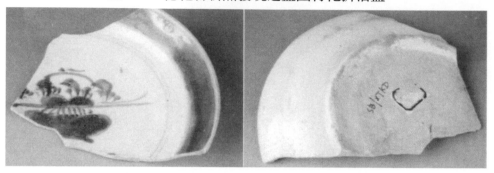

圖 336：德化縣下涌虎頭窯發現之藍圈青花折沿盤

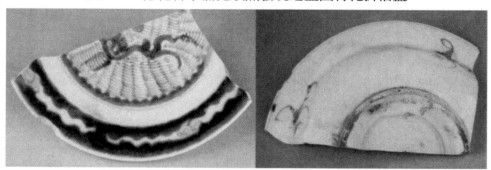

圖 337：德化縣石坊窯發現之藍圈青花折沿盤

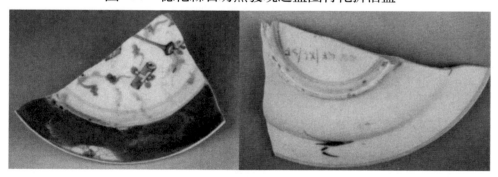

圖 338：德化縣杉林窯發現之藍圈青花折沿盤

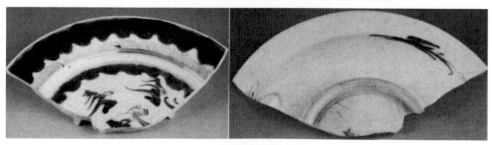

4. 流雲鳳紋青花碗

此類流雲鳳紋青花碗，造型特徵皆為敞口，斜壁下收，器壁外側交錯兩組翔鳳紋與流雲紋，鳳翅開展，帶數組垂尾。國內相關出土案例，包括宜蘭淇武蘭遺址（圖339）、〔註255〕朝天宮地點（圖340）、〔註256〕雲林古笨港遺址水仙宮地點（圖341）、〔註257〕臺南新寮遺址（圖342）。〔註258〕沉船案例則詳見清末沉沒於澎湖外海的將軍一號沉船（圖343）。〔註259〕目前已知燒製此類瓷器的產地，主要以德化窯系為主，包括上涌鄉下涌村桌頭坂窯（圖344）、〔註260〕香港大浦碗窯等（圖345）。〔註261〕

圖339：淇武蘭遺址出土
流雲鳳紋青花碗

圖340：古笨港遺址朝天宮
地點出土流雲鳳紋青花碗

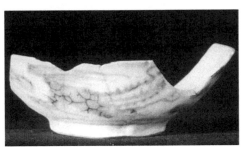

圖341：古笨港遺址水仙宮
地點出土流雲鳳紋青花碗

圖342：
新寮遺址出土流雲鳳紋青花碗

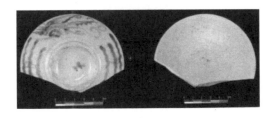

〔註255〕陳有貝、邱水金，《淇武蘭遺址搶救發掘報告（四）》，頁173，圖版262、263。
〔註256〕蔡承祐，《笨港出土文物》，頁59。
〔註257〕盧泰康、邱鴻霖，《雲林縣古笨港遺址範圍與文化內涵先期研究計畫期末報告書》，雲林縣政府委託，國立臺南藝術大學執行，2012年，頁111，圖6～12。
〔註258〕朱正宜、陳俊男等，《新寮遺址搶救發掘研究計畫期末報告》，頁109，圖版110。報告中錯分為流雲龍紋青花碗，筆者認為該件應屬流雲鳳紋青花碗。
〔註259〕國立歷史博物館編輯委員會，《澎湖將軍一號沉船水下考古展專輯》，臺北：國立歷史博物館，2001年，頁52～53。
〔註260〕陳建中、陳麗芳，《中國福建古陶瓷標本大系——德化窯（下）》，頁101。
〔註261〕嚴瑞源編審，《香港大浦碗窯青花瓷窯址——發掘及研究》，頁87，彩圖82。

圖 343：澎湖將軍一號出土流雲鳳紋青花碗

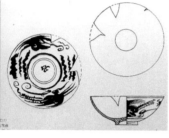

圖 344：
德化縣桌頭坂窯發現之流雲鳳紋青花碗

圖 345：香港大浦碗窯
出土流雲鳳紋青花碗

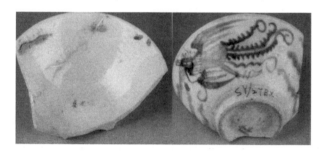

5. 纏枝靈芝紋青花碗／盤／杯

造型特徵為撇口，弧腹，圈足內外皆直，器壁內外皆飾纏枝靈芝紋，碗心處帶一同心圓線圈紋，圈足近底勾青花雙線圈，偶有落款，青花發色狀況濃豔、清淡者皆有。此類青花碗為閩南一帶地區燒製，部分窯口可明確判定為福建省德化窯，亦有少部分為江西景德鎮製。〔註262〕此種類型青花碗分佈極為普遍，臺灣各地遺址，凡年代可達清代中晚期者，幾乎都可發現此類青花碗。此外，其他器形亦有出現相同紋飾者，如杯、碗、盤、匙等器等，皆可以見到此類型紋飾之蹤跡，如新竹清華大學雞卵面公墓遺址（圖 346）、〔註263〕臺南社內遺址（圖 347）、〔註264〕臺南新寮遺址（圖 348）、〔註265〕宜蘭淇武蘭遺址（圖 349）、〔註266〕臺南水交社墓葬群（圖

〔註262〕中國陶瓷編輯委員會編，《景德鎮民間青花瓷器》，上海：上海人民美術出版社，1994 年，圖 205。

〔註263〕李匡悌，《國立清華大學新校區雞卵面公墓清理及遷移歷史考古學監控及搶救計劃報告》，圖版 53、54。

〔註264〕李匡悌，《三舍暨社內遺址受相關水利工程影響範圍搶救考古發掘工作計劃期末報告》，頁 49，圖版 72。

〔註265〕朱正宜、陳俊男等，《新寮遺址搶救發掘研究計畫期末報告》，頁 125，圖版 136。

350）、〔註 267〕古笨港遺址朝天宮地點（圖 351）、〔註 268〕板頭村地點（圖
352）、〔註 269〕南港村地點（圖 353）、〔註 270〕等等，都有相當豐富的出土紀
錄。海外地區亦有相當豐富的發現，例如東帝汶 Manatuto 地區（圖 354）、
〔註 271〕非洲肯尼亞拉穆島謝拉遺址（圖 355）、〔註 272〕東京都千代田區神田
淡路町二丁目十九世紀前半大火燒面遺跡、〔註 273〕日本仙台藩伊達家汐留
III 期遺址（1731～1796 年）、〔註 274〕以及日本東京大學工學部 14 號館等地
點，〔註 275〕學者長佐古真也曾整理江戶地區各地遺址出土這類紋飾之瓷器，
包括信濃町南、市谷仲之町、內藤町、林町、下戶塚、青山学院、払方町、
南町、坂町、鰻手、牛天神、真砂、矢来、寺谷薬王寺、水野原、旧感新日
鐵、四番町、荒木町、信濃町、行元寺、日影、市谷甲良町、養和会、上行
寺門前町屋、駒富，以及若葉等地，皆有出土紀錄。〔註 276〕沉船案例數量亦
相當龐大，如黛安娜號（Diana Cargo）沉船（圖 356）〔註 277〕、的惺號沉船

〔註 266〕陳有貝、邱水金，《淇武蘭遺址搶救發掘報告（四）》，頁 159，圖版 178～179；
　　　　頁 169，圖版 238～239。

〔註 267〕盧泰康、李匡悌，《發現臺南水交社前清墓葬群》，頁 146，圖 6-1-1。

〔註 268〕蔡承祐，《笨港出土文物》，頁 59。

〔註 269〕何傳坤、劉克竑，《板頭村遺址標本圖鑑：清代諸羅縣笨港縣丞署出土遺物》，
　　　　頁 8、14。

〔註 270〕何傳坤、陳浩維、臧振華，《臺灣地區地方考古人才培訓班（第三期）第二階
　　　　段田野實習課程　考古調查暨考古發掘報告》，圖版 34-2。

〔註 271〕趙金勇，〈東帝汶 Manatuto 聚落型態變遷之初探〉，圖版四。

〔註 272〕中國國家博物館水下考古研究中心、肯尼亞國立博物館沿海考古部，《中國國
　　　　家博物館館刊》，〈2010 年度中肯合作肯尼亞沿海水下考古調查主要收穫〉第
　　　　8 期，2012 年，頁 96，圖 1～4。

〔註 273〕鈴木裕子，〈東京都千代田區神田淡路町二丁目遺跡出土の貿易陶磁器——
　　　　譜代大名屋敷地の一例——〉，《第 34 回日本貿易陶磁研究会研究集会『近
　　　　世都市江戶の貿易陶磁器』発表要旨》，2013 年 9 月，東京：日本陶瓷貿易
　　　　研究会，頁 59～74。

〔註 274〕武內啟，〈汐留遺址（伊達家）における出土貿易陶磁器変遷〉，《第 34 回日
　　　　本貿易陶磁研究会研究集会『近世都市江戶の貿易陶磁器』発表要旨》，2013
　　　　年 9 月，東京：日本陶瓷貿易研究会，頁 81～90。

〔註 275〕東京大學埋蔵文化財調查室，《東京大学本郷構內の遺跡工学部 14 号館地
　　　　点》，東京：東京大学埋蔵文化財調查室，2006 年，頁 247，圖 3～5。

〔註 276〕長佐古真也，〈江戶遺跡出土の清朝陶磁について——頻出類型を中心に
　　　　——〉，《第 34 回日本貿易陶磁研究会研究集会『近世都市江戶の貿易陶磁
　　　　器』発表要旨》，2013 年 9 月，日本陶瓷貿易研究会，頁 173～182。

〔註 277〕Christie's Amsterdam Aution Catalog, *The Diana Cargo-Chinese Export*

（圖 357）、〔註 278〕銀嶋二號沉船（圖 359）、〔註 279〕北礁三號沉船（圖 359）
等為代表，〔註 280〕皆有發現此類紋飾的碗杯盤形器，且都屬大宗，根據學者
謝明良的推論，並可確定該類紋飾瓷器流行年代大抵落在十八世紀中後半至
十九世紀前半。〔註 281〕其中北礁三號沉船與黛安娜號部分出水件紋飾佈局有
些許不同，中央為太陽狀紋飾取代常見的漩渦紋為中心，中心內帶一細筆團
花，作為靈芝間的網格曲線也較為強調勾尾，且有細筆團花與粗筆靈芝交錯
使用之現象。

目前已知生產此類紋飾之青花瓷碗窯址數量極為豐富，包括德化系三班
鎮泗濱村梅嶺窯（圖 360）、〔註 282〕湯頭鄉福山村路尾窯（圖 361）、〔註 283〕
潯中鄉高陽村寶寮格窯（圖 362、圖 363）、上涌鄉下涌村後寮埯窯（圖 364）、
湯頭鄉嶺腳村石坊壠窯（圖 365）、龍門灘鎮蘇洋村坎腳窯（圖 366）、南靖縣
南靖窯（圖 367）、〔註 284〕華安縣寶山笠仔山窯（圖 368）等地，〔註 285〕豐富
的燒造地點也一再顯示此類紋飾的普遍流行程度。此外，江西景德鎮生產此
類瓷器者，除紋飾描繪精細度外，紋飾也與福建系統略有不同，福建與周邊
地區生產者，碗盤中心處紋飾多以螺旋或同心圓為主；而景德鎮生產者，則
多飾以花圈、團花，或者靈芝等，如黛安娜號沉船上出水案例可見此種中心
團花類型的纏枝靈芝紋青花瓷器（圖 357）。而在同時期的日本瀨戶、美濃地
區，也有生產此類紋飾之青花瓷器的案例。

根據筆者整理該類纏枝靈芝紋青花瓷器經驗，認為此類紋飾至少可分為
三種類型，第一種數雙面施繪類型，器壁內外皆有描繪纏枝靈芝紋，為最常
見的形式，福建德化窯生產者以雙面施繪者為多；第二類則屬單面紋飾類
型，僅於器壁外側施繪紋飾，內壁無紋飾，或僅帶數道弦蚊，器型多以碗為

Porcelain and Marine Artefacts., 1995, p. 63, 123.
〔註 278〕Nigel Pickford, Michael Hatcher, *The legacy of Tek Sing: China's Titanic-its tragedy and its treasure.*, pp. 139.
〔註 279〕中國國家博物館水下考古研究中心，海南省文物保護管理辦公室編，《西沙水下考古（1998～1999）》，北京：科學出版社，2005 年，頁 227，圖 6-242。
〔註 280〕同上註，頁 158，圖 6-132。
〔註 281〕謝明良，〈對於嘉義縣新港鄉板頭村遺址出土陶瓷年代的一點意見〉，頁 211～213。
〔註 282〕陳建中、陳麗芳，《中國福建古陶瓷標本大系——德化窯（下）》，頁 148。
〔註 283〕同上註，頁 128、124、122、100、93、41。
〔註 284〕吳其生，《中國福建古陶瓷標本大系——南靖窯》，頁 114。
〔註 285〕吳其生、李和安，《中國福建古陶瓷標本大系——華安窯》，頁 124。

主。生產此類型產品之窯口，除部分來自於江西景德鎮外，多以閩南廣東一代為主，品質通常較為低落；而第三類則更為簡約，僅以簡單筆畫勾勒分線與靈芝，這一類簡約型紋飾，於本節第 9 點再予詳細討論。而目前尚未有足夠的證據顯示，這些細微的紋飾變化，是否能夠反映時代流行與技術的轉變，仍須透過未來更完整的窯口研究來予以進一步的佐證。

圖 346：新竹清華大學雞卵面公墓
遺址出土纏枝靈芝紋青花盤

圖 347：臺南社內遺址
出土纏枝靈芝紋青花盤

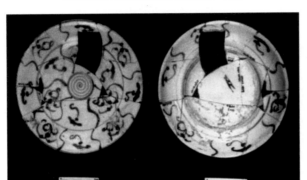

圖 348：臺南新寮遺址出土纏枝靈芝紋青花碗杯

圖 349：淇武蘭遺址出土出土纏枝靈芝紋青花碗盤

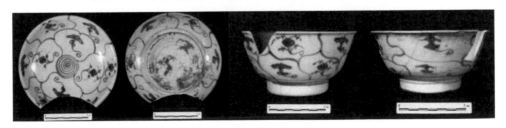

圖 350：臺南水交社墓葬群
出土纏枝靈芝紋青花碗

圖 351：古笨港遺址朝天宮地點
出土纏枝靈芝紋青花碗

圖 352：古笨港遺址板頭村地點出土纏枝靈芝紋青花碗盤

圖 353：古笨港遺址南港村地點
出土纏枝靈芝紋青花碗

圖 354：東帝汶 Manatuto
地區出土纏枝靈芝紋青花盤

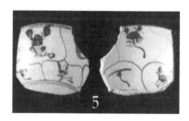

圖 355：非洲肯尼亞拉穆島謝拉遺址出土纏枝靈芝紋青花碗

圖 356：黛安娜號沉船出土纏枝靈芝紋青花碗

圖 357：的惺號沉船出水纏枝靈芝紋青花碗盤

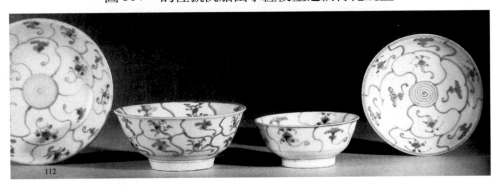

圖 358：銀嶼二號沉船出水纏枝靈芝紋青花杯

圖 359：北礁三號沉船出水纏枝靈芝紋青花盤

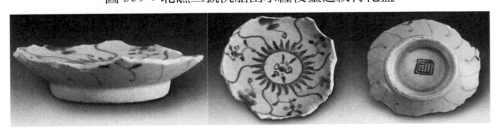

圖 360：德化縣梅嶺窯發現之纏枝靈芝紋青花碗

圖 361：德化縣福山路尾窯
發現之纏枝靈芝紋青花盤

圖 362：右德化縣寶寮格窯窯
發現之纏枝靈芝紋青花碗

圖 363：德化縣寶寮格窯發現之纏枝靈芝紋青花盤

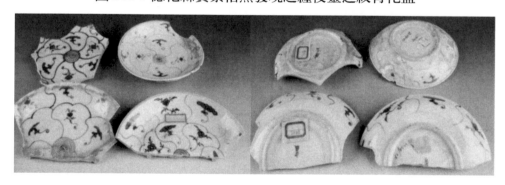

圖 364：德化縣後寮埯窯
發現之纏枝靈芝紋青花盤

圖 365：德化縣石坊壠窯
發現之纏枝靈芝紋青花盤

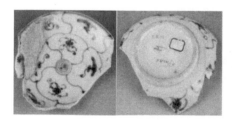

圖 366：德化縣坎腳窯發現之纏枝靈芝紋青花盤

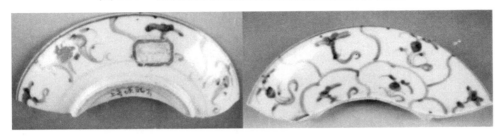

圖 367：南靖縣南靖窯發現之纏枝靈芝紋青花碗

圖 368：華安縣寶山笠仔山窯採集之纏枝靈芝紋青花碗

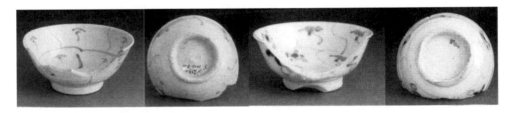

6. 湖石牡丹紋青花碗／盤

　　此類紋飾特徵為其紋飾中央之奇石主題，該類紋飾於各種器型上皆相當一致，中央為一奇石，並於周邊飾數株竹葉、梅枝，以及水草等植物，奇石下方以簡筆青花飾湖水波紋，於盤外壁與碗底，通常飾有簡筆花押文。中寮遺址出土者例見標本編號 CL-PB-6608（圖 50）。國外出土案例如宜蘭淇武蘭遺址（圖 369）、〔註286〕古笨港遺址朝天宮地點（圖 370）、〔註287〕臺南水交社墓葬群（圖 371），〔註288〕以及臺南新寮遺址（圖 372）等。〔註289〕

〔註286〕陳有貝、邱水金，《淇武蘭遺址搶救發掘報告（四）》，頁 171，圖版 250、251；頁 172，圖版 256、257。

〔註287〕蔡承祐，《笨港出土文物》，頁 22。

〔註288〕盧泰康、李匡悌，《發現臺南水交社墓葬群》，頁 150，圖 6-1-7。

海外沉船則以的惺號沉船出水貨物為主，包含成套的杯、碗、盤組（圖
373）。〔註 290〕

圖 369：淇武蘭遺址出土湖石牡丹紋青花碗

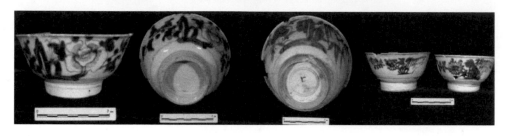

圖 370：
笨港朝天宮出土湖石花草紋青花碗

圖 371：臺南水交社
出土湖石花草紋青花盤

圖 372：臺南新寮遺址出土湖石花草紋青花杯

〔註 289〕朱正宜、陳俊男等，《新寮遺址搶救發掘研究計畫期末報告》，頁 118，圖版
　　　　 123。
〔註 290〕Nigel Pickford, Michael Hatcher, *The legacy of Tek Sing: China's Titanic-its
　　　　 tragedy and its treasure.*, pp. 140.

圖 373：的惺號沉船出水湖石牡丹紋青花碗盤

7. 流雲龍紋青花碗

此類流雲龍紋青花碗之造型特徵，為器壁外側飾一至二組祥龍紋，龍身捲曲，龍爪前張，間以流雲與火珠，器底與碗底多帶花押或落堂款。中寮遺址出土者例見標本編號 CL-PV-036（圖 6）。國內出土案例如宜蘭淇武蘭遺址（圖 374）、[註 291]臺南新寮遺址（圖 375）、[註 292]高雄鳳山舊城（圖 376）、[註 293]古笨港遺址朝天宮地點（圖 377、圖 378）、[註 294]水仙宮地點等（圖 379），[註 295]以及崩溪缺地點（圖 380），[註 296]都有出土紀錄。海外沉船則例見 1776 年沉沒於非洲開普敦附近海域的桌灣沉船。[註 297]

8. 水波螭龍紋青花盤

此類青花盤的主要特徵，與前述藍圈青花折沿盤相當相似，唯口沿部分未飾藍圈，且未折沿，中寮遺址出土者例見標本編號 CL-PV-046（圖 43）。國

〔註 291〕陳有貝、邱水金，《淇武蘭遺址搶救發掘報告（四）》，頁 172，圖版 260～261；頁 173，圖版 262。

〔註 292〕朱正宜、陳俊男等，《新寮遺址搶救發掘研究計畫期末報告》，頁 109，圖版 110。

〔註 293〕何傳坤、劉克竑、鄭建文、陳浩維，《高雄市左營遺址範圍及保存價值研究計畫期末報告》，高雄市政府民政局委託，國立自然科學博物館、高雄市立歷史博物館執行，2001 年，圖版六十八。

〔註 294〕蔡承祐，《笨港出土文物》，頁 40。

〔註 295〕感謝盧泰康教授與邱鴻霖教授提供。

〔註 296〕何傳坤、劉克竑，《雲林縣及嘉義縣北港溪古笨港遺址「崩溪缺」地點搶救考古調查及評估計畫》，頁 VIII，圖版 60。

〔註 297〕馬文寬、孟凡人，《中國古瓷在非洲的發現》，北京：紫禁城出版社，1987 年，圖版 26-1。

圖 374：淇武蘭遺址出土流雲龍紋青花碗

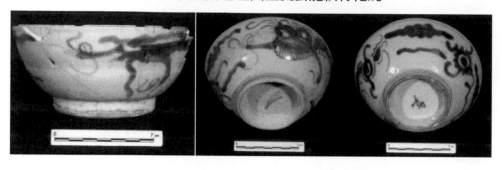

圖 375：臺南新寮遺址出土流雲龍紋青花碗

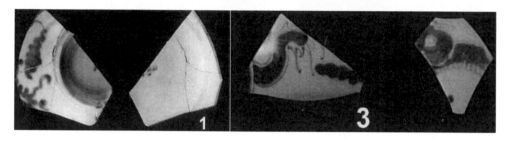

圖 376：高雄鳳山舊城
出土簡筆流雲龍紋青花碗

圖 377：古笨港遺址朝天宮地點
出土簡筆流雲龍紋青花碗

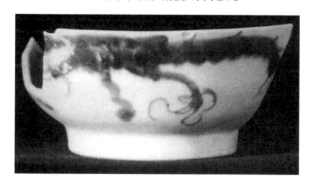

圖 378：古笨港遺址朝天宮地點出土流雲龍紋青花碗

圖 379：古笨港遺址水仙宮地點
出土簡筆流雲龍紋青花碗

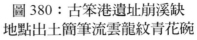
圖 380：古笨港遺址崩溪缺
地點出土簡筆流雲龍紋青花碗

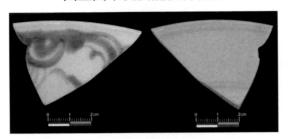

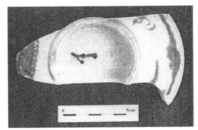

圖 381：高雄鳳山舊城遺址
出土水波螭龍紋青花盤

圖 382：古笨港遺址朝天宮地點
出土水波螭龍紋青花盤

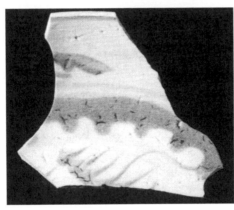

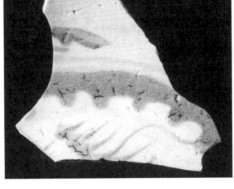

圖 383：古笨港遺址
水仙宮地點出土
水波螭龍紋青花盤

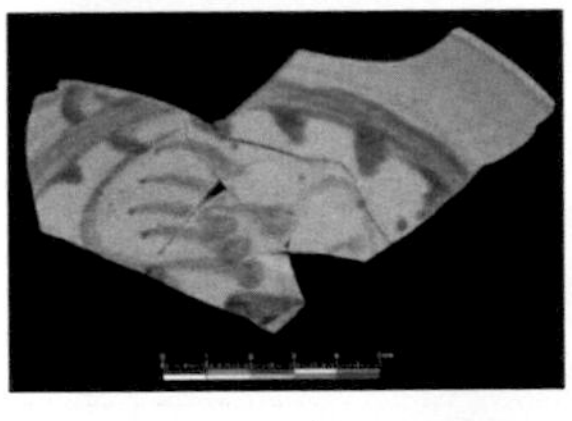

圖 384：古笨港遺址
崩溪缺地點出土
水波螭龍紋青花盤

圖 385：
古笨港遺址南港村地點
出土水波螭龍紋青花盤

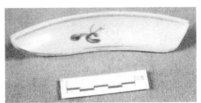

圖 386：淇武蘭遺址出土水波螭龍紋青花盤

圖 387：1752 年
基爾德馬森號沉船出水
水波螭龍紋青花盤

圖 388：
的惺號沉船出土水波螭龍紋青花盤

圖 389：德化系梅嶺窯發現之水波螭龍紋青花盤

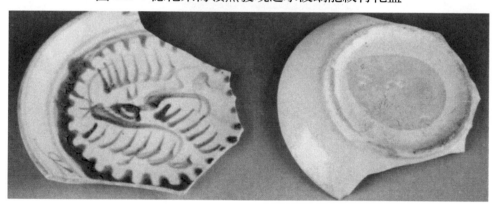

內相關出土地點，包括高雄鳳山舊城遺址（圖 381）、〔註 298〕古笨港遺址朝天宮地點（圖 382）、〔註 299〕水仙宮地點（圖 383）、〔註 300〕崩溪缺地點（圖 384）、〔註 301〕南港村地點（圖 385）、〔註 302〕宜蘭淇武蘭遺址（圖 386）等，〔註 303〕而海外沉船的案例，如 1752 年基爾德馬森號（Geldermalsen）沉船

〔註 298〕臧振華、高有德、劉益昌，〈左營清代鳳山縣舊城聚落的試掘〉，頁 838，圖版 62。

〔註 299〕蔡承祐，《笨港出土文物》，頁 85。

〔註 300〕感謝盧泰康、邱鴻霖教授提供。

〔註 301〕何傳坤、劉克竑，《雲林縣及嘉義縣北港溪古笨港遺址「崩溪缺」地點搶救考古調查及評估計畫》，頁 X，圖版 79。

〔註 302〕何傳坤、陳浩維、臧振華，《臺灣地區地方考古人才培訓班（第三期）第二階段田野實習課程 考古調查暨考古發掘報告》，圖版 35-2。

〔註 303〕陳有貝、邱水金，《淇武蘭遺址搶救發掘報告（四）》，頁 160，圖版 188～189；頁 161，圖版 190～191。

（圖 387），[註 304] 以及的惺號沉船出水貨物，都有相當豐富的發現紀錄
（圖 388），目前已知的燒造地點，例見德化窯系的三班鎮泗濱村梅嶺窯（圖
389）。[註 305]

9. 簡筆靈芝紋青花碗

此類造型青花瓷器，其紋飾傳統延續纏枝靈芝紋而發展，並開始出現簡
化形式：器壁較為低淺，紋飾偏向簡化，僅器壁外側帶靈芝紋，內壁無紋飾，
內外壁器腹以下露胎無釉，鈷料呈現咖啡色。圈足多粗厚，胎色橙黃質粗，
透明釉偏灰藍。中寮遺址出土者例見編號 CL-PV-005（圖 23）。

這類紋飾亦相當普遍，國內如新竹清華大學雞卵面公墓遺址（圖 390）、
[註 306] 宜蘭淇武蘭遺址（圖 391）、[註 307] 古笨港遺址朝天宮地點（圖 392）、
[註 308] 臺南熱蘭遮城遺址（圖 393），[註 309] 以及海外的非洲肯尼亞拉穆群
島希由遺址（圖 394）等，[註 310] 都有發現這類相關瓷器遺存。

圖 390：新竹清華大學
雞卵面公墓遺址出土
簡筆靈芝紋青花碗

圖 391：
淇武蘭遺址出土簡筆靈芝紋青花碗

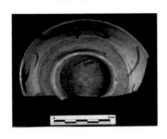
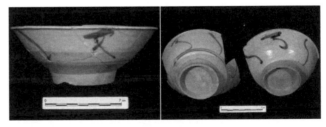

[註 304] Christie's Amsterdam, *The Nanking Cargo: Chinese Export Porcelain and Gold, European Glass and Stoneware Recovered by Captain Michael Hatcher from a European Merchant Ship Wrecked in the South China Seas.*, Amsterdam: Christie's Amsterdam B.V., 1996, pp. 137.

[註 305] 陳建中、陳麗芳，《中國福建古陶瓷標本大系——德化窯（下）》，頁 149。

[註 306] 李匡悌，《國立清華大學新校區雞卵面公墓清理及遷移歷史考古學監控及搶救計劃報告》，圖版 60。

[註 307] 陳有貝、邱水金，《淇武蘭遺址搶救發掘報告（四）》，頁 180，圖版 304、305。

[註 308] 蔡承祐，《笨港出土文物》，頁 37。

[註 309] 傅朝卿、劉益昌等，《第一級古蹟臺灣城殘跡（原熱蘭遮城）城址初步研究計畫成果報告書》，頁 2～77，圖版 63-3、4、5。

[註 310] 中國國家博物館水下考古研究中心、肯尼亞國立博物館沿海考古部，〈2010年度中肯合作肯尼亞沿海水下考古調查主要收穫〉，《中國國家博物館館刊》，頁 92，圖 2。

圖392：古笨港遺址朝天宮地點
出土簡筆靈芝紋青花碗

圖393：臺南熱蘭遮城
出土簡筆靈芝紋青花碗

圖394：非洲肯尼亞拉穆群島希由遺址出土簡筆靈芝紋青花碗

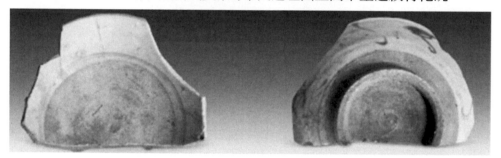

10. 梵文青花碗／杯

此類型紋飾佈局，以多組梵文交錯所組成，梵文依照差異可分為二種形式，第一型梵文則呈現多組「III」字狀反覆交錯排列，紋飾施繪多以手繪方式進行；第二型梵文則以「II≡」方式表現，紋飾施繪多以手繪或印花方式皆有，通常手繪者品質較高。中寮遺址出土者例見例見標本編號 CL-PV-147（圖41）與 CL-PV-016（圖70）。此類紋飾為清代相當普遍的紋飾之一，於各清代遺址皆可見該紋飾之蹤影。如高雄鳳山舊城遺址（圖395）〔註311〕、古笨港遺址朝天宮地點（圖396）、〔註312〕船頭埔地點（圖397）、〔註313〕崩溪缺地點（圖398）、〔註314〕水仙宮地點（圖399）、〔註315〕板頭村地點、

〔註311〕臧振華、高有德、劉益昌，〈左營清代鳳山縣舊城聚落的試掘〉，頁 845，圖版 75。

〔註312〕蔡承祐，《笨港出土文物》，頁 26。

〔註313〕盧泰康、邱鴻霖，《雲林縣古笨港遺址範圍與文化內涵先期研究計畫期末報告書》，2012 年，頁 104，圖 6-1。

〔註314〕何傳坤、劉克竑，《雲林縣及嘉義縣北港溪古笨港遺址「崩溪缺」地點搶救考古調查及評估計畫》，頁 X，圖版 76。

〔註315〕同上註，頁 112，圖 6～14。

〔註316〕宜蘭淇武蘭遺址（圖400）、〔註317〕臺南水交社墓葬群（圖401）、〔註318〕臺南新寮遺址（圖402）、〔註319〕臺南麻豆水崛頭遺址，〔註320〕以及臺南熱蘭遮城遺址（圖403）〔註321〕等，國外地區亦有相當豐富之紀錄，例見江戶遺跡文京區的日影地點（圖404）、〔註322〕港區旧芝離宮庭園（圖405）、〔註323〕新宿區南山伏地點與若葉三地點（圖406、圖407）、〔註324〕東帝汶Manatuto地區。〔註325〕沉船案例則見1817年沉沒的黛安娜號沉船（圖408），〔註326〕以及的惺號號沉船（圖409），〔註327〕可知此類瓷器流行年代約在十八世紀後半至十九世紀前半，其中黛安娜號沉船出水者，即為上述第二型梵文手繪案例。

圖395：高雄鳳山舊城遺址
出土梵文青花碗

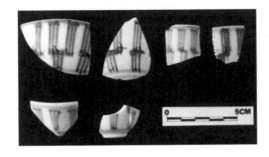

圖396：古笨港遺址朝天宮
地點出土梵文青花碗

〔註316〕何傳坤、劉克竑，《板頭村遺址標本圖鑑：清代諸羅縣笨港縣丞署出土遺物》，頁33。

〔註317〕陳有貝、邱水金，《淇武蘭遺址搶救發掘報告（四）》，頁180，圖版308、309；頁185，圖版334、335。

〔註318〕盧泰康、李匡悌，《發現臺南水交社墓葬群》，頁148，圖6-1-4。

〔註319〕朱正宜、陳俊男等，《新寮遺址搶救發掘研究計畫期末報告》，頁109，圖版111。

〔註320〕劉益昌、劉瑩三，《舊麻豆港水崛頭遺址文化園區探勘復原計畫期末報告》，圖版80。

〔註321〕傅朝卿、劉益昌等，《第一級古蹟臺灣城殘跡（原熱蘭遮城）城址初步研究計畫成果報告書》，頁2～79，圖版67-2、3、6、7。

〔註322〕堀內秀樹等，《近世都市江戶の貿易陶瓷器資料集（1）》，頁33，第32圖，BNK-0220。

〔註323〕同上註，頁183，第177圖，MNT-0044。

〔註324〕同註322，頁264，第253圖，SNJ-359；頁273，第262圖，SNJ-474。

〔註325〕趙金勇，〈東帝汶Manatuto聚落型態變遷之初探〉，圖版四。

〔註326〕Christie's Amsterdam, *The Diana Cargo*, Cornelis Schuytstraat, Amsterdam: Christie's Amsterdam, 1995, pp. 128.

〔註327〕Nagel Auctions, *Tek Sing Treasures*., pp, 200~201.

圖 397：古笨港遺址船頭埔
地點出土梵文青花杯

圖 398：古笨港遺址崩溪缺
地點出土梵文青花碗

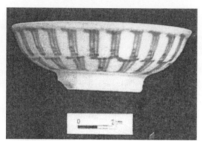

圖 399：古笨港遺址水仙宮地點出土梵文青花碗杯

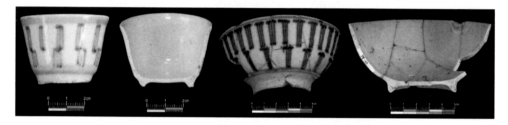

圖 400：淇武蘭遺址出土梵文青花碗杯

圖 401：臺南水交社
墓葬群出土梵文青花杯

圖 402：
臺南新寮遺址出土梵文青花碗杯

圖 403：臺南熱蘭遮城遺址
出土梵文青花杯

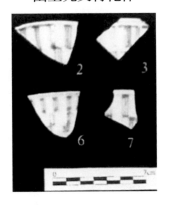

圖 404：江戶遺跡文京區日影
地點出土梵紋青花碗

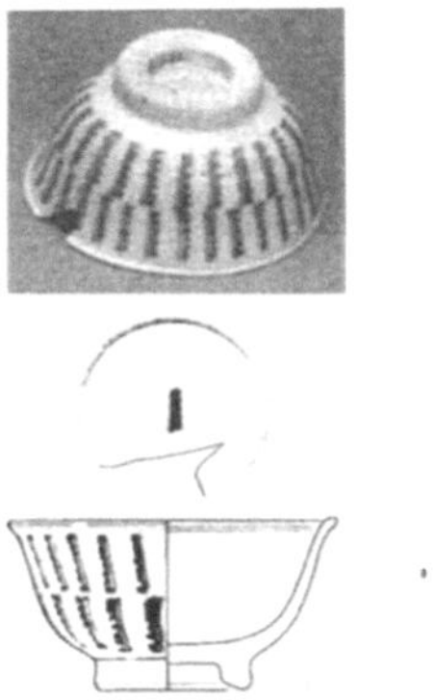

圖 405：
江戶遺跡港區旧芝離
宮庭園出土梵紋青花碗

圖 406：
新宿區南山伏地點
出土梵紋青花碗

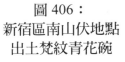

圖 407：
新宿區若葉三地點
出土梵紋青花碗

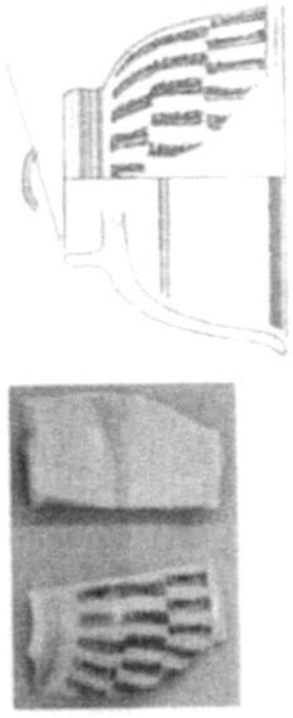

圖 408：1822 年的惺號（Tek Sing）沉船出土之梵文青花杯

圖 409：1817 年黛安娜號（Diana Cargo）沉船出土枝梵文青花碗、杯

11. 簡筆花草紋青花碗

此類青花碗主要特徵為器外壁飾數組簡筆花草紋，碗心則飾一組；碗內壁偶帶一至數組弦紋，筆法粗略，器底帶澀圈。胎釉品質皆低落，圈足寬粗未經切修，中寮遺址出土者例見標本編號 CL-PV-138（圖 5）。國內出土相關遺物，例見古笨港遺址崩溪缺地點（圖 410）、〔註328〕新竹清華大學雞卵面公墓遺址（圖 411），〔註329〕以及宜蘭淇武蘭遺址（圖 412）。〔註330〕相關沉船案例則見道光年間沉沒於浙江寧波漁山小白礁一號（圖 413），〔註331〕以及1845 年左右沉沒的迪沙如號（Desaru）沉船等（圖 414）。〔註332〕此類型青花瓷器品質普遍低落，其產地尚未有明確定論，目前僅知產於福建南部與廣東等地，流行年代為十九世紀中期左右。

12. 纏枝靈芝紋青花匙

此類青花匙造型特徵為直柄，柄端捏塑蝶紋，匙內壁各式纏枝花草，中寮遺址出土案例，例見標本編號 CL-PS-001（圖 84）。學者穆里爾（Muriel Lubliner）曾特別撰文，針對此種纏枝團花類型青花瓷匙進行論述，並將這類

〔註328〕何傳坤、劉克竑，《雲林縣及嘉義縣北港溪古笨港遺址「崩溪缺」地點搶救考古調查及評估計畫》，頁 VIII，圖版 63。

〔註329〕李匡悌，《國立清華大學新校區雞卵面公墓清理及遷移歷史考古學監控及搶救計劃報告》，圖版 59。

〔註330〕陳有貝、邱水金，《淇武蘭遺址搶救發掘報告（四）》，頁 168，圖版 234～235。

〔註331〕中國國家博物館水下考古研究中心等，〈浙江寧波漁山小白礁一號沉船遺址調查與試掘〉，《中國國家博物館館刊》第 11 期，2011 年，頁 59，圖八。

〔註332〕Roxanna Brown and Sten Sjostrand, *Maritime archaeology and shipwreck ceramics in Malaysia.*, Department of Museums & Antiquities, Kuala Lumpur, Malaysia, 2001, Colour Plate 98.

圖 411：新竹清華大學
雞卵面公墓遺址出土
簡筆花草紋青花碗

圖 410：
古笨港遺址崩溪缺地點出土簡筆花草紋青花碗

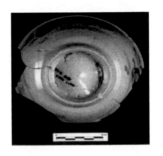

圖 412：淇武蘭遺址出土簡筆花草紋青花碗

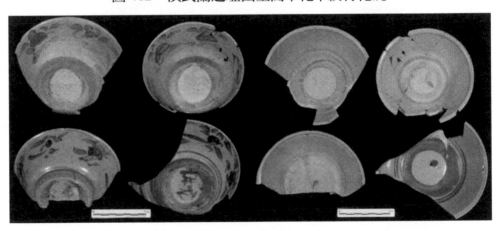

圖 413：浙江寧波漁山小白礁一號出水簡筆花草紋青花碗

圖 414：迪沙如號（Desaru）沉船水簡筆花草紋青花碗

紋飾歸入清光緒時期。〔註 333〕相關出土案例如宜蘭淇武蘭遺址（圖 415）、
〔註 334〕臺南新寮遺址（圖 416）、〔註 335〕古笨港遺址水仙宮地點（圖 417），
〔註 336〕以及板頭村地點（圖 418）等地。〔註 337〕海外案例亦相當豐富，江
戶遺址中有諸多地點曾有出土紀錄，如文京區的本鄉追、〔註 338〕真砂、牛
天神、日影等地點、萩藩毛利家，以及弓町等地。〔註 339〕沉船則見的惺號沉
船出水貨物、迪沙如號沉船（圖 419）、〔註 340〕銀嶋二號沉船（圖 420）等
等，〔註 341〕都有發現大量此類青花匙，顯示此種青花瓷匙流行年代，應在十
九世紀前半，而根據學者謝明良的推論，可能在十八世紀後期就已出現此類

〔註 333〕 Muriel Lubliner, *Serendipity In Porcelain: The Chinese Soupspoon.*, Hong Kong: Arts of Asia Publications, 1979, pp. 75~82.

〔註 334〕 陳有貝、邱水金，《淇武蘭遺址搶救發掘報告（四）》，頁 187，圖版 348、349。

〔註 335〕 朱正宜、陳俊男等，《新寮遺址搶救發掘研究計畫期末報告》，頁 151，圖版 166-12。

〔註 336〕 盧泰康、邱鴻霖，《雲林縣古笨港遺址範圍與文化內涵先期研究計畫期末報告書》，頁 114，圖 6-21。

〔註 337〕 何傳坤、劉克竑，《板頭村遺址標本圖鑑：清代諸羅縣笨港縣丞署出土遺物》，頁 43。

〔註 338〕 堀內秀樹等，《近世都市江戶の貿易陶瓷器資料集（1）》，頁 6，第 5 圖，BNK-0060、BNK-0061、BNK-0064。

〔註 339〕 長佐古真也，〈江戶遺跡出土の清朝陶磁について——頻出類型を中心に——〉，頁 173~182。

〔註 340〕 Sten Sjostrand, Adi Haji Taha and Samsol Sahar, *Mysteries of Malaysian shipwrecks*, Kuala Lumpur: Dept. of Museums, 2006, pp. 106-1.

〔註 341〕 中國國家博物館水下考古研究中心、海南省文物保護管理辦公室編，《西沙水下考古（1998~1999）》，頁 227，圖 6-243。

紋飾。〔註342〕目前已知有燒造此類青花瓷匙的地點，以福建德化窯系，以及
南靖縣南靖窯等為主（圖421）。〔註343〕而日本肥前窯亦有生產紀錄，如小倉
城三之丸城跡第四地點，慶應2年（1866年）燒土層有相關出土紀錄（圖
422），〔註344〕年代稍晚於上述各相關地點。

圖415：淇武蘭遺址出土纏枝靈芝紋青花匙

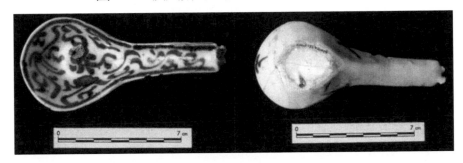

圖416：臺南新寮遺址出土纏枝靈芝紋青花匙

圖417：古笨港遺址水仙宮地點出土纏枝靈芝紋青花匙

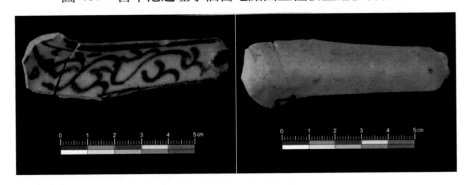

〔註342〕謝明良，〈對於嘉義縣新港鄉板頭村遺址出土陶瓷年代的一點意見〉，頁215
　　　　～216。
〔註343〕吳其生，《中國福建古陶瓷標本大系──南靖窯》，頁145。
〔註344〕北九州市芸術文化振興財団，北九州市埋蔵文化財調查報告書第399集，《小
　　　　倉城三ノ丸跡第4地点：小倉小笠原藩士牧野弥次左衛門屋敷跡の調查》，
　　　　北九州市：北九州市芸術文化振興財団、埋蔵文化財調查室，2008年，図版
　　　　11，頁11～14。

圖 418：古笨港遺址板頭村地點出土纏枝靈芝紋青花匙

圖 419：迪沙如號沉船出水纏枝靈芝紋青花匙

圖 420：銀嶼二號沉船出水纏枝靈芝紋青花匙

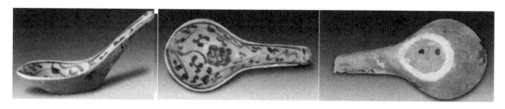

圖 421：
南靖縣南靖窯發現之纏枝花草紋青花匙

圖 422：小倉城三之
丸城跡第四地點
出土纏枝靈芝紋青花匙

11

13. 藥罐

此類小藥罐造型豐富，品項多元，裝飾紋飾亦多變，中寮遺址出土數量頗豐，例見第參章第二節之三，D 型小藥罐。於清代遺址中非常普遍，如古笨港遺址中的水仙宮地點（圖 423）、[註345] 朝天宮地點（圖 424）、[註346] 板頭村地點等（圖 425），[註347] 都有極為豐富的發現，而海外相關出土案例，如江戶地區的大塚、駒富、巢、春日、熊本藩細川家、內藤町、大京町東、萩藩毛利家、尾張德川下，以及払方町等，[註348] 都有豐富出土紀錄，其中又以千代田區的四番町地點出土者最為接近（圖 426）。[註349] 此外，沉船如的惺號沉船貨物之中，亦有各式小型藥罐出水（圖 428），[註350] 顯示此

圖 423：古笨港遺址水仙宮地點出土各式小藥罐

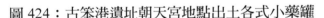

圖 424：古笨港遺址朝天宮地點出土各式小藥罐

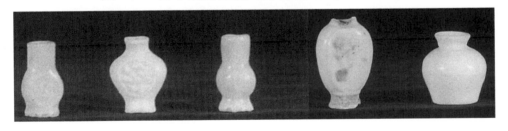

[註345] 盧泰康、邱鴻霖，《雲林縣古笨港遺址範圍與文化內涵先期研究計畫期末報告書》，頁 115，圖 6〜24。

[註346] 蔡承祐，《笨港出土文物》，頁 74。

[註347] 何傳坤、劉克竑，《板頭村遺址標本圖鑑：清代諸羅縣笨港縣丞署出土遺物》，頁 80。

[註348] 長佐古真也，〈江戶遺跡出土の清朝陶磁について——頻出類型を中心に——〉，頁 173〜182。

[註349] 《近世都市江戶の貿易陶瓷器資料集（1）》，頁 131，第 128 図，CYD-0301。

[註350] Nigel Pickford, Michael Hatcher, *The legacy of Tek Sing: China's Titanic-its tragedy and its treasure.*, pp. 138.

圖 425：
古笨港遺址板頭村地點
出土纏枝青釉小藥罐

圖 426：千代
田區四番町地點
出土白瓷小罐

圖 427：
華安縣東坑庵採集之
白瓷小罐

圖 428：的惺號沉船出水各式小藥罐

類小型藥罐，普遍流行於十九世紀前半。目前已知華安縣東坑庵窯有燒製此
類小型藥罐之紀錄（圖 427）。

14. 鉤柄白瓷匙

此類白瓷匙之特徵，即為其匙柄呈倒鉤狀，通體施透明釉，素面無紋。
中寮出土者例見標本編號 CL-PS-27（圖 130）。於的惺號出水貨物中，有發現
諸多此類白瓷匙（圖 429）。〔註 351〕此外，在多數清代遺址亦有所發現，可得
知此類鉤柄白瓷匙生產與所屬年代，大約在十九世紀前半左右。

15. 青瓷束頸爐

此類香爐特徵為侈口，頸微內束，器底帶三組圓柱狀足，器表施青釉，
略有開片現象，露胎處呈橙黃色與灰黃色，微帶火石紅。中寮地點出土數

〔註 351〕Nigel Pickford, Michael Hatcher, *The legacy of Tek Sing: China's Titanic-its tragedy and its treasure*., pp. 188.

件，以 CL-PB-11773（圖 137）為代表。國內相關出土案例參見古笨港遺址朝天宮地點（圖 430）。〔註 352〕目前已知燒造此類青瓷束頸爐地點，以南靖縣南靖窯為主（圖 431）。〔註 353〕

圖 429：的惺號（Tek Sing）沉船出土鉤柄白瓷匙

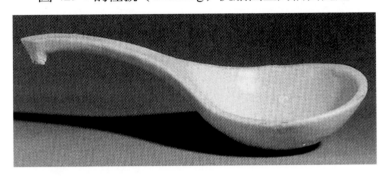

圖 430：古笨港古笨港遺址朝天宮地點出土青瓷束頸爐

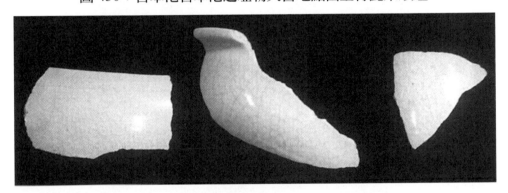

圖 431：南靖縣南靖窯發現之青瓷束頸爐

〔註 352〕蔡承祐，《笨港出土文物》，頁 93。
〔註 353〕吳其生，《中國福建古陶瓷標本大系——南靖窯》，頁 67。

16. 白瓷斂口三足爐

中寮遺址出土者例見 CL-PC-0585（圖 135），此類類斂口三足爐，器型呈現斂口碗狀，下接三組乳丁足，胎質與釉色偏向米黃色或米白色，俗稱「漳窯」，於漳州博物館內有一件相同案例之館藏（圖 432），此種香爐於臺灣各地廟宇使用頻繁，因此多有廟宇使用或收藏，如彰化鹿港興安宮，即藏有此類白瓷斂口三足爐（圖 433）。〔註 354〕目前已知燒製此種類型香爐的地點以南靖縣南靖窯為主〔註 355〕（圖 434）。〔註 356〕

圖 432：漳州博物館　　　　　　　圖 433：
館藏斂口三足爐　　　　　　鹿港興安宮藏斂口三足爐

圖 434：南靖縣南靖窯發現之斂口三足爐

17. 動物形象瓷偶

這類動物形象瓷偶，多作為玩賞擺設之用，多見於海外沉船，在外銷瓷器諸多品項中，佔有一定的地位。中寮遺址出土各式動物形象瓷偶中，又以標本編號 CL-PF-01，鷹型白瓷偶最為完整與獨特（圖 126），相關出土案例，

〔註 354〕盧泰康，〈臺灣南部廟宇收藏的傳世陶瓷香爐供器〉，《近代物質文化研究——第一屆　歷史與文物學術研討會》，臺中：逢甲大學歷史與文物研究所，2013年，頁 35～58。
〔註 355〕吳其生，《中國福建古陶瓷標本大系——南靖窯》，頁 72。
〔註 356〕吳其生，《福建漳窯》，廣州：嶺南美術出版社，2002 年，頁 99，圖 226、227。

如金甌號沉船出水者，雖已有剝釉現象，但仍可觀察出，該件鷹形瓷偶仍屬瓷胎，以戳點、貼塑，以及鏤孔等方式顯示鷹翅羽翼，器表施以綠、褐、黑等釉，區分鷹眼、鷹身，以及盤據之木或石（圖 435）；〔註 357〕而 1817 年黛安娜號沉船亦有發現形象相似之瓷偶，以陽刻顯示其翅膀紋理，器表同樣施以綠釉與褐釉，但已失鷹鳥之雄偉形象，轉為接近一般鳥禽的溫和造型（圖436）。〔註 358〕

圖 435：金甌號沉船
出水鳥禽形像瓷偶

圖 436：
黛安娜號沉船出水鳥禽形像瓷偶

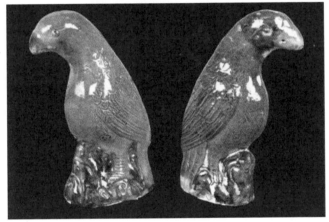

18. 打製瓷餅

本次發掘遺物當中，依照前述類型分類，可分為 a、b 二式，其中，a 式打製瓷餅在臺灣各地歷史時期遺址常有所見，相關出土案例如高雄鳳山舊城遺址（圖 437）、〔註 359〕臺南麻豆水崛頭、〔註 360〕朝天宮地點等（圖 438），〔註 361〕以及古笨港遺址水仙宮地點（圖 439），〔註 362〕都有發現數量頗巨的

〔註 357〕Dinh Chién Nguyén, *The Ca Mau Shipwreck. 1723~1735.*, pp.188, fig.257.

〔註 358〕Christie's Amsterdam Aution Catalog, *The Diana Cargo-Chinese Export Porcelain and Marine Artefacts.*, 1995.

〔註 359〕臧振華、高有德、劉益昌，〈左營清代鳳山縣舊城聚落的試掘〉，頁 837，圖版 60。

〔註 360〕劉益昌、劉瑩三，《舊麻豆港水崛頭遺址文化園區探勘復原計畫期末報告》，圖版 90。

〔註 361〕筆者攝於北港朝天宮媽祖文化大樓。

〔註 362〕盧泰康、邱鴻霖，《雲林縣古笨港遺址範圍與文化內涵先期研究計畫期末報告書》，頁 129。

打製瓷餅，部分打製圓餅表面刻鑿「仕」、「相」等象棋文字，可確定這類器壁型打製圓餅，可作為象棋等遊戲類器具使用。除此之外，亦有學者指出，此類圓扁型打製瓷餅，為類似今日「尪仔標」之遊戲器物。〔註363〕而學者李旻則指出，此類打製瓷餅在美洲米沃克族（Miwok）內，可能具有類似交易媒介的功能。〔註364〕

圖437：
高雄鳳山舊城遺址出土打製瓷餅

圖438：古笨港遺址朝天宮
地點出土打製圓餅

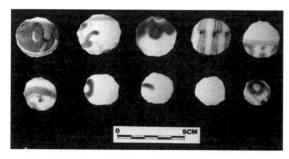
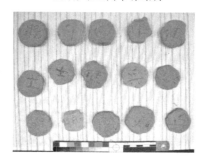

圖439：古笨港遺址水仙宮地點出土打製圓餅

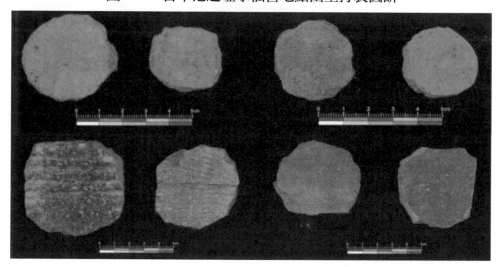

〔註363〕江桂珍，〈遺留地底的西方文化——談遊戲物與煙斗〉，頁189～210，收於國立歷史博物館歷史考古小組，《十七世紀荷西時期北臺灣歷史考古研究成果報告（下冊）》，臺北：國立歷史博物館，2005年。

〔註364〕李旻，〈近代早期瓷器貿易跨太平洋的延伸：太平洋地區文化變遷〉，《逐波泛海——十六至十七世紀中國陶瓷外銷與物質文明擴散國際學術研討會論文集》，主辦單位：香港城市大學中國文化中心、陶瓷下西洋小組，香港：香港城市大學中國文化中心，2012年，頁225。

　　而 b 式打製瓷餅於中寮遺址內共發現 215 件，7310.71 克，數量頗為龐大，其來源瓷器年代主要落在十八至十九世紀之間，少數可達十七世紀晚期，並以碗型器占大多數。而觀察這些打製瓷餅，其大小不一，絕大部分大於以器壁製成之打製圓版，且未見有刻字、墨書等狀況，因此推測與雲林縣古笨港諸遺址發現之象棋、圍棋等功能不同。而這些遺物所屬之窯口亦相當多元，閩南一帶之德化窯、漳州窯皆有，唯未見江西景德鎮窯之瓷器有如此作法，而這些圈足形式各有不同，足壁高度、傾斜角度、以及窯砂殘留皆有所見，因此圈足製作工藝的差異，並未影響其使用。而這些打製瓷餅，除銜接器壁處帶有多面敲擊痕外，其他部分未見任何旋轉、摩擦，或者敲擊等痕跡，部分殘件之器壁部分具有疑似敲擊之缺損，藉此推斷將器壁移除後之殘存圈足，即為其最後使用之狀態。然而，仍有若干對半斷裂者，其斷裂面斷口平整而不帶磨耗痕跡，由此得知，若打製瓷餅經斷裂後，可能無法再繼續使用。

（四）日治時期至光復初年（1895 年～1945 年）

　　1895 年 4 月 17 日（清朝光緒二十一年三月二十三日），清廷政府與日本雙方在日本赤間關馬關港簽署《馬關新約》，約中明訂臺灣全島及所有附屬各島嶼、澎湖群島等地讓與日本。此一政治情勢的重大改變，諸多日製陶瓷與新技術陸續輸入臺灣，大幅影響了臺灣本地陶瓷器傳統。然而，日治時期以後的中寮遺址出土遺物數量極少，所佔比例不及整體的百分之一，以下僅列舉一件日治時期代表性瓷器類型：

1. 刺點紋青瓷小杯

　　此類青瓷杯，特徵為器壁外側以直行刺點交錯，胎質淨白，釉色豆青透亮。中寮遺址出土以標本編號 CL-PC-0556 為例（圖 109），屬於臺北鶯歌窯燒造，相同器物於古笨港遺址水仙宮地點亦有出土（圖 440）。〔註 365〕

**圖 440：古笨港遺址水仙宮
地點出土刺點紋青瓷杯**

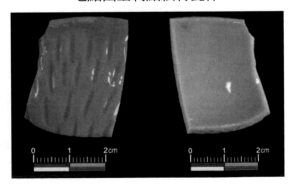

〔註 365〕感謝盧泰康、邱鴻霖教授提供。

三、出土瓷器相關統計數據與分析

　　本次中寮遺址出土瓷器中有 126 件可拼合至其他完整件上，經拼合後總計 12592 件，總重 181994.56 公克。以下分別就瓷器遺留之類型、產地、年代等屬性分別進行統計：

　　中寮遺址出土瓷器中，依照形制可區分杯、碗、盤、瓶、匙、盒蓋等類，另外包含過度殘缺或缺少判定資訊之不明殘片，其中以碗類數量最為豐富，占總數八成左右（表 2、圖 441、圖 442），顯示該區域飲食習慣接近今日漢人傳統，以碗最為大宗，而盤、杯等器型次之。

　　若依照瓷種差異，可再區分為青花、彩瓷、白瓷、灰白釉瓷（安平壺），以及其他色釉瓷等，其中又以青花瓷的比例所佔比例最大，總數近九成（表 3、圖 443、圖 444），顯示中寮遺址出土瓷器以青花瓷器最為大宗，與當時陶瓷史發展流行趨勢，以及臺灣各地明清時期遺址狀況相符。

表 2：中寮遺址出土瓷器器型統計表

	杯	碗	盤	瓶	匙	其他	總計
件數	777	10160	1351	119	93	92	12592
重量	5609.03	149713.88	21422.42	3447.62	746.59	1055.02	181994.56

圖 441：中寮遺址出土瓷器器型件數統計圓餅圖

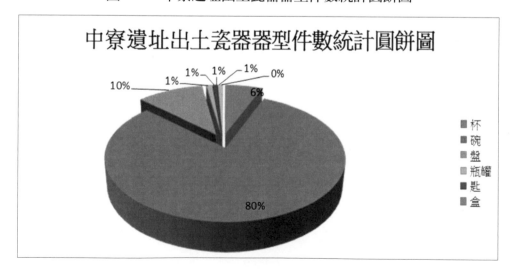

圖 442：中寮遺址出土瓷器器型重量統計圓餅圖

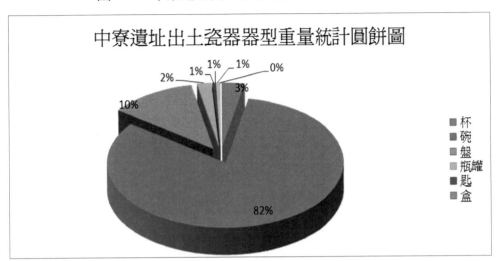

表 3：中寮遺址出土瓷器瓷種統計表

	青花	彩瓷	白瓷	灰白釉瓷	青瓷	其他色釉瓷	不明	總計
件數	11503	147	433	87	11	12	408	12592
重量	168104.01	1700.42	4335.16	2983.22	248.1	101.36	4522.29	181994.56

圖 443：中寮遺址出土瓷器瓷種重量統計圓餅圖

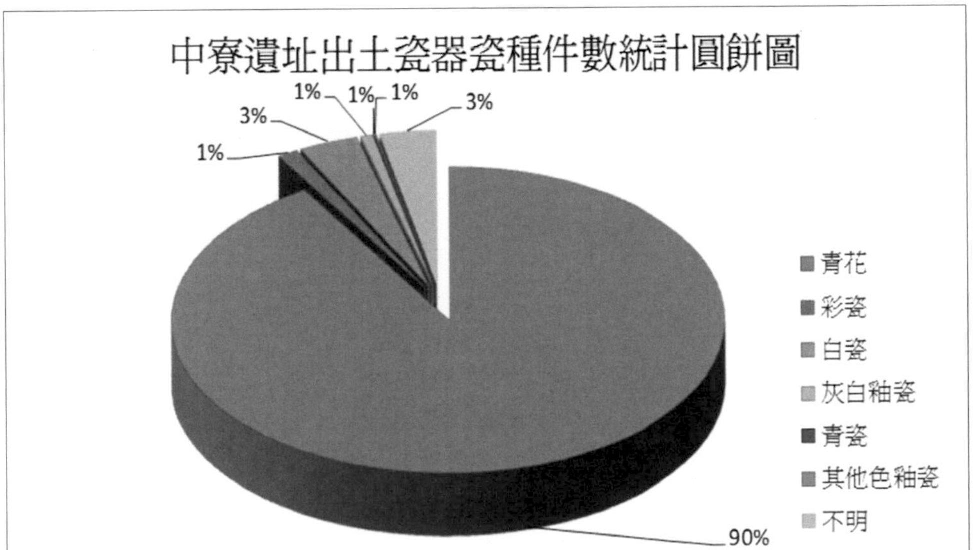

中寮遺址出土瓷器瓷種件數統計圓餅圖

圖 444：中寮遺址出土瓷器瓷種件數統計圓餅圖

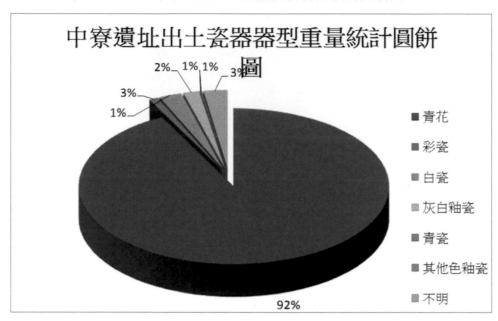

中寮遺址出土瓷器中，依照產地進行區分，可分為福建地區的德化窯與漳州窯、江西景德鎮窯、日本肥前窯、僅知閩南一帶窯口、僅知中國南方一帶窯口、其他地區〔註366〕、以及資訊不明確之不明窯口等（表 4、圖 445、圖 446）。統計結果顯示，半數以上瓷器產自閩南地區，顯示閩臺間的陶瓷貿易，為明清時期極為興盛，而產自日本與臺灣本地製造的瓷器，除了可做為填補早期貿易空缺的代表，亦顯示此區域進入日治時期以後日漸衰敗的證據。

表 4：中寮遺址出土瓷器產地表

	福建德化窯	福建漳州窯	江西景德鎮窯	日本肥前窯	僅知閩南一帶	僅知閩北一帶	僅知中國帶方一代	其他地區	不明	總計
件數	5157	991	329	21	5868	86	90	25	25	12592
重量	53621.13	30899.96	4115.53	907.2	87262.8	2977.62	1239.25	692.13	278.94	181994.56

〔註366〕包含閩廣地區、日本其他窯口、以及臺灣鶯歌窯等，因數量極少，故統一納入「其他地區」計算。

圖 445：中寮遺址出土瓷器產地件數統計圓餅圖

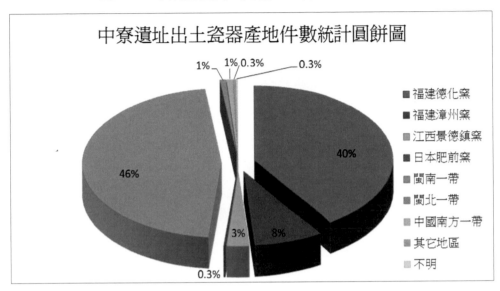

圖 446：中寮遺址出土瓷器產地件數統計圓餅圖

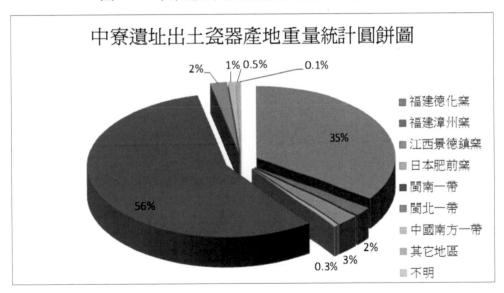

　　若將中寮遺址出土瓷器，依據標本特徵，將其依生產年代進行分類，可分為十七世紀中期、十七世紀後半、十七世紀後半至十八世紀前半、十八世紀前半至十九世紀後半以後，以及十九世紀後半以後等時代段點（表 5）。根據統計結果可針對中寮遺址的發展歷程提出三點推論：年代最早的瓷器標本屬十七世紀中期製品，且數量稀少，顯示中寮遺址可能於這個階段開始形

成；十八世紀前半至十九世紀後半階段數量最為豐富，可能為中寮遺址發展的鼎盛期；十九世紀後半以後，數量又開始急遽萎縮，可能代表中寮遺址進入此階段以後已進入低峰期。

表 5：中寮遺址出土瓷器年代各探坑分佈表

	十七世紀中	十七世紀後半	十七世紀後半至十八世紀前半	十八世紀前半至十九世紀後半	十九世紀後半以後	不明	總計
件數	42	723	2218	9340	106	162	12592
重量	2072	21688.59	41940.22	112894.97	2107.36	1291.22	181994.56

此外，若將出土遺物生產年代，根據個別探方進行統計，則可觀察出 T6、U6、U7 可能是中寮遺址最早的發展地點；而進入十八、十九世紀以後，聚落的發展達到鼎盛，在原先 U6、U7 以外，於 K2、K3、K4、K5、L5 等地形成了另一個集中區域；而在進入十九世紀晚期以後，全區遺物數量迅數減低，僅見少數遺物遺留，顯示該聚落面臨了一次大規模的衰落現象。相關進一步論述見第伍章第一節。

表 6：中寮遺址各發掘區域出土瓷器統計表

	十七世紀中	十七世紀後半	十七世紀後半至十八世紀前半	十八世紀前半至十九世紀後半	十九世紀後半以後
I4	1	9	33	465	1
I5		1	9	186	
I6		6	5	144	
I7		12	48	82	
I8		12	36	382	2
I9		1		14	
K2		12	42	561	1
K3		11	93	693	
K4		11	37	678	1
K5		1	16	491	

L5		16	130	523	2
M5		9	35	205	
O5		2	11	231	1
P5			66	535	5
Q6		4	35	189	
R6		1	69	443	
S6			29	370	
T6	2	97	374	741	
U6	7	107	260	777	2
U7	16	179	405	417	3
U8	3	18	259	255	
U9		48	50	406	1
U10			6	52	
V9	1			658	
W9		12		70	

參、中寮遺址的移民與開發

　　關於「中寮」二字，最早在現階段的古籍文獻中，僅能在 1813 年成書的《臺灣府輿圖纂要》中發現；相對的，周邊地區最早出現的聚落是 1717 年周鍾瑄之《諸羅縣志》中的木柵聚落，若由文獻紀錄來看，中寮在年代上明顯晚於木柵聚落，與考古遺物所呈現的時間並不相同。因此，在文獻的梳理上必須兼納「中寮」與「木柵」，以及周邊聚落名稱，方能完整呈現該地在歷史文獻中的演變。寮字，意指簡易小屋，為某種作物生產加工時的工作小屋，或只提供守望的人執行任務歇息的寮舍，這類聚落在初期都是暫居的臨時性建物，形成長時性聚落後即被援引為當地的地名。〔註1〕亦有部分作「藔」，如臺灣堡圖中即使用「中藔」。在臺灣省文獻會的《臺灣地名辭書（卷七）臺南縣》〔註2〕中，曾針對中寮遺址周邊進行簡要的地景描述，該份著作出版年代為民國 91 年，距南科液晶專區的開發與發掘僅相差 4 年，可視為中寮遺址發掘前的最後一份景觀紀錄。針對中寮遺址周邊各聚落之記錄，整理後如下（表7）：

表 7：臺灣地名辭書內載中寮與周邊相關遺址之記載

地名	內容紀載
中寮	看西庄北邊，已廢庄，今是看西農場蔗園。早年亦為灣港東畔庄頭，道光三年（1823）大水後散庄。由看西農場辦公室旁的產業道路往北前進約 600～700 公尺，路旁的甘蔗田土壤表面有許多瓦片、磚塊碎片，也參雜一些貝殼，一眼望去閃閃發亮，景觀很是不同。更往北或更往南則沒有此現象。

〔註 1〕 蔡培慧、陳怡慧、陳柏州，《臺灣的舊地名》，臺北：遠足文化出版社，2004年。

〔註 2〕 施添福，《臺灣地名辭書（卷七）臺南縣》，國史館臺灣文獻館，2002 年。

看西	係新市鄉最西邊的聚落，昔為灣港東畔之地，西眺浩瀚臺江，故名看西。
木柵	中寮北邊，已廢庄，早年亦為灣港東畔庄頭，亦因道光三年（1823）的水患而散庄，目前僅存船頭地（船塢岸壁），附近是菱角田。堡圖中沒有此聚落的紀錄，但當地人清楚地知道其位置。
王甲	目前僅知大約位於看西庄北、中寮南邊，已廢庄，今為看西農場的一部份，傳說是姓王的聚落。堡圖上也未記載此聚落，但由於曾是大道公庄新昌宮的角頭，居民也大多知道此地。
大路塘	臺灣堡圖上所標示的位置是位於今南 135 線和南 134 線道交界處的西南側，豐華二號橋附近，但今已無聚落存在，附近居民也未聽說大路塘之地名，只通稱為堤塘。
堤塘	在看西聚落之東，大洲排水之西，為古堤塘溪溪畔庄頭，亦稱溪塘，《臺灣府輿圖纂要》即記為溪塘庄（輿圖纂要，1963：95）早年墾民於此挖池為塘，故名（黃文博，1998：103），目前附近仍存有許多漁塭
新寮	臺灣堡圖上位於道爺庄北方的聚落，目前已散庄，成為臺糖道爺農的一部份。

　　透過上表可以發現，在臺南科學園區設置之前的中寮遺址，以及周邊的聚落，多數已呈現散庄狀，或者僅存寥寥數戶的狀態。而中寮地區的歷史如何演進與發展，單憑考古遺存，仍無法完整呈現，必須同時透過相關文獻的紀錄中尋找線索。以下將透過文獻紀錄，依序由十七世紀中期開始，至二十世紀以降，綜合分析各種文獻中的史料記錄，逐一拼湊出屬於這個地區的發展歷程。

一、明鄭時期至清代初期（十七世紀中至十八世紀前半）

　　南明永曆十六年（1662 年），原先佔據臺灣的荷蘭人遭鄭成功驅逐，將臺灣做為反清復明的基地，政權延續至永曆三十七年（康熙二十二年，1683年）。在這段期間的中寮與周邊鄰近地區，並未有明確歷史文獻紀錄。然而，吾人仍可透過相關零星紀錄進行推敲，推測此時其中寮等地區可能的狀況。

　　明鄭時期行政組織，有以「鎮營」為名者，也有以「里社」為名者，前者著重軍政管理，後者著重民政管理。〔註3〕而緊鄰中寮西側之「許中營」，今日屬安定區中榮里，雖已非新市區轄內，但與中寮聚落直線距離僅 1 公里上下，兩者之間僅有一道排水溝之隔，應具有相當程度之關聯性。據相關研

〔註3〕陳淳斌纂修，王明燦分修，《嘉義縣志・卷四・政事志》，嘉義縣：嘉義縣政府，2009 年，頁 45。

究指出，許中營古名為「海中營」，原為明鄭於臺江北岸所設的營鎮，因四周皆被海洋所環繞而得名。〔註4〕但該營鎮名並未被記載於「永曆十八年臺灣軍備圖」中。〔註5〕海中營之說法雖屬地方口傳，未見於史籍之中，但仍具有一定考據之價值。此外，地方文史工作者也指出，中寮北側之旗杆地、南科園區內的右先方等地名，皆與明鄭軍屯相關而得名，〔註6〕但上述各地於現階段尚無實物資料可證明。

關於明鄭時期軍隊屯墾紀錄則相當豐富，如楊英《從征實錄》中載：「二十四日，藩以臺灣孤城無援，攻打未免殺傷，圍困俟其自降。隨將各鎮分派汛地屯墾。……」、另有：「六月，藩駕駐承天府，遣發各鎮營歸汛。左先鋒札北路新港仔、竹塹，以援勤後鎮、後衝鎮、智武鎮、英兵鎮、虎衛右鎮繼札屯墾，以中衝、義武、左衝、前衝、遊兵等鎮札南路鳳山、觀音山屯墾。頒發文武官照原給額各六個月俸役銀付之開墾。」、又道：「……時以各社土田分給與水陸諸提鎮，而令各搬其家眷至東寧居住，令兵丁俱各屯墾。……」〔註7〕而《海上見聞錄》在永曆十五年（1661）十二月，又有以下的紀錄：「時以各社土田，分給與水陸諸提鎮，而令各搬其家眷至東寧據住；令兵丁俱各屯墾。……。」〔註8〕透過上述引文可知，隨軍眷屬多未隨屯墾軍兵而行，多居於當時首府東寧，因而可推測早期進入屯墾區域的，多屬男性兵士。因此，屯墾區所屬聚落與人口的發展，是有相當限制的。是故，明鄭時期的屯墾型聚落，在沒有特殊情況下，其聚展較難以比照一般正常聚落發展模式。

關於屯墾的細則，在布萊爾與羅賓遜（Emma Helen Blair and James Alexander Robertson）的紀錄《菲島史料》（The Philippine Island）中，也有相關紀錄，當中描述鄭成功的船隻中，已裝載大量的犁、種子，以及其他開墾相關所需要的物品。〔註9〕如同巴達維亞城日誌中的描述：「他（鄭成功）散佈

〔註4〕黃文博，《南瀛地名誌》，新營：臺南縣文化局，頁 149。

〔註5〕見陳漢光、賴永祥，《北臺古輿圖集》，臺北：臺北市文獻委員會，1956 年，頁 5。按本圖原藏於清內府，現藏於國家圖書館，題為〈康熙初年墨繪臺灣軍備圖〉。後經《北臺古輿圖集》收錄，改稱為〈永曆十八年臺灣軍備圖〉。

〔註6〕鄭枝南，《古今新市鑒賞》，臺南：臺南縣新市鄉公所，2009 年，頁 73。

〔註7〕楊英，《從征實錄》，臺北：臺灣銀行經濟研究室，臺灣文獻叢刊第 32 種，1958年，頁 188。

〔註8〕阮旻錫，《海上見聞錄》，臺北：臺灣大通書局印行，臺灣文獻史料叢刊第 6種，1987 年，頁 39～40。

〔註9〕Emma Helen Blair and James Alexander Robertson, *The Philippine Island (1493~1803).*, Vol 36, Taipei: s.n., 1962 pp. 254~255.

其軍隊於臺灣，給他們農具，使從事開墾。」〔註10〕此條目類似於荷蘭土地測量師菲利浦‧梅（Philippus Daniel Meij van Meijensteen）的著作《梅氏日記》1661年6月中旬的紀錄：「國姓爺分給他們（分派屯墾的部隊）上千隻的牛，以及很多鋤頭和其他農具，使他轄區內每一個人都能立刻開始耕種。那些牛包括所有公司的牛，以及政務員、牧師、其他公司職員，以及自由民在赤崁養的牛。」〔註11〕此外，也有多條記載荷鄭交戰期間，鄭氏指派軍民駐紮新港與目加溜社附近的紀錄，如：「中國人也把我們的一個醫生和三個士兵帶去狹陸（鯤身）為他們效勞，其他無論結婚的、未結婚的，如上所述都必須去住在新港。」、以及「到那時，一直住在新港（今新市）和目加溜灣（今善化）的我們可憐的士兵，也被分發到軍隊裡，去南北各村社，……。」〔註12〕

故此，明鄭時期對於軍隊駐外屯墾是有計畫性，並且有規劃性地分配資源至每一特定區域的。在《臺灣外記》中則更明確的記載：

> 次日，大會諸提鎮參軍議事。……「今臺灣乃開創之地，雖僻處海濱，安敢忘戰？暫爾散兵，非為安逸，初創之地，留通衛、侍衛二旅，以守安平鎮、承天二處。其餘諸鎮，按鎮分地、按地開荒，日以什一者瞭望，相連接應，輪流迭更。是無閒丁，亦無逸民，插竹為社，斬茅為屋。圍生牛教之以犁，使野無曠土，而軍有餘糧。其火兵則無貼田，如正丁出伍，貼田補入可也。其鄉仍曰『社』，不必易。」……即日貼分，各照地方領兵前去開墾。〔註13〕

以上內容顯示當時屯墾的人數相當龐大，除通衛、侍衛兩旅外的兵丁，其餘皆派外屯墾。此外，屯墾區域相互距離不甚遠，可以相互接應。

依照這些文獻顯示，自外地移入新港與目加溜社的漢人軍民不在少數，挾帶著文化優勢與更為良好的農業技術，影響了自古以來西拉雅族的傳統生活方式。另一方面，也顯示駐留在這個區域的漢人軍民，乃透過屯墾目的而來，其屯墾區域緊臨上述四大社。學者曹永和先生曾整理鄭氏時期墾殖臺灣的範圍，內容中雖未有直接紀錄中寮等地點，〔註14〕但透過上述史料記述，應

〔註10〕村上直次郎，程大中譯，《巴達維亞城日誌（第三冊）》，臺北：臺灣省文獻會，1990年，頁319。

〔註11〕江樹生，《梅氏日記》，臺北：英文漢聲，2003年，頁51。

〔註12〕同上註，頁48～49。

〔註13〕（清）江日昇，《臺灣外記》，臺灣文獻叢刊第60種，臺北：臺灣銀行經濟研究室，1958年，頁205～207。

〔註14〕曹永和，〈鄭氏時代之臺灣墾殖〉，《臺灣經濟史初級》，臺北：臺灣銀行經濟

有一些未被記載於文獻中的屯墾聚落存在，而距離新港社未達 2 公里距離的中寮與周邊區域一帶，極有可能在十七世紀後半，作為與鄰近原住民聚落的軍事駐紮屯墾聚落而存在。而根據《華夷變態》中載康熙戊辰年（1688 年）7 月 7 日所載：第 134 號臺灣船進入長崎，原定共同啟航的另一船，因臺灣人口減少，缺乏種蔗的人，導致糖產量銳減，故恐載貨量不足，不能啟行。〔註 15〕因此筆者推測，中寮極為可能做為明鄭植蔗製糖與屯田養兵的所在地點，從黃淑璥《台海使槎路》所引之《東寧政事集》內容可知，當時臺灣製糖技術已具備了「滴漏法」與「蓋泥法」來精製白糖。〔註 16〕其文中描述：

> 大約十二月、正月間始盡興工，至初夏止。初硤蔗漿，半多泥土；煎煮一次，濾其渣穢；再煮入於上清，三煮入於下清，始成糖入漏〔註 17〕；待其凝結，用泥封之；半月一換，三易而後白；始出漏曬乾，舂擊成粉入簍，須半月為期。未盡白者名曰糖尾，併漏再封；蓋封久則白，封少則濁；其不封者，則紅糖也。所煎之糖，較閩粵諸郡為尤佳。〔註 18〕

這些跡象，顯示明鄭時期的製糖工業已有一定水準，而掌握這些技術的人群，推測應由福建、廣東等地移入臺灣的漢人為主，而此時期最有可能的途徑，便是隨鄭氏政權轉移入臺屯墾的軍士與其眷屬。而中寮等地之名稱，雖未記錄在鄭氏相關文獻中，但透過大量的糖漏與漏罐等製糖工具，以及相關糖灶現象等的出土紀錄，顯示中寮地點極有可能在十七世紀後半以後存在所謂的「糖廍」，〔註 19〕為臺灣本地製糖的重要地點之一。

二、清代初期至清代後期（十八世紀後半至十九世紀晚期）

（一）主要發展

進入十八世紀以後，與本區域有關而首先出現在文獻中的是「木柵」一詞，另有「木柵街」，以及「木柵仔」等名稱。盧嘉興於〈臺南縣古地名考〉

研究室，臺灣文獻叢刊第 25 種，1954 年，頁 78～81。

〔註 15〕榎一雄編，《華夷變態》，東京：東方書店，1981 年，頁 968。

〔註 16〕盧泰康，〈臺灣傳統白糖製造技術與其關鍵陶質工具〉，《成大歷史學報》第 28 期，2004 年，頁 89～136。

〔註 17〕原字應為「石屬」。

〔註 18〕（清）黃叔璥，《台海使槎錄》，卷三，〈赤崁筆談〉，南投：臺灣省文獻會，1999 年，頁 56。

〔註 19〕盧泰康，〈臺灣傳統白糖製造技術與其關鍵陶質工具〉，頁 89～136。

中考訂，木柵、木柵仔屬：「諸羅縣志山川總圖並該志卷七營志條之要道，漢人溯新港溪至該地拓墾，為防番害經設木柵後成為地名者。……自道光三年台江內海陸浮後，失卻港灣機能，漸次衰廢。」〔註 20〕另有學者認為其所在今日之看西、大路塘一帶。〔註 21〕

　　木柵一詞最早可見於康熙五十六年（1717 年）周鍾瑄之《諸羅縣志》，〈卷二規制〉中敘述：「……、木柵仔街（街南屬新化里、街北屬安定里）……。」〔註 22〕。其次，在乾隆二十八年（1763 年）余文儀之《續修臺灣府志》中可以見到：「木柵街：距縣八十里、距府二十里，屬新化里西保。」〔註 23〕；另外亦有「木柵橋：在木柵街北，南北孔路。」〔註 24〕透過上述紀錄可知，木柵街在清代中期，屬新化里與安定里共轄，後歸新化里西保。同時，木柵街為木柵庄內之街市，距離臺南府城不甚遠，僅有二十里左右的距離，換算成今日單位，約莫今日之 11.5 公里，大致到今日臺南市北區一代。木柵街在康熙末年，即十八世紀初期已有一定之規模，市街發展已經達到可劃分為街南與街北兩部份之程度，分別隸屬新化與安定二里，當地耆老也曾表示該區域自古以來，有「雙縣街」的稱呼，與上述木柵街分屬兩里的地理特徵相符。〔註 25〕而在《臺灣府輿圖纂要》中的紀錄，木柵莊與相關設施分別記於臺灣府與臺灣縣二地，也一再顯示木柵聚落分屬「雙縣」的特殊情況。〔註 26〕其中街南可能與中寮聚落有關，而此部分將留待第伍章第三節繼續討論。《臺灣府輿圖纂要》〈道里〉中則有更為詳細的紀錄，內載：「西北：出小北門三里至柴頭港土地廟、……、五里至看西莊、五里至木柵莊、……。」〔註 27〕同

〔註 20〕盧嘉興，〈臺南縣古地名考〉，《南瀛文獻》第 6 期，1959 年，頁 9。

〔註 21〕李志祥，《荷鄭時期新港社研究》，國立臺南師範學院鄉土文化研究所碩士論文，2003 年，頁 4。

〔註 22〕（清）周鍾瑄，《諸羅縣志》，臺灣文獻叢刊第 141 種，臺北：臺灣銀行經濟研究室，1963 年，頁 32；相同之記載見（清）劉良璧，《重修福建臺灣府志》，臺灣文獻叢刊第 74 種，臺北：臺灣銀行經濟研究室，1961 年，頁 83。

〔註 23〕（清）余文儀，《續修臺灣府志》，臺灣文獻叢刊 121 種，臺北：臺灣銀行經濟研究室，1987 年，頁 87。

〔註 24〕同上註，頁 97。

〔註 25〕廖倫光，《臺南科學園區內的「敗庄」故事體系》，頁 22、26～27。

〔註 26〕又有稱為「雙現街」者，如鄭枝南，《古今新市鑒賞》，頁 75 中，便以「雙現街」稱之。此外，盧泰康教授告識臺南歸仁地區亦有發現「雙現街」的用法，意指街路兩側店舖開門營業，具繁榮街道的意涵。

〔註 27〕不著撰人，《臺灣府輿圖纂要》，臺灣文獻叢刊第 181 種，臺北：臺灣銀行經濟研究室，1963 年，頁 115。

書另云:「臺灣府北出鎮海門三里至柴頭港、二里至漯仔底、二里至洲仔尾、三里至三嵌店、五里至看西、五里至木柵塘……」〔註 28〕,從中可以了解,進入十九世紀後的木柵聚落,此時已屬一具有港塘設施之庄頭,南側鄰近看西庄。〔註 29〕

關於「木柵」以外的用法,在其他文獻紀錄中也時有所見,如藍鼎元的《鯤身西港連戰大捷遂克府治露布(代)》中記載:「自是賊人破膽,不敢再出鯤身;守……凡遇凶頑,輒行剿滅;乃敗之於木柵仔,復敗之於蔦松溪。朱一貴捨命奔逃,率其黨潛蹤遁去。……」中,可得知康熙六十年(1721)朱一貴發動民變之時,有所謂「木柵仔」之名稱。相同的地名用法亦出現在《清高宗實錄》中閩浙總督郝玉麟、福建巡撫盧焯、水師提督王郡奏報:「臺灣諸羅縣屬之木柵仔、灣裏溪等處,於雍正十三年(1735)十二月十七日夜間地震,傾倒房屋,壓傷民人三百餘名。隨飭該道、府確查優恤。臺灣孤懸海外,地土鬆浮,震動亦所常有。」〔註 30〕上述各條的「木柵仔街」、「木柵街」、「木柵莊」與「木柵仔」,透過各條目間相關的地理位置,應指涉同一對象,也大致反映出,木柵聚落由十八世紀的街市聚落型態,逐步發展至十九世紀人口繁多的大型庄頭。

在十八世紀中完成的《乾隆臺灣輿圖》之中,亦標示了「木柵仔」的位置,同時說明:「木柵仔至灣裡街十里。」並設有一汛防,位於灣港仔與直加弄以東的港道。(圖 447)〔註 31〕乾隆六年(1741 年)劉良璧之《重修福建臺灣府志》附圖〈諸羅縣圖〉也顯示木柵仔位於灣裡溪與灣裡社之南(圖 448)。因此,可更進一步確定「木柵」、「木柵街」、「木柵仔」等用法,皆為指同一地點。此時期的木柵聚落,陸路與水交通皆非常發達,北通灣裡街,南達臺南府城,另設有水汛與港塘,可行駛至灣里港。而木柵仔稱法之「仔」字可能為閩南語字尾之發音。

木柵聚落的起源說法紛紜,在當地耆老口中,形容當時的木柵庄,大約

〔註 28〕不著撰人,《臺灣府輿圖纂要》,臺灣文獻叢刊第 181 種,臺北:臺灣銀行經濟研究室,1963 年,頁 65。
〔註 29〕今日之臺南市新市區豐華里。
〔註 30〕不著撰人,《清高宗實錄選輯》,臺灣文獻叢刊第 186 種,臺北:臺灣銀行經濟研究室,1964 年,頁 2。
〔註 31〕洪英聖,《畫說乾隆臺灣輿圖》,南投:行政院文化建設委員會中部辦公室,1999 年,頁 145。

立基於荷蘭時代，又稱木柵街或木柵港，人口繁密可達兩千多戶，為一船舶進出頻繁的「船頭地」。〔註32〕同時，諸多地方研究中皆指出「木柵街」在道光三年（1823年）以前，為當地最繁榮之市街。〔註33〕亦有認為木柵街初期，因漢人持續入墾，為防止平埔族騷擾，而在庄頭立木柵以禦之，故名木柵街。無論如何，較為肯定的是發展至清中期的木柵街市，中有一河道隔開，以橋聯結，南北各有商街，分屬不同行政隸屬，位居交通要衝的繁華街道。〔註34〕此外，不單木柵聚落本身繁榮，周邊聚落也持續發展，如乾隆五年（1740年）便有一筆翁義、翁啐、翁碧、翁鈺、翁港、鄭子利兄弟及張姓入墾西側之許中營的紀錄。〔註35〕顯示十八世紀前半，可能是該區人口大量增長階段。

透過上述史料紀載可得知，被稱為「木柵」的區域，在十八世紀以後，人口遽增，形成一具有繁榮街市之庄頭，南北分屬二里，且同時具有港道之功能，並有官方設汛駐兵；木柵周邊則有看西、許中營等聚落同時興起。而口傳歷史將木柵設庄的時間點上朔至「荷西時期」的說法，明顯早於出土遺物遺留所呈現的年代，且設庄之初的狀況眾說紛紜，僅可參考而已，至於在街市屬性、設橋與南北二分的說法，則與中寮、埤仔頭、王甲、木柵等地點呈現西南－東北狹長型走向較為一致，與史料較為相符。

而進入十九世紀以後，本地區又有庄頭增加的現象，如1813年成書的《臺灣府輿圖纂要》〈疆界〉中，載臺灣縣新化里西保：「城北十九里起，莊一十三（內四莊原屬嘉義，道光十五年改歸本邑）。」此外，該書也針對府城以北各庄距離有所記錄：

> 新化里西保（莊十三。城北十九里起）：大洲莊（十九里）、看西莊（二十里）、溪塘莊（二十里）、宅仔內（二十里）、大道公（二十里）、中寮莊（二十里）、椰樹腳（二十一里）、三舍莊（二十一里）、五間厝（二十一里）、道爺莊（二十一里）、太爺莊（二十二里）、木柵莊

〔註32〕廖倫光，《臺南科學園區內的「敗庄」故事體系》，頁26～27。

〔註33〕例見呂建德，〈新市永安宮沿革暨台江守廟緣起〉，《木柵媽祖在新市》，新市永安宮管理委員會，1998年，頁9～12。以及樹谷文化基金會，〈走踏新港西訪察台江東岸的雪泥鴻爪〉，《Tree Vallry》第3期，財團法人樹谷文化基金會，2012年，頁2～14。

〔註34〕張溪南，《南瀛老街誌》，南瀛文化研究叢書第11輯，南瀛地景文化專輯53，臺南：臺南縣政府，2007年，頁290～293。

〔註35〕張勝柏等編，《安定鄉志》，臺南：臺南縣安定鄉公所，2010年，頁93～94。

（二十二里）、王甲莊（二十二里）。〔註36〕

由此可知，此時期中寮、王甲等地，已自「木柵仔」獨立出來成為一莊，中寮與木柵相距二里，大約今日 1 公里的距離，而木柵與王甲則更為鄰近，僅有數百公尺之距。然而，十九世紀初期木柵庄劃分為木柵、中寮、王甲等三庄，究竟是人口增加使然，亦或是因木柵衰退而分散，以目前文獻紀錄並未有明確答案，但若根據出土遺物的狀況，十九世紀初期出土遺物數量達到高峰，此區域人口數量應也達到鼎盛，屬該地最為興盛的時期。

有關木柵庄「水圳」的相關記載，涉及軍事防務與商業交易，文獻頗有提及，先是康熙五十六年（1717 年）的《諸羅縣志》〈卷一・封域志〉：「……，新港之北，東入為灣港（海汊。小杉板頭船到此載五穀、糖、菁貨物。港水入至木柵仔止。港口甚闊，有魚塭）」；〔註37〕於該冊地圖中亦有標記「木柵汛」，位灣港航道之內。〔註38〕這些訊息顯示十八世紀初期，木柵聚落已有相當發達之港道，為灣港之內港，港道頗為開闊，可行小舢舨且能通海，具對外貿易之能力，有養殖等漁業人口常駐。相關的設施亦相當完備，如余文儀之《續修臺灣府志》〈規制〉中所載：

> 灣港渡：在木柵保海汊，縣西南□十里。康熙三十五年，知縣董之弼斷歸港戶盧斗設渡濟人，……。沙船頭渡：在木柵保，縣西南□十里，雍正七年，知縣劉良璧批允府治天后宮僧人設渡濟人，……。」〔註39〕

由此可知 1696 年至 1735 年間，木柵聚落設立了兩處渡口，同時與臺南府城保持密切聯繫。

同樣在余文儀的《續修臺灣府志》〈卷九・武備〉中另記錄：「分防加溜灣汛兼轄溪邊、木柵、柴頭港、水仔尾等塘把總一員、兵五十名。」〔註40〕道光九至十年（1829～1830 年）由陳國瑛等人採擷的《臺灣采訪冊》中〈全台軍制條目〉城守營中載：「現製馬步戰守兵六百零二名，……，以六十二名分防北砲臺、柴頭港、蔦松、木柵、灣里港、茅港尾、鐵線橋、水堀頭、

〔註36〕不著撰人，《臺灣府輿圖纂要》，頁 95～96。
〔註37〕周鍾瑄，《諸羅縣志》，頁 16。
〔註38〕同上註，頁 2。
〔註39〕（清）余文儀，《續修臺灣府志》，臺灣文獻叢刊 121 種，臺北：臺灣銀行經濟研究室，1987 年，頁 100。
〔註40〕（清）余文儀，《續修臺灣府志》，頁 368。

急水溪、八獎溪、北勢埔各塘。」〔註41〕連橫之《臺灣通史》中的清代臺灣水陸汛防表載同治八年（1869年）以後：「城守營右軍，……。木柵塘：舊歸加溜灣汛分防，設兵五；今設一名。……。」〔註42〕而在1871年的《臺灣府輿圖纂要》也有類似的紀錄，如〈防汛〉中載：「木柵塘，距城北二十里。安兵五名。」〔註43〕另有〈營制〉載：「右軍守備一員，駐防嘉邑下茄苳。……，以六十四名分防柴頭港、蔦松、木柵、溪邊、西港仔、下水窟頭、鐵線橋、急水溪、八獎溪、北勢埔等塘。」〔註44〕藉由上述文獻記載得知，十八世紀中至十九世紀中期，木柵已屬加溜灣汛，並派兵把守；十九世紀中以後仍有守兵，且已自加溜灣汛分出，獨立設兵。期間整體兵員人數差異不大，從原先的五十人增至六十四人，而木柵始終派兵人數在五人上下。

　　經上述文獻記載，十八至十九世紀時期，木柵聚落周邊區域水埠港道發達，可通達外海，亦能灌溉田畝，人群活動頻繁，但也不免衍生一些爭議，例如明治39年（1906年）4月7日出版的《臨時臺灣舊慣調查會第一部調查第二回報告書》附錄參考書，以及明治44年（1911年）3月5日出版的《臨時臺灣舊慣調查會第一部調查第三回報告書》中臺灣私法附錄參考書的部份皆有所載，其中有數筆關於當時本區港埠紛爭的紀錄，其中又可分為南北二部份：北側分為航行用的「灣港水道」與灌溉用的「埠仔頭港道」、「木柵港道」，南側則以堤塘庄灌溉為主的「堤塘港道」。

　　北側的港道首次出現於嘉慶19年（1814年）7月，由王甲庄人盧禮等人承租由其祖父盧斗所留下的「新灣港道」，同時記述該港：「自乾隆53年間（1788年）已被洪水沖陷，沙泥填壓，港路廢弛。……」〔註45〕，又記「……，隨據盧禮具呈，灣港沙塵填塞，水道難通。……」〔註46〕顯示乾隆年間開鑿

〔註41〕陳國瑛、林棲鳳、諸生，《臺灣采訪冊》，臺灣文獻叢刊第55種，臺北：臺灣銀行經濟研究室，1959年，頁153～154。

〔註42〕（清）連橫，《臺灣通史》，臺灣文獻叢刊第128種，卷十三、軍備志，臺北：臺灣銀行經濟研究室，1962年，頁339。

〔註43〕不著撰人，《臺灣府輿圖纂要》，頁112。

〔註44〕同上註，頁56～57。

〔註45〕臨時臺灣舊慣調查會，〈灣港二對スル掌管權ヲ賣渡タルモノ〉，《臨時臺灣舊慣調查會第一部調查第三回報告書　臺灣私法附錄參考書》，第一卷下，第五二之二條，東京市：臨時臺灣舊慣調查會，1911年，頁87～88。

〔註46〕臨時臺灣舊慣調查會，〈灣港ノ掌管者盧禮ノ請二依リ個人ヲ招徠シテ之ヲ開

的水道因淤積而不堪使用。該記錄同時也說明「……，至於灣港，內分三港，一名木柵港，一名沙船港。」表明木柵港在十八世紀末時，仍屬灣港系統內的一內港，至十九世紀初因淤積而開始重新開拓。到了光緒十年，則紀錄吳亨記收購灣港股份，並明訂各項細則之內容，其中載：「……灣港業二宗毗連一所，內帶沙船港、木柵港二條，及一切埔業，址在安定新化兩里交界，港頭至松仔岸，港尾至茄苳坪，……」〔註47〕

至光緒五年（1879年）以後，北側水道持續開拓，以埤仔頭、中寮、下寮庄為主的「埤仔頭港道」與「木柵港道」陸續開鑿，其相關條目記載如下：

> 新化里西保埤仔頭庄毛餘、陳典、徐知母，中寮庄林克明、陳知光，陳獅，下寮庄劉勝、陳卿、郭草定等，……，緣餘等三庄有合本開築埤仔頭港壹道，東西俱至課園，南至吳家灣港並課園，北至翁家灣並課園，又木柵港壹道，東至王家港，西至吳家港，南至課園並廟地塚地，北至課園，四至明白為界。……。〔註48〕

上文主要是記述由埤仔頭庄毛餘、陳典、徐知母，中寮庄林克明、陳知光，陳獅，以及下寮庄劉勝、陳卿、郭草等人定等合議，由三庄共同開築埤仔頭港道，並確立界線。至光緒七年（1881年）則載：

> 新化裡西堡下寮莊林正，中寮莊林俊，埤仔頭陳檔等，因先前公墾埤仔頭港一道，東至李家港岸，西至東路。又木柵港一道，東至布店堀，西至吳家港岸。二港四至界址明白，配納宮廟油香。至光緒三年間，突有許中營莊贌佃吳東老，串謀郡城內虎衿吳亨衢，即吳振記，……。到光緒七年間，巡撫部院岑訪聞，嚴訴臺灣府袁出差

築セシムル，トヲ認許スルト共ニ斯舊餉銀ハ該佃人等ニ於テ納入スヘキコトヲ出示シタルモノ〉，《臨時臺灣舊慣調查會第一部調查第三回報告書 臺灣私法附錄參考書》，第一卷下，第五二之一條，頁87。

〔註47〕臨時臺灣舊慣調查會，〈前契買受者吳亨記ハ其後他ノ半額ヲモ承買シ之ヲ併合シタル灣港業及田園荒埔埤掘等一切ヲ曾何信ニ對シ賣卻シタルモノ〉，《臨時臺灣舊慣調查會第一部調查第三回報告書 臺灣私法附錄參考書》，第一卷下，第五二之四條，頁90～91。

〔註48〕臨時臺灣舊慣調查會，〈埤仔頭港及木柵港ヲ開築シタル三庄ノ耆民間ニ成リタル合約字〉，《臨時臺灣舊慣調查會第一部調查第二回報告書》，第一五之一至三條，神戶市：臨時臺灣舊慣調查會，1906年，頁197～200。同時載於臨時臺灣舊慣調查會，〈埤仔頭港及木柵港ヲ開築シタル三庄ノ耆民間ニ成リタル合約字〉，《臨時臺灣舊慣調查會第一部調查第三回報告書》，第五四之一至三條，頁103～104。

嚴拿吳東召訊，……。〔註49〕

顯示光緒初年，木柵增設港道，同時確立埤仔頭港道界線，為「東至李家港岸，西至東路」，而木柵港道的明確界線為「東至布店堀，西至吳家港岸」，儘管二港道界線雖明白，卻仍有紛爭，遭許中營吳東聯合外人圖謀霸佔。此外，從上引文中亦可得知該區域內有一公廟，頗具香火。

相關的開墾記錄一直延續至光緒十四年（1888 年），有兩筆相關的紀載：「……，埤仔頭庄耆毛餘等，中寮庄耆陳囍漢等，苦中營庄耆陳四、陳典等，緣餘等埤仔頭庄之類，有承祖父緣前與看西中寮庄耆等，暨下寮庄耆等，三庄合本開墾埤仔頭港、木柵港等處港業壹宗貳段貳條，……。」〔註50〕以及：「……，新化里西保看西下寮庄郭草定、林（近、原、遠）徐送、徐元等，有承祖父中寮埤仔頭三庄耆老合本開墾木柵港、埤仔頭港二節，……。」〔註51〕至光緒十六年（1890 年），內容表明木柵與埤仔頭二港道並稱「木柵港」，其業傳至孫輩，其內容載：「……新化裡西保中寮莊陳黨、陳墾、陳主足、陳四福、鄭尚、陳鬧澤、胡陳氏等，有承祖父與埤仔頭莊、下寮莊等處莊者，合本開墾並明買及承先遺置港業一宗，土名木柵港，並埤仔頭港，……。」〔註52〕

藉由前述數條文獻紀錄，我們可發現關於中寮與周邊區域的一些線索。首先，關於本地區的生業活動，由條目內看來，「課埔田園，蓄養魚蝦，栽種

〔註49〕臨時臺灣舊慣調查會，〈埤仔頭港及木柵港ニ對スル股份權利者ト瞨佃者トノ間爭議ヲ生シ臺灣府正堂ノ訊斷ヲ經テ四分ヲ以テ福安宮廟ニ歸シ六分ヲ以テ各權利セシメタルニ際シ合約字テ以テ各自ノ權利ヲ定タルモノ〉，《臨時臺灣舊慣調查會第一部調查第二回報告書》，第一五之七條，頁204～205。同樣資料亦記載於《臨時臺灣舊慣調查會第一部調查第三回報告書》，頁104～105。

〔註50〕臨時臺灣舊慣調查會，〈中寮庄陳黨陳墾等ノ有スル一股ハ之ヲ十份ト為シ該十份ノ權利ヲ曾合信ニ賣渡タルモノ〉，《臨時臺灣舊慣調查會第一部調查第二回報告書》，第一五之一至三條，頁200～201。同樣資料亦記載於《臨時臺灣舊慣調查會第一部調查第三回報告書》，第五四之七條，頁108。

〔註51〕臨時臺灣舊慣調查會，〈下寮庄郭草定等ノ有スル一股ハ更ニ之ヲ八份ニ分チ該八份ノ權利ヲ曾合信ニ賣渡タルモノ〉，《臨時臺灣舊慣調查會第一部調查第二回報告書》，第一五之五條，1906年，頁201～202。

〔註52〕臨時臺灣舊慣調查會，〈中寮庄陳黨陳墾等ノ有スル一股ハ之ヲ十份ト為シ該十份ノ權利ヲ曾合信ニ賣渡タルモノ〉，《臨時臺灣舊慣調查會第一部調查第二回報告書》，第一五之六條，頁203～204。同樣資料亦記載於《臨時臺灣舊慣調查會第一部調查第三回報告書》，頁108。

菱角五谷」，應以種植養殖與耕作兩者為主，內容物同於今日臺灣南部區域養殖魚蝦，作物則以菱角與穀類為主。此外，由上述埤仔頭港道南側界線「吳家灣港」，以及堤塘港道北側界線「朱厝廓排仔頭」，可以得知在埤仔頭與堤塘之間，至少有吳姓、朱姓等庄民定居，並在兩地設立港灣與排水道等設施，連結港道以利航行，且應為該地最重要之水利設施，需供應附近十三庄居民灌溉使用。

此外，由中寮與周邊庄頭共同開築的「木柵港」，為前述三庄庄民承襲祖父輩所共同開築之水道，並訂立條約說明盈利分配。由此也突顯此時期中寮庄與西側許中營、下寮等聚落因港道設置而關係密切，屬同一水利灌溉體系。而「木柵港」的發展，在十八世紀後半為一具備防汛功能的港灣；進入十九世紀後，日漸淤積而逐漸轉向「塘港式」的港道，需特別注意的是，光緒五年（1879 年）之埤仔頭庄陳典，於光緒十四年（1888 年）時已遷徙至苦中營庄，〔註 53〕其他庄頭也可能與上述情況相似，於廢庄以後移入鄰近其他庄頭的可能性相當高。〔註 54〕

（二）自然災害與庄頭存滅

而在道光三年（1823 年）後，因連續幾日的風雨，而發生洪患，迫使曾文溪流域氾濫，並有諸多庄頭在此次洪災中滅庄，並改變了原先臺江內海的面貌。〔註 55〕亦有文史學者依據臺灣民間傳說「嘉慶君遊臺灣」當中，將「從中寮走到木柵好麻豆。」訛傳為「從中寮敗到木柵好麻豆。」的說法指出，自道光三年臺江內海陸浮後，失去港灣機能，漸次衰廢。明清時道爺之西北有木柵村落，置木柵仔汛，此木柵街為北路之要道，屬新化里西保，曾為陸海交通之地，今尚存當時之船塢高地外，其他無存。〔註 56〕

然而，筆者自文獻史料當中並無發現明確「滅庄」之說，僅發現幾筆關於洪災之紀錄，如姚瑩的《東槎紀略》中云：「道光三年（1823 年）七月，臺灣大風雨，鹿耳門內，海沙驟長變為陸地。……當時但覺軍工廠一帶沙淤，廠中戰艦不能出入。乃十月以後，北自嘉義之曾文，南至郡城之小北

〔註 53〕應為許中營之台語音譯。

〔註 54〕臺灣省文獻會採集組，《臺南縣鄉土史料——耆老口述歷史》，南投：臺灣省文獻委員會，2000 年，頁 562。

〔註 55〕顏素麗，《臺南市安南區農田水利與聚落發展之研究》，國立臺南師範學院臺灣文化研究所碩士論文，2004 年，頁 2。

〔註 56〕盧嘉興，〈臺南縣古地名考〉，《南瀛文獻》第 6 期，1959 年，頁 1～20。

門外四十餘里，東自洲仔尾海岸，西至鹿耳門內十五、六里，瀰漫浩瀚之
區，忽已水涸沙高，變為陸埔，漸有民人搭蓋草寮，居然魚市。」〔註 57〕由
上述的範圍內可得知，當時木柵、中寮，與周邊相關聚落，可能皆處於洪災
範圍內。

因此，包含中寮在內的數個庄頭，是否在此次洪災中受到嚴重的毀損而
滅庄？這個答案可從幾處線索來推斷。首先，在今日安定保安宮內，存有一
「直加弄築岸碑記」（圖 449），為道光二十六年（1846 年）於直加弄地區修
建築堤時所立。其內容大致說明該地因曾文溪貫穿，時有水患，兩岸雖有堤
岸，卻仍於道光二十年（1840 年）間因豪雨沖蝕，地成滄海。士紳鳩集地方
捐資興工，重建堤岸，自此旱澇不再，望杏瞻榆。本件碑記即述此件事情經
過，並記捐款官紳、商號與業戶姓名、金額等。〔註 58〕其中，於立碑者中，
有「堤塘鄭就」、「中藔陳王」，以及「許中營張啟」等字樣。其中，「直加弄」、
「油車仔」、「嶺旗」，以及「港仔」等地，皆處當時安定里與新化里之間，即
中寮遺址西側公里範圍內之聚落，「堤塘」、「中藔」雖為新化里西堡之庄，但
透過共用的水利系統，與周邊分屬不同保的庄頭仍有互助關係。因此，透過
此件碑記可以得知，道光三年（1823 年）歐汪溪氾濫以後，在道光二十年
（1840 年）至道光二十六年（1846 年）之間，該區域各庄頭仍存在，生產活
動仍持續進行，且根據碑文，此水利灌溉設施惠及周邊庄社〔註 59〕。此外，
上述堤塘港道設立年代為道光六年（1826 年）八月，而立約條目開頭便提及，
買受人為「王甲庄盧禮」。其次，大道公聚落公廟新昌宮沿革所載，該廟為道
光九年（1829 年），由看西、道爺、橋頭、五間厝、大道公、宅仔內、大洲、
太爺庄、椰樹腳、三舍、番仔港、木柵、王甲等十三庄社信徒捐金 2000 元所
建，可以確定王甲與木柵二庄，至少在 1830 年代仍存在。也因如此，過去研
究中指出，中寮與木柵等聚落於道光三年（1823 年）洪災中滅村，可確認為
錯誤之理解。但仍不可否認，這些聚落確實受到洪水等自然災害影響，進而
導致經濟因素改變導致聚落衰敗而遷滅。

〔註 57〕（清）姚瑩，〈籌建鹿耳門砲臺〉，《東槎紀略》，臺灣文獻叢刊第 7 種，臺北：
臺灣銀行經濟研究室，1957 年，頁 30～31。
〔註 58〕黃耀東編，《明清臺灣碑碣選集》，南投：臺灣省文獻委員會，1980 年，頁 478
～479。
〔註 59〕臺南縣文獻委員會編，《臺南縣志附錄之一古碑志》，臺南：臺南縣文獻委員
會，1957 年，頁 129。

另一方面，前述光緒五年（1879 年）埤仔頭港道相關條約中，也提及合資者中包含中寮庄民。因此，相關的文獻證據都指向堤塘、王甲與中寮等聚落，並未在道光三年（1823 年）時的洪水所滅，這些庄頭仍持續延續至十九世紀末至二十世紀左右。唯一有滅庄紀錄的埤仔頭聚落，在光緒五年（1879 年）相關條目紀錄：「……原納埤仔頭庄福德爺香資銀壹大元，今因埤仔頭庄經已廢鄉，餘等相議，將此香資銀壹大元，改納公廟福安宮，已供天上聖母油香，……。」〔註 60〕可得知在光緒五年（1879 年）以前，埤仔頭庄已廢，因此將埤仔頭庄內的福德爺香火，轉納至公廟福安宮內。也大致可推定埤仔頭滅庄下限在光緒五年（1879 年）左右。

中寮西側的許中營聚落，曾於明治 28 年（1895 年）進行全面性的人口調查，記載清末許中營的人口數字大約在 635 人左右。〔註 61〕而在隔年明治 29 年（1896 年）三月，則有周邊其他地點庄頭的人口紀錄（表 8），〔註 62〕中寮聚落僅 17 戶 23 人，而東北側的新寮聚落，則僅存 6 戶 12 人。就《臺灣堡圖》中針對許中營與中寮、新寮等地的聚落範圍與規模大小來看，兩地皆明顯小於許中營，人口戶數也有極大差距，均顯示中寮、新寮等庄在十九世紀末期已相當衰敗，各項政治、交通等機能逐漸轉移至周邊較繁榮之城鎮，至於已完全滅庄的埤仔頭等聚落更是如此。

表 8：1896 年新寮、中寮、堤塘三庄戶口與人口數量統計表

	戶數	人數
新寮仔	6	12
中　寮	17	23
堤　塘	57	121

〔註 60〕臨時臺灣舊慣調查會，〈埤仔頭港及木柵港ヲ開築シタル三庄ノ者民間ニ成リタル合約字〉，《臨時臺灣舊慣調查會第一部調查第二回報告書》，第一五之一至三條，頁 197～200。同時載於臨時臺灣舊慣調查會，〈埤仔頭港及木柵港ヲ開築シタル三庄ノ者民間ニ成リタル合約字〉，《臨時臺灣舊慣調查會第一部調查第三回報告書》，第五四之一至三條，頁 103～104。

〔註 61〕土屋重雄，《臺灣事情一班》，臺北：臺灣日日新報社，1897 年，頁 276。

〔註 62〕同上註，頁 166。

圖447：《乾隆臺灣輿圖》
所標註之木柵仔

圖448：《重修福建臺灣府志》內
〈諸羅縣圖〉所標註之木柵仔

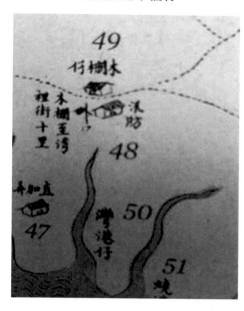
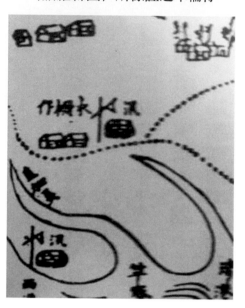

圖449：安定保安宮內「直加弄築岸碑記」

三、日治時期至光復初年（1895 年至二十世紀以後）

（一）主要發展

十九世紀末以後，臺灣進入日本統治時代，具準確測量性的地圖開始出現，以下章節將透過中央研究院人文社會科學研究中心地理資訊專題研究中心的《臺灣百年歷史地圖》系統，〔註 63〕以及日治時期以後所留下的相關地圖資訊，觀察各時期地圖中的紀錄，釐清二十世紀以後中寮地區的發展。首先是年代最早的 1898 年明治版〈日治二萬分之一臺灣堡圖〉（圖 450）中，可得知本區域於此時期仍稱「中寮」，並分為東西兩群聚落，東側規模稍大，而其東北側 1500 公尺處為「新寮聚落」，周邊已無如王甲、木柵等任何殘存聚落（見圖 450 中紅框處）。而在明治 37 年 11 月 12 日（1904 年）臺灣日日新報附錄──府報第千六百三十一號中，臺灣總督府所發佈的第百四十一條告示的「高等土地調查委員會二於テ裁決セシ土地ノ業主名」，乃由高等土地調查委員會所公布，紀載了關於當時屬臺南廳外武定里的新寮庄（即新寮）屬鄭參、鄭添、鄭勞、鄭錦等人所有，〔註 64〕因此可以明確得知這時期出現在地圖中的新寮聚落仍有居民，並仍具有土地交易等貿易存在，相對同樣紀錄在圖中的中寮聚落，應未完全廢庄，仍具有一定規模之居民存在。

到了大正二年（1913 年）此地發生了一次大水，在近年所記錄的一筆口述資料提及，該年番仔寮溪（潭頂溪）溪水暴漲，大水流過新市、潭頂等地，致使新港、羊樹下港，以及三舍庄港，每逢雨季水道遷移，下游大洲、木柵街居民苦不堪言，生活困難。〔註 65〕若根據該名耆老所述，大水竟衝擊已消失在地圖中的木柵街，而未影響周邊新寮與中寮等聚落，如此說法顯得有所矛盾。筆者認為此種說法應當被解釋為：「二十世紀以後中寮，應屬十九世紀木柵街之留存。」才能夠合理解釋存在耆老記憶中的木柵街，及其與中寮聚落的關係。

在 1899 年的〈日治四十萬分之一臺灣全圖〉（圖 451），以及 1905 年的

〔註 63〕中央研究院人文社會科學研究中心地理資訊專題研究中心，《臺灣百年歷史地圖》，網址：http://gissrv4.sinica.edu.tw/gis/twhgis.aspx#，點閱日期：2013 年 6月 13 日。

〔註 64〕臺灣日日新報──附錄：府報，第千百三十一號，1904 年 11 月 12 日，頁 64～77。國史館臺灣文獻館數位典藏整合系統，網址：http://ds2.th.gov.tw/ds3/，點閱日期：2013 年 7 月 19 日。

〔註 65〕臺灣省文獻會採集組，《臺南縣鄉土史料──耆老口述歷史》，頁 545。

〈日治十萬分一臺灣圖〉（圖 452）中，可能因此聚落規模過小的關係，地圖內皆無中寮等聚落之註記，（見圖 451、圖 452 中紅色虛線處），或者僅有農地與疑似小型水道等符號。至於其未有記錄的原因，可能與行政隸屬的更動有關，如明治 38 年 12 月 1 日（1905 年）臺灣日日新報附錄——府報第千八百七十三號中，臺灣總督府所發佈的府令第八十九號：同樣由臺灣總督府所發佈的「廳位置及管轄區域」中，〔註 66〕劃定新化里西堡轄有三舍、道爺、看西、橋頭、大洲等庄；而新化西里則轄有新店、社內、番仔寮等庄，以及新市街，至於十九世紀末的木柵、中寮與王甲等庄之名稱，已不再出現。此外，大正 2 年 07 月 10 日（1913 年）所公布的「製糖場原料採取區域變更」公告〔註 67〕，則明確指出了 1913 年以後，原屬新化里西堡看西庄的部分區域，已成為當時三崁店製糖所（今日永康糖廠）的原料採取地，這點與臺南科學工業園區成立以前，中寮、木柵等地佈滿甘蔗田有密切的關係，反映了此時地圖繪製時聚落註記。

至 1920 年總督府土木局的〈日治五萬分之一地形圖〉（圖 453）中，中寮遺址仍維持東西兩聚落狀態，規模與周邊環境改變並不大，值得注意的是，圖像中的中寮聚落周邊，有非農耕符號標示的空白區域，可能屬埤塘或港道等相關設施。

在 1921 年的〈日治二萬五千分之一地形圖〉中（圖 454），原先稱为「中寮」的聚落，自此開始已更名為「中寮」，此外，由於比例尺放大的緣故，周邊環境狀況則也相對更為細緻（見圖中紅框處），可以判讀東側聚落伴隨著兩組埤塘或水道（藍框處），對應於前章討論之十九世紀該地的港道遺存。而西側聚落南端，則有一祀神廟宇（綠框處）。

此外，同樣的現象也出現在 1921 年大正版的〈日治二萬分之一臺灣堡圖〉中（圖 455），兩地的地名皆將「寮」字改為「寮」，而中寮周邊水塘所涵蓋的區域，比起先前來的更為廣泛（見圖 454 中紅框處），南端的祀神廟宇可以詳細辨識，坐落於看西聚落與中寮聚落之間（綠框處）。

在 1924 年的〈日治三十萬分之一臺灣全圖第三版〉（圖 456），剛好地處善化庄的坐駕與新市庄道爺的界線上，無詳細聚落訊息。但在同年陸地測量

〔註 66〕臺灣日日新報——附錄：府報，第千八百七十三號，1905 年 12 月 01 日，頁 1～18。國史館臺灣文獻館數位典藏整合系統，網址：http://ds2.th.gov.tw/ds3/，點閱日期：2013 年 7 月 19 日。

〔註 67〕同上註，第二百六十四號，1913 年 07 月 10 日，頁 35。

部的〈日治五萬分之一地形圖〉（圖 457），中，仍可見到分屬東西兩群的中寮聚落，聚落範圍與前述地圖相比，並無太大更動，而此時將新寮聚落記為「太爺庄」（見圖 458 中紅框處）。

1939 年的〈日治三十萬分之一臺灣全圖第五版〉（圖 458），則歸屬新市庄的看西，無詳細聚落註記。

1944 年的〈美軍五萬分之一地形圖〉（圖 459），則將此地標記兩點標為「Curyo」，應該為日文「チヨ」的英文譯音，東北側的新寮則被標記為「Taiyasho」（見圖 460 中紅框處）；在爾後的 1956 年〈土地利用及林型圖〉，與 1970 年的〈蘇聯二十萬分之一地形圖〉（圖 460）兩圖中，該區域都呈現空白狀況。然〈蘇聯二十萬分之一地形圖〉中，仍有未標識地名之聚落註記點，經套疊後，可確認該二註記點仍屬中寮聚落，西側則有許中營聚落（Hsu-chung-ying）（見圖 460 中紅框處）。

在 1985 年的〈二萬五千分之一經建版地形圖第一版〉中（圖 461），藉由圖中標記，已可明確得知，中寮與新寮兩聚落已經完全消失，原先兩地聚落

圖 450：1898 年明治版〈日治二萬分之一臺灣堡圖〉

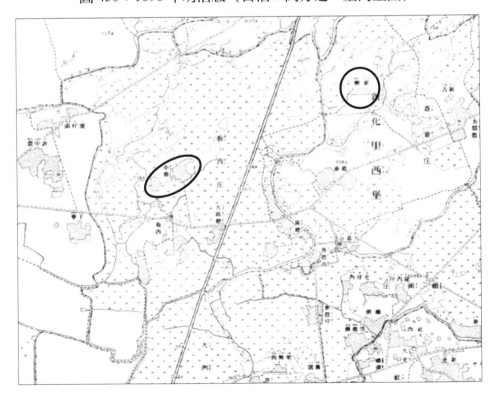

圖 451：1899 年〈日治四十萬分之一臺灣全圖〉

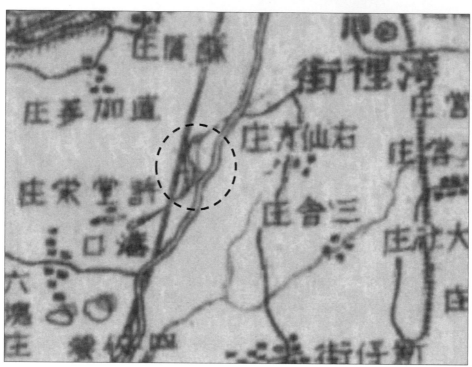

圖 452：1905 年〈日治十萬分一臺灣圖〉

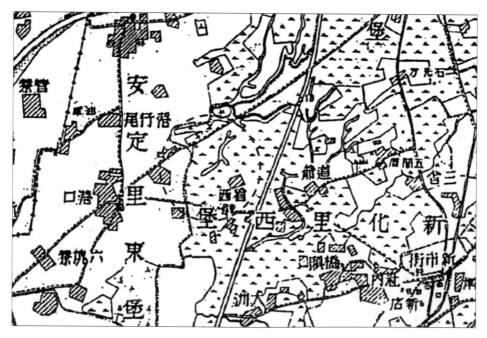

圖 453：1920 年總督府土木局〈日治五萬分之一地形圖〉

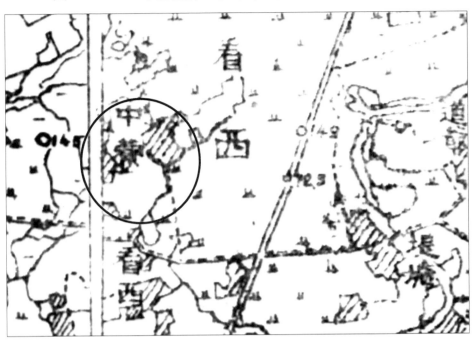

圖 454：1921 年〈日治二萬五千分之一地形圖〉

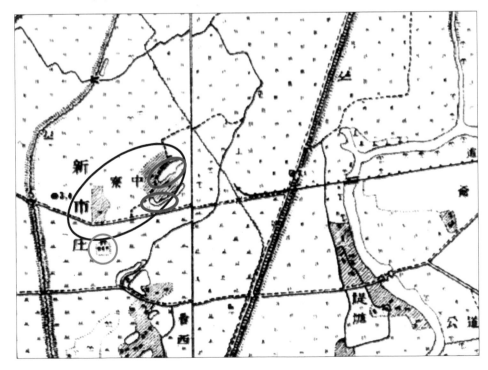

圖 455：1921 年大正版〈日治二萬分之一臺灣堡圖〉

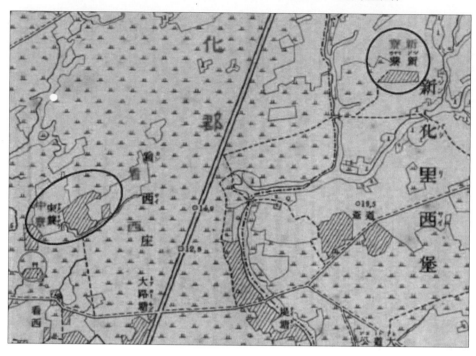

圖 456：1924 年〈日治三十萬分之一臺灣全圖第三版〉

圖 457：1924 年〈日治五萬分之一地形圖〉

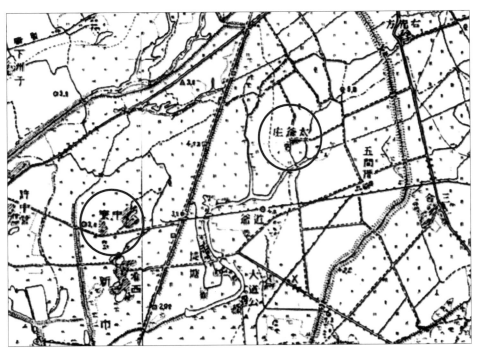

圖 458：1939 年〈日治三十萬分之一臺灣全圖第五版〉

圖 459：1944 年〈美軍五萬分之一地形圖〉

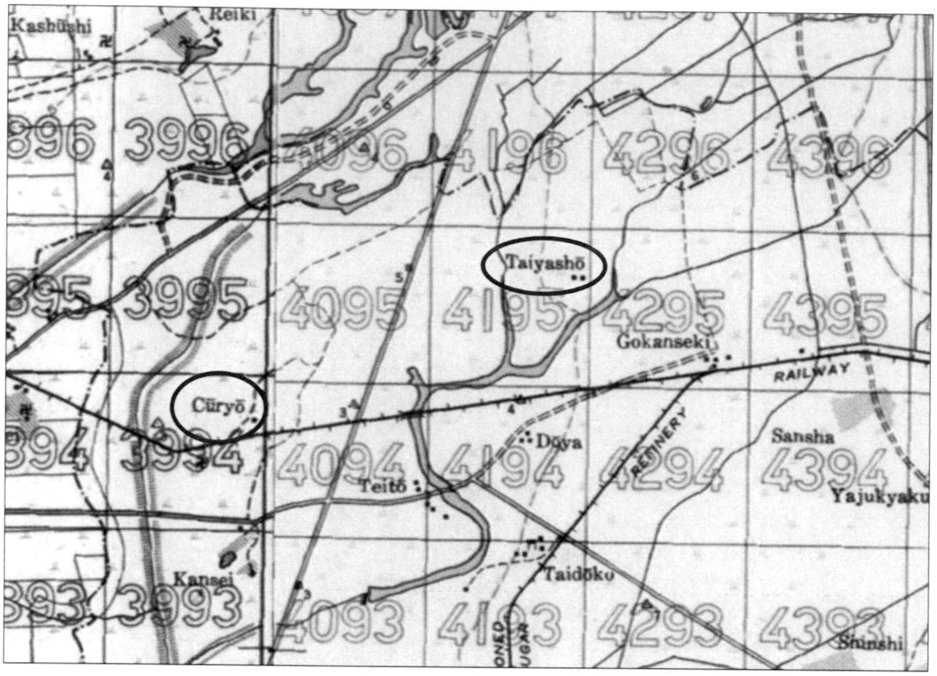

圖 460：1970 年〈蘇聯二十萬分之一地形圖〉

圖 461：1985 年〈二萬五千分之一經建版地形圖第一版〉

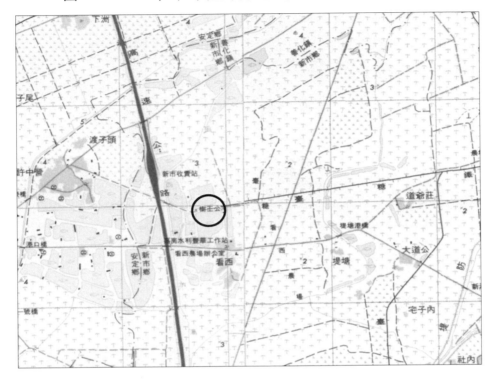

地，已盡屬新市鄉臺糖看西農場用地。而前述之廟宇註記地點，已有確實標定廟宇名稱：「樹王宮」（見圖 461 中紅框處）。關於古木柵地區廟宇相關紀錄，則留待本節第三部分討論。

　　而在近年的地圖中，如 1987 年的〈臺灣十萬分一地形圖〉、1990 年的〈五萬分之一經建版地形圖第一版〉、1992 年的〈二萬五千分之一經建版地形圖第二版〉、1996 年的〈五萬分之一經建版地形圖第二版〉，以及 1998 年的〈五萬分一經建版地形圖第二版〉等圖中，位於看西以北舊中寮聚落周邊地貌，則無太大的變化，可得知在 1985 年至 2005 年該地甚無改變。

（二）行政管理機關

　　根據本地耆老描述，木柵地區的管區（派出所）最早設立在木柵一帶，位於東北往西南延伸的「雙縣街」上，幾經兵災與霍亂後，先是遷往中寮庄辦公；然後再遷於太爺庄內，最後在民國二十九年，才將管區遷到新市街上。〔註68〕至於確切的文書紀錄在大正 3 年 04 月 14 日（1914 年）公佈的

〔註68〕廖倫光，《臺南科學園區內的「敗庄」故事體系》，頁 26～27。

「臺灣度量衡規則施行規則第四十五條二依リ度量衡器第一種臨檢ノ件」
中，[註69] 稱新化里西、新化里西堡與新化北里諸庄，直屬警察機關為「大
目降支廳」。若根據中央研究院的「臺灣歷史文化地圖核心應用系統」中的
「臺灣堡圖警官派出所」圖所顯示（圖462）。[註70] 而依照大正九年（1920
年）九月一日，州知事枝德二臺南州告示第五號所公告之警察派出所劃分與
管理區域顯示，新市庄有新市警察官吏派出所、看西警察官吏派出所，以及
大社警察官吏派出所，其中看西、道爺，以及大洲等地由看西派出所所轄。
[註71] 由上述紀錄可以得知，1895 年至 1932 之間，該區域確實有派出所存
在，但其地點位於看西庄北側，距中寮聚落約 500 公尺，期間並無其他相關

圖462：臺灣歷史文化地圖套疊臺灣堡圖與日治時期警察機關分布圖

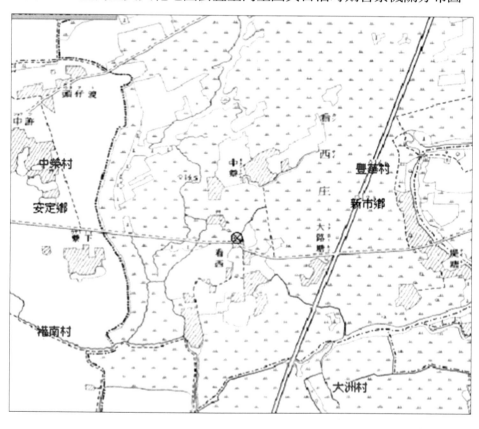

<hr>

[註69] 臺灣日日新報——附錄：府報，第四百六十五號，1914 年 04 月 14 日，頁 35。
[註70] 中央研究院，《臺灣歷史文化地圖》，網址：http://thcts.ascc.net/，點閱日期 2013/7/19。
[註71] 新市鄉公所編，《新市鄉志》，臺南縣：新市鄉公所，2006 年，頁 605。

警察機關設置之紀錄。其次鄰近者即為港口村與位於新市村之「大目降支廳」。相關案例如明治三十五年（1899年），由大目降支廳中島警部為解決堤塘港紛爭所公佈之諭告書稱：「一提塘港內竹筏渡場五箇所，個濶三丈，自舊來現存之場所行渡。前二項，別紙圖面表示之箇所，受大目降支廳之監示。」〔註72〕

因此，筆者推測古木柵聚落的行政管理機關演變如下：由前一節文獻紀錄中所得知，木柵聚落在十八世紀以來，即設有水汛駐防，然經十九世紀數次洪災之後，可能已無水汛之需要，進入二十世紀以後，早先設立在木柵地區之管理機關早已消失，故僅有鄉民口耳相傳零星記憶。進入日治時期以後，僅存的中寮與新寮諸庄，則隸屬看西庄之派出所管轄，直屬機關則為「大目降支廳」，即耆老記憶中位木柵雙縣街上的派出所，由此可推論，中寮至看西一帶的聚落，可能就是所謂的「木柵」「雙縣街」。

（三）宗教信仰與廟宇

於本節第一部分曾提及，位於中寮聚落與看西聚落之間，曾存在著一名為「樹王宮」之廟宇，根據當地耆老描述，木柵庄內早年築有供奉玄天上帝的草寮小廟，即所為的王爺廟地。〔註73〕地方文史工作者亦有相關記錄，指出本區域由於設立科學園區之故，新市鄉公所於2004年9月接受南科管理局的委託，將園區境內廟宇祠堂遷移至今日南科新港堂內供奉，總計13座。〔註74〕其中有三間位於木柵與中寮鄰近地區，分別為新港「樹王公」小祠、木柵「萬姓公」小祠，以及中寮「什姓公」小祠三座。〔註75〕新港「樹王公」小祠，與位於大洲排水南邊的「大聖公」小祠相距約一公里。根據當地耆老敘述，該廟設置於新港西，廟號為「樹王公祠」，供奉樹王公，屬枯骨崇拜，為一大榕樹下的小祠；〔註76〕木柵「萬姓公」小祠，該祠原址並未詳細註明，僅記「坐落在左、右、後三面圍繞的巨大茄苳樹內」，為墓祠合一，為周邊農

〔註72〕臨時臺灣舊慣調查會，〈前契買受者吳子周卜附近十三庄民卜ノ問二成リタル和解書〉，《臨時臺灣舊慣調查會第一部調查第三回報告書》，第一七之九，頁223。

〔註73〕廖倫光，《臺南科學園區內的「敗庄」故事體系》，頁26～27。

〔註74〕財團法人樹谷文化基金會，〈走踏新港西訪察台江東岸的雪泥鴻爪〉，頁17。

〔註75〕許獻平，〈重返南科13座有應公廟歷史現場〉，《臺南文獻》，創刊號，2012年，頁117～129。

〔註76〕同上註，頁124～125。

地開墾時發現之無主枯骨所建之墓塚，並於墓塚前建祠祭祀，以「萬應公伯」呼之；〔註77〕中寮「什姓公」小祠，位於今樹谷大道西側，王甲路南側。依其地理位置判斷，上述新港新港「樹王公」小祠，應為前述中寮聚落南側之祀神廟宇「樹王宮」。

「樹王宮」建祠年代約為二十世紀前半，由該地農民葉金清（1909 年生）所建造。上述三所小祠皆無祭典日，乃由附近田主農民不時於三節、年節、下冬與收成時祭拜。其餘二廟年代也大抵在十九世紀後半至二十世紀前半左右，〔註78〕多落在清代晚期至民國初年，雖然目前尚未有古木柵聚落年代較早的廟宇文獻紀錄，但根據出土遺物中，仍可見香爐等供俸器具遺留，顯示古木柵聚落自古以來，即具有一定的宗教祭祀傳統。

〔註77〕許獻平，〈重返南科 13 座有應公廟歷史現場〉，《臺南文獻》，創刊號，2012年，頁 128。

〔註78〕同上註，頁 129。

肆、遺址出土現象觀察與分析

中寮地點周邊有諸多聚落，這些聚落或大或小，族群的組成有所差異，形成與消失的年代也不盡相同，（表8）[註1] 筆者曾於 2010 年期間，參與整理南科園區液晶專區範圍內各漢人遺址出土陶瓷器，除中寮遺址外，針對王甲、木柵、埤仔頭、堤塘、旗杆地東等遺址出土陶瓷器皆有所接觸。因此以下將根據前述文獻紀錄，以及比對各遺址間出土材料，與地層堆積狀況，同時對照環境地理現象，進一步推定古木柵聚落之可能範圍。

首先，必須先釐清各遺址間的距離，以 1895 年的臺灣堡圖作為基礎，以今日已消失的中寮聚落為中心，向南 500 公尺處為看西聚落，大路塘則緊鄰看西聚落東側；中寮東南側約 700 公尺處為提塘聚落，再向東南 200 公尺為大道公與珠厝角，再向東南 1000 公尺，即為以社內聚落為首的新港社聚落；向東 1500 公尺左右為道爺聚落；朝北 500 公尺為王甲，再 500 公尺為木柵；朝東北 1500 公尺則為新寮聚落；向西 1000 公尺處，由北向南分別為渡仔頭、許中營、下寮等聚落。（圖 463）而埤仔頭遺址東側屬樹谷西界排水溝邊坡及道路推縮緣帶，因此東側與中寮遺址接壤處仍有部分保留區尚未發掘，亦有部分可能遭破壞。此外，各聚落間距離極短，由最東北側之木柵，至最西南端埤仔頭僅有 1500 餘公尺，但這之中卻包含木柵、王甲、中寮、埤仔頭等四個庄頭，各庄之間距離未免過於短小；此外，今日所探測的遺址範圍，範圍最大的木柵與埤仔頭，也僅有 50000 平方公尺（表 9）。

這些跡象與象徵熱鬧的「雙縣街」之稱呼，有著明顯的差距，因此筆者認為，這些極為鄰近的聚落，應當具有更為緊密的關係，文獻中所指出的塘

[註 1] 中寮地點周邊聚落起始與消失年代可參照本論文第肆章第五節。

汛、橋梁，以及可航行的港道，顯示古木柵聚落腹地更為寬廣，今日所看到的這些聚落，可能為當時古木柵聚落內的一部分。

表9：中寮遺址與周邊漢人遺址相關資訊表

遺　址	行政例屬	座　　標	遺址範圍
木　柵	新市區豐華里	2°TM：E174699×N2556215m 東經 120°15'23"；北緯 23°6'22"	50000 m²
王　甲	新市區豐華里	2°TM：E173380×N2555780m 東經 120°14'58"；北緯 23°6'7"	12000 m²
埤仔頭	新市區豐華里	2°TM：E174699×N2556215m 東經 120°15'23"；北緯 23°6'22"	50000 m²
旗竿地東	新市區豐華里	2°TM：E173984×N2555715m 東經 120°15'29"；北緯 23°6'5"	30000 m²
新　寮	新市區豐華里	2°TM：E175745×N2555935 東經 120°16'30"；北緯 23°6'12"	15000 m²
堤　塘	新市區豐華里	2°TM：E173880×N2554820m 東經 120°15'25"；北緯 23°5'36"	15000 m²

圖 463：中寮遺址與周邊遺址位置套疊臺灣堡圖

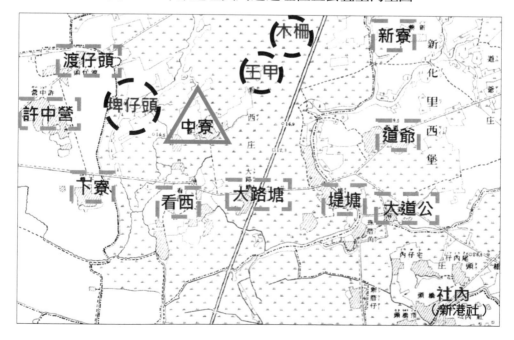

一、時代與人口分佈特徵

中寮地點於發掘期間，根據遺物的分布現象與工程需要，發掘探坑呈東西長條形分布，根據發掘平面圖可得知幾點訊息：灰坑多集中 Q6、R6、S6，以及 T6 等地；遺址西側與南側 I8、I6、K2、O5、P5，以及 U6 等地，有數組渠道結構遺留；東西兩側各有數組探坑出現密集磚瓦堆積現象（圖 464）。透過中寮遺址出土遺物分布現象與遺物對應年代交叉比對，並透過各發掘區之統計結果，可以得出各年代斷點所屬瓷器集中趨勢，藉以進行更進一步的討論與分析。因此，本節主要透過發掘平面圖與出土瓷器統計進行交叉比對，藉由遺物的年代分期，可個別針對各個時期進行現象描述，得到認識如下：〔註2〕

1. 十七世紀中期，大約西元 1662 年以後，開始有人口移入，初始定居地點，應屬 U6 與 U7 範圍，而在周邊 T6、U8 等地也有零星出土紀錄。這時期出土遺物，主要為十七世紀中期日本肥前與閩南漳州窯等地生產之青花瓷器為主，所屬年代大抵落在 1650 至 1660 年左右，推測這時所移入的人口，如前章節所述，為明鄭勢力進行屯墾期間進入此區域之可能性最高。而定居地點之選擇，與水源分布具有極為密切之關係。本次發掘中於鄰近 U6、U7 西側之 T6 區 T8P4L44 處，出土一長約 4 公尺，寬 1 公尺的磚砌水井（圖 472、473，位置見 465 圖中標示），水井是聚落空間的一項重要指標，漢人進入開墾以後，利用新式的技法與技術開鑿水井，藉以利用水資源從事各項生業活動，聚落空間以水井為中心隨之發展。此水井一磚砌結構來看，可能屬十八世紀以後之建材，但仍不能排除該井修築自更早期階段的汲水結構。而在西南端的 K2 地區，也有發現十七世紀中期的遺物，雖僅發現一件，但仍顯示中寮遺址在十七世紀中期的人類活動範圍，可能不只有東南側的單一地點（圖 465）。

2. 十七世紀後半以後，大約在西元 1662 至 1682 年左右，在出土瓷器的數量上明顯倍增，分佈區域也隨之擴散，開始向北側延伸，顯示此期間人口應有所成長，此時期所出土的瓷器，主要以福建漳州窯為主的青花與彩瓷為主，伴隨少數的江西景德鎮窯產品，同時也有發現記年瓷器。由圖中所示，原先的 U6、U7 地點出土瓷器數量也由原先十數件增加至三位數，原先築有

〔註 2〕以下圖表皆改自圖 448，中寮遺址探坑配置與現象分布圖。（臧振華、李匡悌等，2012：283）

水井的 T6 地區也有所增長，並拓展至北端的 U9 地區。西南與西北分別出現瓷器密集現象，西南側以 K2 與 L5 兩點為主，西北側則以 I7、I8 兩處為主，顯示這些區域可能有較高密度的人口定居。然而，根據此時期出土遺物的數量，聚落規模仍然不大，可能僅有數戶人口定居在上述三處，而東西兩側的聚落規模一有差距，但可確定的是，人群移動範圍相較於十七世紀初已開始擴大。此外，關於西側聚落的人口來源，距前一階段僅有短短的二十餘年，屬外來移民可能性較高（圖 466）。

3. 至十七世紀末，大約在 1683 年以後到十八世紀初期期間，政治情況改變，古木柵聚落人口開始大量增加，從統計分布圖來看，自十七世紀中以來的東側聚落，此時期範圍已經擴大至 T6、U6、U7、U8 等區域；西側的 L5 地點也開始有所成長，原先南端的 K2 地點略有北移，以 K3 區域更具集中現象；I7、I8 則未有太大改變，亦穩定成長中（圖 467）。

4. 十八世紀初期至十九世紀初期，為古木柵遺址發展的高峰期，在這個階段，遺址內各個地點人口增加率達到最高，應以社會增加率為主，移民應來自於閩南漳州、泉州移民為主，[註3] 觀察此時期的統計分布圖可以發現，東側聚落進一步擴大，北側拓展至 U9、西側延伸至 R6，疑似與另一聚落接壤，東側亦開拓至 V9 地區，形成一大型聚落；西側部分，I8 地點仍屬集中區域，其南側 I4 地點則為新興的聚落地點；南端 K2、K3、K4、K5、L5 等地，不僅發現大量瓷器遺物遺留，也有建築用磚瓦出土的現象（圖 474），可能於該地發展成為一較為集中之聚落；在東西兩端之間，P5 地點亦有所發展。此外，在 U8 與 U7 之間，密集的出現各式瓷偶應並非偶然現象，此地可能有某種特定的收集模式。而總體來說，東側出現的非餐飲用器，包含燈具、祭祀用爐等器具，明顯多於西側，可能與聚落內人口密集聚，以及聚落形成年代差異有關。爾若透過前章節所述史料可得知，中寮地點在十九世紀初期開始開築各式灌溉、航行，以及養殖用的水圳港道，而在發掘的過程中，透過觀察地層變化可得知，中寮地點西側的 I8、I6，南端的 K2，中心區域的 O5、P5，東側的 U6 等地點，都有發現水圳渠道的殘留遺構，若比對渠道與遺物密集區，可發現兩者分布區域產生重疊現象，可以理解為水圳渠道與人口分布區有有極為密切的影響。然而，依然有部分未設置圳渠的區域，依然具有高度集中現象，可能與聚落範圍與發展有關，因此可以確定的是，十九世紀以後開拓

〔註 3〕臺灣省文獻會採集組，《臺南縣鄉土史料——耆老口述歷史》，頁 535。

圖464：中寮遺址探坑配置與現象分布圖

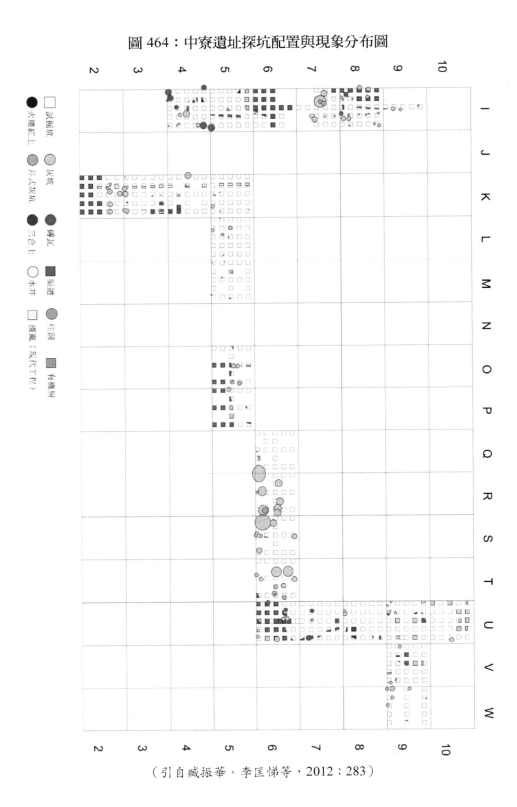

（引自臧振華、李匡悌等，2012：283）

圖 465：中寮遺址出土十七世紀中期瓷器分布圖

圖 466：中寮遺址出土十七世紀後半瓷器分布圖

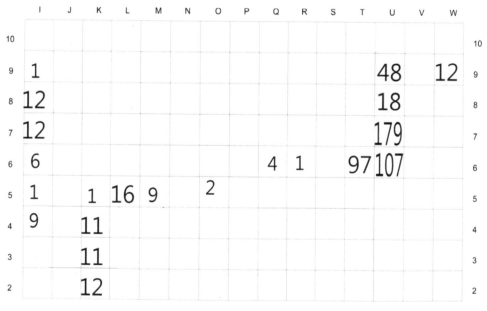

圖467：中寮遺址出土十七世紀後半至十八世紀前半瓷器分布圖

圖468：中寮遺址出土十八世紀後半至十九世紀前半瓷器分布圖

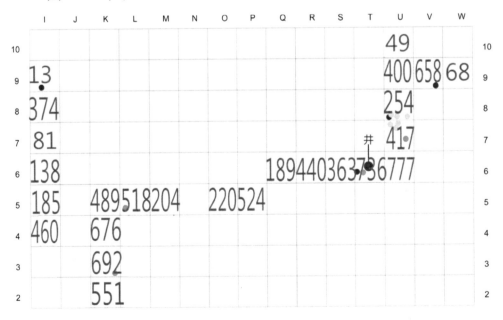

圖 469：中寮遺址出土十九世紀後半至十九世紀末瓷器分布圖

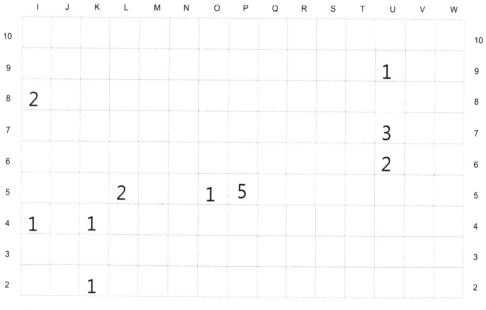

圖 470：中寮遺址出土二十世紀以後瓷器分布圖

的渠道，是依照聚落分布地點而設計的，藉以便利的航運連結分散於各地的聚落，而這一點也符合文獻中對於港道分布範圍，多與姓氏聚落名稱有關的現象（圖 468）。

5. 歷經十九世紀二〇年代的諸次大型自然災害、謀生困難，以及周邊目加溜、新港社等大型聚落的強大拉力，根據推拉理論（Push and Pull Theory）的解釋，古木柵聚落各地點的人口開始大量外移。此時期的統計分布圖顯示，僅剩西側 I8、南端 K2、中心區域 O5、P5 等地點較為集中，且數量上已完全無法和前期比擬，形成一明顯落差，可明顯觀察出古木柵聚落進入十九世中以後的快速衰落。至於各地點出土相關時期遺物數量急速萎縮的現象，可以明確對應前章節史料的記述，故古木柵遺址各地點的居民，確實有向周邊聚落遷移的現象（圖 469）。

6. 二十世紀以後，古木柵聚落近完全消失，僅存少數聚落殘存，甚至可能已無法用「聚落」稱之。透過統計分布圖顯示，僅東側 U6、U7 與心中 P5 兩處，發現零星的遺物遺留，但數目皆在 5 件以下，顯示日治時期至臺南科學園區設立而徵收的這段期間，人口可能僅存少數幾戶，與先前人煙阜盛的狀況大相逕庭。而此階段遺物數量稀少的原因，除人口遷徙外，可能還包括徵收時的原住戶的計畫性遷移、徵收後土地的利用，以及發掘其間的佚失等（圖 470）。

圖 471：
中寮遺址出土水井

圖 472：
中寮遺址出土水井

（引自臧振華、李匡
悌等，2012：294）

（引自臧振華、李匡悌等，2012：295）

圖 473：中寮遺址 K4 區探坑 T8P0 出土之磚瓦堆積

（引自臧振華、李匡悌等，2012：293）

二、物質文化詮釋生活樣貌

　　中寮地點出土大量的物質文化遺存，無論從材質、功能等方面都有極大的差異，這些差異反映了當時古木柵遺址漢人文化的各種面向，因此，藉由各類出土遺物的面貌，可清晰呈現明鄭至清代此地漢人的生活樣貌。以下就餐飲習慣、民生用器、醫療用品、手工業生產器具、生活照明、遊戲與博弈、宗教祭祀、奢侈型銷費，以及商業活動等議題，提出實際出土案例，並實際討論其特徵與內涵。

（一）餐飲用器

　　鄭氏以後的古木柵聚落，主要係以漢人移民所組成，而此地漢人所使用的日常餐飲用器，與臺灣其他漢人遺址差異不大，以青花瓷器為大宗，伴隨部分加彩瓷與色釉瓷器，器類主要以碗、杯、盤、匙為主，裝飾主題豐富，從花草、人物、山水、文字，到瑞獸、祥禽等各式形象皆有，伴隨貼花、刻花等裝飾技法。這些風俗習慣，與各地華人文化圈一致，顯示古木柵聚落居民的精緻飲食習慣，與普遍漢人文化一致。而這些餐飲用瓷器的產地來源，經前章節統計，確實如同連橫在其著作《臺灣通史》中所稱臺地：「盤盂杯碗

之屬，多來自漳、泉，其佳者則由景德鎮。」〔註4〕以閩南窯場為主要進口的陶瓷器，具有交通與價格等雙重優勢，成為臺灣各地移民的最佳選擇。〔註5〕而十七世紀末緊鄰海岸線的中寮等地，可能扮演了嘉義以南，臺南府城以北的零星聚落輸入外來貿易陶瓷分銷的集散地之一。

埤仔頭地點出土宜興壺蓋（圖 474），〔註6〕以及新寮地點的大量宜興陶壺，〔註7〕，雖僅出土十數件，但仍可反映移民臺灣的漢人，可能延續原鄉的成熟茶文化，將原先用以飲茶的專用宜興茶具輸入臺灣並持續使用，其中不乏製作精良者，包含各式朱泥與紫砂器，〔註8〕以及如中寮遺址出土的青瓷茶盤等（圖111），如同清代俞蛟《夢廠雜著》〈卷十・潮嘉風月〉中所描述：

> 工夫茶，烹治之法，本諸陸羽《茶經》，而器具更為精緻。爐形如截筒，高約一尺二三寸，以細白泥為之。壺出宜興窯者最佳，圓體扁腹，努咀曲柄，大者可受個升許。杯盤則花瓷居多，內外寫山水人物，極工致，類非近代物。然無款志，制自何年，不能考也。爐及壺、盤各一，惟杯之數，則視客之多寡。杯小而盤如滿月。〔註9〕

1832 年編修的《廈門志・風俗記》云：「俗好啜茶。器具精小，壺必曰孟公壺，杯必曰若琛杯。……。名曰工夫茶，或曰君謨茶之訛。……。」〔註10〕以及《閩雜記》中也說：「漳泉各屬，俗尚功夫茶。茶具精巧，壺有小如胡桃者，曰孟公壺，杯極小者名若琛杯。茶以武夷小種為尚，有一兩值番錢數圓者。」〔註11〕都一再顯示茶道中，極為重視茶具的精細程度。而臺灣本地的狀況則可見連橫的《雅堂先生文集》：「台人品茶，與中土異，而與漳泉潮相同，蓋台多三洲人，故嗜好相似。茗必武夷，壺必孟臣，杯必若琛，三者為

〔註4〕 連橫，《臺灣通史》，〈卷二十六・工藝志〉，臺灣研究叢刊 128 種，臺北：臺灣銀行經濟研究室，1962 年，頁 644。

〔註5〕 盧泰康，〈閩商與臺灣發現的閩南貿易陶瓷〉，《考古學視野中的閩商》，北京：中華書局，頁 124～125。

〔註6〕 臧振華、李匡悌等，《考古遺址受開發影響部分搶救發掘計畫報告》，頁 261～262，圖版447。

〔註7〕 朱正宜、陳俊男等，《新寮遺址搶救發掘研究計畫期末報告》，頁 62～63。

〔註8〕 盧泰康、李匡悌，《發現臺南水交社墓葬群》，頁 190～192。

〔註9〕 俞蛟，《夢廠雜著》，上海：上海古籍出版社，1988 年，頁 372～373。

〔註10〕（清）周凱纂，《廈門志》臺灣文獻叢刊第095種，卷15，風俗記，臺北：臺灣銀行經濟研究室，1961 年。

〔註11〕（清）施鴻保，《閩雜記》臺灣文獻叢刊第216種，卷10，臺北：臺灣銀行經濟研究室，1965 年。

品茶之要。非此不足自豪,且不足待客。」〔註12〕顯示臺地飲茶習慣由於移民人口組成多以漳州、泉州,以及潮州等地為主,故飲茶習慣大多相同。

　　此外,飲酒文化也頗為興盛,如埠仔頭地點出土白瓷酒瓶塞(圖475);〔註13〕木柵等地點出土的各式注壺等(圖476),〔註14〕顯示古木柵聚落飲酒文化極為流行,各式酒具齊全,如同《臺灣生熟番紀事》內之臺灣竹枝詞載:「臺歌云:『臺灣錢,臺灣酒;臺灣不酒,不得過海』。」〔註15〕表現出臺灣尚飲酒之狀況。

圖474:埠仔頭地點出土宜興壺蓋	圖475:埠仔頭地點出土白瓷酒瓶塞	圖476:木柵地點出土細胎醬釉帶繫注壺
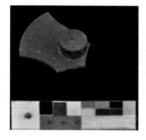	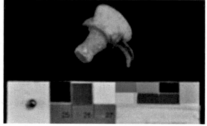	

　　傳統漢人的飲食習慣以米食為主,多以碗盛飯,盤盛菜,因此,餐飲用器以杯、碗、盤等用器為多。這個現象在中寮地點出土遺物中亦相當明顯,該地點所出土的餐飲用器,不論在數量或器型方面,皆相當豐富且完整,包含碗、杯、盤、匙、蓋等不同器型,其中又以碗的數量最高,占總數七成以上,盤類次之,杯類第三,其餘蓋、匙等類器型,數量始終維持在最小的程度。(表9)。

　　此外,餐飲用具在數量與重量的統計方面,在明鄭時期至清代初期階段,有明顯上升的趨勢,進入清代後期以後,數字則呈現急速上升的現象(圖477、圖478),尤其以碗類器型的數量最為明顯。如此劇烈的差距,除了顯示漢人獨特的飲食習慣,與周邊的平埔族西拉雅群有著極大的差異,也

〔註12〕連橫,《雅堂先生文集》,收於沈雲龍編,《近代中國史料叢刊目錄(第二編)》,臺北:文海出版社,1966年。

〔註13〕臧振華、李匡悌等,《考古遺址受開發影響部分搶救發掘計畫報告》,頁256～257,圖版433。

〔註14〕同上註,頁431,圖版745。

〔註15〕黃逢昶、吳光亮、王凱泰,《臺灣生熟番紀事》,臺灣文獻叢刊第51種,南投:臺灣省文獻編輯委員會,頁31。

間接顯示了進入清代晚期，中寮與周邊聚落應該面臨人口急遽暴增，所需資源日益增加的階段；而日治時期以後，數量迅速暴跌，數量與重量上不及清代後期的百分之一，表示日治時期的中寮與周邊聚落雖僅有零星活動，但規模遠不及清代時期的規模，此外，中寮聚落衰敗的時間點應早於日本統治臺灣（1895 年）以前，在碗、杯、盤這一類基本民生用品的數量上，才會有如此劇烈的變動。

表 10：中寮地點出土餐飲用器統計表

	十七世紀中至十七世紀末	十七世紀末至十八世紀前半	十八世紀後半至十九世紀末	十九世紀末至二十世紀
碗	533	1885	7683	20
	16088 (g)	37516.83 (g)	94856.06 (g)	288.5 (g)
杯	49	152	575	2
	583.1 (g)	1455.19 (g)	3501 (g)	21.9 (g)
盤	116	153	1095	2
	3925.59 (g)	2221.16 (g)	15044.57 (g)	31.60 (g)
其他	0	17	81	0
	0	167.15 (g)	625.34 (g)	0

圖 477：中寮地點出土餐飲用器件數統計直條圖

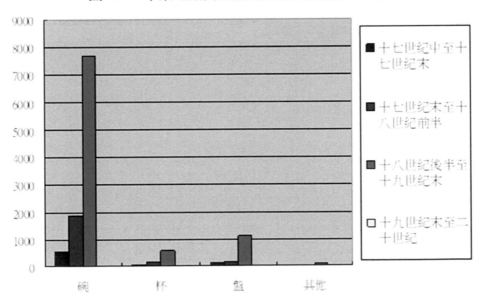

圖 478：中寮地點出土餐飲用器重量統計直條圖

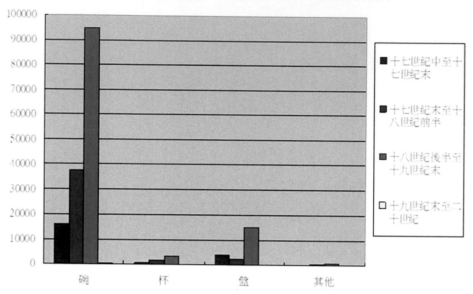

（二）裝盛與炊煮用器

除了具有飲食功能的碗、杯、盤、匙的陶瓷用器外，尚有尺寸較為粗大的盆、缸、罐等容器，這些盆、缸、罐等雖有品質差異，但尺寸齊全，價格低廉，往往用予儲藏、裝盛各式食物、水源，以及各式民生用品，其中不乏精緻者，如新寮地點出土花草紋花口青花罐。〔註 16〕除裝盛用器以外，亦有其他各式功能的陶瓷器，如王甲地點出土紅胎廚腳墊（圖 479），〔註 17〕這類廚腳墊在臺南歸仁有數件出土案例，係當時居民在沒有現代化學與電子產品的情況下，利用自然方法克服蟲害問題，以維持餐飲衛生與保存問題，充分表現出清代漢人古老智慧的結晶。此外，亦有出土煎壺與山形爐等相關製作藥材器具，如木柵地點出土一黃胎煎壺（圖 480）；〔註 18〕王甲地點亦有發現煎煮用之山形爐（圖 481）；〔註 19〕新寮地點的大量白胎煎壺與紅胎山形爐，〔註 20〕這類煎壺在堤塘地點〔註 21〕與旗桿地東地點〔註 22〕亦有所見。顯示各

〔註16〕朱正宜、陳俊男等，《新寮遺址搶救發掘研究計畫期末報告》，頁 152，圖版 168。

〔註17〕同上註，頁 59，圖版 120。

〔註18〕臧振華、李匡悌，《南科液晶電視及產業支援工業區考古遺址受開發影響部分搶救發掘計畫報告》，頁 435，圖版 755。

〔註19〕同上註，頁 61～62，圖版 110。

〔註20〕同註 16，頁 37～38、56～60。

式炊煮器具相當豐富，器物間亦可交互使用，形成多元的飲食文化，同時，也有大量用於敲擊點火的燧石伴隨出土。

圖 479：王甲地點
出土紅胎廚腳墊

圖 480：
木柵地點出土黃胎煎壺

圖 481：
王甲地點出土山形爐

（三）醫療用器

　　古木柵遺址內各地點中，皆有出土與醫療保健相關之遺物，最常見的包含中寮、埤仔頭與木柵等地出土白瓷、綠釉，以及黑釉等瓷製小型藥罐等（圖482、圖483）〔註23〕，這一類瓷製小型藥罐之功能屬裝盛藥物之容器，相關案例可例見古笨港遺址朝天宮地點出土之「臥龍丹」白瓷小罐；〔註24〕但未見如古笨港遺址出土之進一步中藥原料，以及精緻中藥之藥杵、藥臼等器

圖 482：
木柵地點出土白瓷貼花小藥罐

圖 483：
埤仔頭地點出土黑釉小藥罐

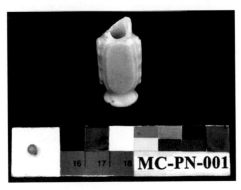 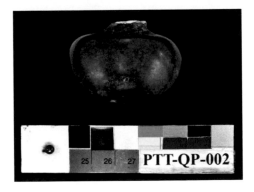

〔註21〕朱正宜、陳俊男等，《新寮遺址搶救發掘研究計畫期末報告》，頁 203～205，圖版 168。
〔註22〕同上註，頁 139。
〔註23〕同註 21，頁 258、424，圖版 436、726。
〔註24〕蔡承祐，《古笨港出土文物》，頁 195。

具，可能與兩者聚落之間的規模，繁榮程度有關。無論如何，這些出土品仍可反映古木柵聚落仍可取得一定程度之醫藥資源。本次於中寮遺址出土數件小型藥罐，與臺灣各地出土者極為相似，皆屬清代後期常見類型。

（四）生產用器

在中寮地點的發掘遺物中，低溫軟陶的總數佔極為大量，其中有大量屬糖漏與漏罐等容器。這一類容器在王甲、堤塘、埤仔頭等遺址中亦有一定數量。經研究指出這類稱之為「糖漏」與「漏罐」等紅胎低溫陶器，是一種普遍運用於臺灣南部之製糖用具，十八世紀至十九世紀前半屬此類器具使用之高峰。〔註 25〕相關完整器之出土案例，可見臺南歸仁窯出土品。〔註 26〕如中寮、木柵等地區所出土之糖漏，出土時多為漏口朝上，口緣朝下倒扣方式出土，即〔註 27〕此種擺放現象與古笨港遺址水仙宮地點出土糖漏之現象相同，〔註 28〕可能與堆疊存放有關，屬消費地之現象。然而，中寮地點、埤仔頭地點與堤塘地點，雖並非如道爺南遺址 O 區擁有四組連灶現象，〔註 29〕但亦出土帶火燒紅土之單口灶現象（圖 484），〔註 30〕或許亦有傳統蔗糖業加工處「糖廍」等類似作坊的存在。

用於漁撈的網墜，也反映中寮地區自古以來位河海之濱，至近代後轉為河港圳道，漁撈業持續存在的現象，本次不僅於中寮地區發現網墜，鄰近的王甲、堤塘、埤仔頭，以及木柵等地區，皆有大小長短不一的網墜出土（圖485）。〔註 31〕這些類型多樣的網墜，也顯示了清代後期以後，古木柵聚落面臨河道日益淤積，海岸線日益遠離，港汛逐漸轉為內陸圳道，開始轉型成養殖業的過程，因此傳統漁撈產業並未完全消失於古木柵聚落內。

〔註 25〕盧泰康，〈臺灣傳統白糖製造技術與其關鍵陶質工具〉，頁 120～121。
〔註 26〕黃翠梅、李匡悌、盧泰康，《十三窯傳奇——歸仁窯考古與研究成果集》，臺南：國立臺南藝術大學藝術史學系，2008 年，頁 39～50。
〔註 27〕臧振華、李匡悌，《南科液晶電視及產業支援工業區考古遺址受開發影響部分搶救發掘計畫報告》，頁 64～65。
〔註 28〕盧泰康、邱鴻霖，《雲林縣古笨港遺址範圍與文化內涵先期研究計畫期末報告書》，頁 95～97。
〔註 29〕臧振華、李匡悌，《南部科學工業園區考古遺址搶救監測後續計畫期末報告》，南部科學工業區管理局委託，國立臺灣史前文化博物館，2007 年，頁 109，圖 137。
〔註 30〕臧振華、李匡悌，《南科液晶電視及產業支援工業區考古遺址受開發影響部分搶救發掘計畫報告》，頁 243，圖 397。
〔註 31〕同上註，頁 326，圖 563。

圖 484：堤塘遺址出土火燒灶現象　　　圖 485：中寮遺址出土網墜

（五）信仰與祭祀用器

　　古木柵遺址各聚落出土的祭祀用香爐，反映了該區域漢人居民的宗教信仰與祭祀行為，傳統漢人習慣於家中案上置香爐以敬祖、敬神，因此這類帶有特定神性的宗教用器顯示了本地居民的信仰性質，在堤塘地點的白瓷綠釉束頸爐（圖 486）；〔註 32〕木柵地點的青瓷斂口爐與白瓷弦紋爐與醬釉雙耳三足爐（圖 487）；〔註 33〕王甲地點的白瓷敞口爐等。以及指涉特定崇拜對象，如中寮地點出土手持物狀之紅胎人物造像手部殘件（圖 488）、埤仔頭地點亦有出土相關神佛造像等瓷偶等，〔註 34〕皆屬十八世紀前半至十九世紀前半產品，這類造像類物質文化因具有特定民俗與宗教意涵，較容易隨著人群來去

圖 486：堤塘地點出土　　圖 487：木柵地點　　圖 488：中寮地點出土
　　白瓷綠釉束頸爐　　　出土醬釉雙耳三足爐　　紅胎人物造像手部殘件

〔註32〕臧振華、李匡悌，《南科液晶電視及產業支援工業區考古遺址受開發影響部分搶救發掘計畫報告》，頁 200，圖版 333。
〔註33〕同上註，頁 425、431，圖版 744。
〔註34〕同註 32，頁 257。

而移動，若非自然災害等因素，較難遺留於遺址上，因此，在古木柵聚落中發現此類遺物數量並不豐富，可能也與十九世紀後，人口日漸外移相關。

（六）照明用器

古木柵遺址各地點皆有發現照明器具，這些照明用器造型豐富，用以滿足居民生活中黃昏、夜間等缺乏光線時的照明需求。各類造型之油燈器，可因應使用條件的差異而有不同造型，大致包含碟形、多口壺型、支座型，以及壁掛型等，造型豐富，除中寮地點出土的白瓷油燈臺與綠釉油燈座，以及各式油燈碟外，周邊地點也有豐富的發現，如木柵地點出土直立型黑陶油燈臺（圖 489）、壁掛型褐釉油燈臺與綠釉油燈臺；〔註35〕王甲地點出土褐釉三流油燈壺（圖 490）；〔註36〕埤仔頭地點則出土大量油燈碟，以及直立型紅胎團花紋油燈臺（圖 491）；〔註37〕而堤塘、〔註38〕新寮等地點都有相當豐富的相關發現。這些地點中，又以木柵地點出土數量與造型最為豐富，可能與聚落集中區有關。

圖 489：
木柵地點出土黑陶油燈臺

圖 490：木柵地點
出土三流油燈壺

圖 491：埤仔頭地點出
土紅胎團花紋油燈臺

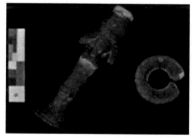
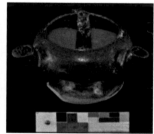

（七）遊戲與博弈用器

中寮地點出土之各式造型之瓷偶，〔註39〕其中趴伏獸型瓷偶（圖 128）與新寮地點出土者完全相同（圖 492），〔註40〕新寮地點另有出土陶質騎獸人形

〔註35〕臧振華、李匡悌，《南科液晶電視及產業支援工業區考古遺址受開發影響部分搶救發掘計畫報告》，頁 432，圖版 748，圖版 757。
〔註36〕同上註，頁 56。
〔註37〕同註 35，頁 259～261，圖版 448。
〔註38〕同註 35，頁 203。
〔註39〕朱正宜、陳俊男等，《新寮遺址搶救發掘研究計畫期末報告》，頁 152，圖版 168。
〔註40〕同上註，頁 152，圖版 168。

騎射偶（圖493），而在旗桿地東地點出土醬釉陶獅塑像（圖494），〔註41〕這類陶質與瓷質塑像，具把玩觀賞及擺飾功能，或者帶有避邪鎮煞之用，少數可能與照明用燭台，或者文房用器等其他日常用器結合，顯示古木柵聚落居民具備特定的審美概念，可挑選日常以外的器物做為顯示品味之用。而另一類則是大量的打製圓版，這一類器具與前章節已有論述，包含陶質與瓷質等，藉古笨港聚落朝天宮地點出土，帶有數字與「包、帥、仕、象」等字的打製圓板，可得知此類用器與象棋等遊戲相關，亦可能作為籌碼之類使用，然目前仍未有較肯定之說法，有待日後持續研究。但現階段至少可明確理解的是，這類打製瓷板應係原先碗、杯、盤、罐，以及瓦片等器具破裂後二次加工而成，充分利用所掌握之資源，顯示清代臺灣漢人普遍不甚富裕，必須將本節用。

圖492：
新寮地點出土獸型瓷偶

圖493：
新寮地點出土騎獸人形騎射偶

圖494：
旗桿地東地點出土醬釉陶獅塑像

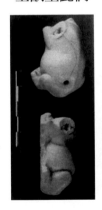

（八）奢侈型消費器具

據史料可得知康熙二十五年，諸羅縣令樊維屏，於古木柵聚落西南側的新港社設置社學，〔註42〕周邊聚落居民得到機會接受教育，此現象得以在各地點出土遺物中反映出來，如埤仔頭地點出土的山水紋青花筆洗器（圖495）；〔註43〕王甲與埤仔頭各有出土一件石質硯台，〔註44〕表現出古木柵聚

〔註41〕朱正宜、陳俊男等，《新寮遺址搶救發掘研究計畫期末報告》，頁 139，圖版 231。

〔註42〕（清）高拱乾，《臺灣府志》，南投：臺灣省文獻委員會，1993 年，頁 33。

〔註43〕臧振華、李匡悌，《南科液晶電視及產業支援工業區考古遺址受開發影響部分

落內居民能夠使用筆墨，具有某種程度上的教育，且可能與其他聚落進行通信。而出土兩件石硯磨耗痕頗深，顯示使用時間相當長，顯示古木柵遺址居民雖能獲得較高級之文房用品，但由於資源仍獲取不易，各項用器皆一再重複使用，避免浪費。

　　在清代以後，飼養農耕與畜牧等相關動物之外，單純的生活趣味開始形成，木柵地點出土的鳳紋青花鳥食罐（圖 496）〔註45〕反映了豢養純觀賞用寵物的現象逐漸在民間流行，且製作精良，品質優於絕大部分餐飲食器。而個人裝飾用品也開始出現，如王甲地點（圖 497）、〔註46〕新寮遺址出土的五梅壺，〔註47〕或稱燻油壺，主要以裝盛髮油、髮膏等液體，供婦女梳妝打扮之用。此外。新寮地點亦有銅質髮簪、銅鏡等器具出土，〔註48〕此類器物顯示，古木柵聚落內女性人口開始增加，已逐漸脫離先前以男性為主的軍屯聚落。此外，清代開始流行的煙草與鴉片，也影響了古木柵遺址的漢人居民，如木柵地點出土灰胎蒜型鴉片煙槍頭即屬一案例（圖 498），〔註49〕與古笨港遺址朝天宮地點出土者頗為相似；〔註50〕而在中寮地點亦有出土銅質菸槍頭，皆

圖 495：
埤仔頭地點出土的山水紋青花筆洗器

圖 496：
木柵地點出土鳳紋青花鳥食罐

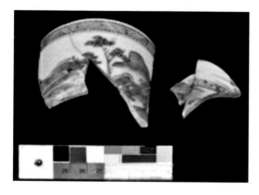

　　搶救發掘計畫報告》，頁 251～252，圖版 420。

〔註44〕臧振華、李匡悌，《南科液晶電視及產業支援工業區考古遺址受開發影響部分搶救發掘計畫報告》，頁 66、266。

〔註45〕同上註，頁 419，圖版 711。

〔註46〕同註 44，頁 55，圖版 91。

〔註47〕朱正宜、陳俊男等，《新寮遺址搶救發掘研究計畫期末報告》，頁 60～61。

〔註48〕同上註，頁 154。

〔註49〕同註 47，頁 436～437，圖版 759。

〔註50〕蔡承祐，《古笨港出土文物》，頁 165。

圖 497：
王甲地點出土醬釉五梅壺

圖 498：
木柵地點出土灰胎蒜形鴉片煙槍頭

顯示鴉片於清代中晚期傳入中國後，開始流行於社會中各個階層，而此種現象在臺灣也相當普遍，如同《臺陽筆記》〈鴉片煙論〉中載清代吸食鴉片者：「閩粵兩郡，幾無虛口。」〔註 51〕說明鴉片、菸食這一類消費品，以福建廣東一代最為流行，而臺灣亦有。

（九）商業交易與建築用器

在古木柵聚落範圍內，有大量磚、瓦器出土，類型上也頗為豐富，傳統中的條磚、尺磚、地磚，以及壁磚等類型皆有，亦有發現紅瓦與灰瓦兩種形式之瓦片，但相較漢人其他大型聚落如古笨港等，仍明顯零星且稀少，而發掘過程中，偶有零星柱洞，伴隨零星磚瓦密集之灰坑，這一現象顯示古木柵聚落位於平原地點，以散村方式點狀分布於此區域，分布依據可能與水道分佈有關。

此外，在新寮地點亦有發現數枚銅幣及數件銅質廣鎖與銅折片（圖499）。銅幣包括開元通寶、崇禎通寶、永曆通寶、康熙通寶，以及乾隆通寶等。〔註 52〕同一類的銅質廣鎖，在鄰近的新港社亦有出土。〔註 53〕另在堤塘地點與埤仔頭地點，〔註 54〕則各出土一件石質秤錘（圖 500）。這類秤錘與古

〔註 51〕（清）翟灝，《臺陽筆記》，臺灣文獻叢刊第 20 種，臺北：臺灣銀行經濟研究室，1958 年，頁 25。

〔註 52〕朱正宜、陳俊男等，《新寮遺址搶救發掘研究計畫期末報告》，頁 153～154。

〔註 53〕盧泰康、李匡悌，王竹平，《臺南科學園區出土金屬器形制與製作工藝委託研究案期末報告》，臺南：國立臺南藝術大學藝術史學系，頁 74～78。

〔註 54〕臧振華、李匡悌，《南科液晶電視及產業支援工業區考古遺址受開發影響部分搶救發掘計畫報告》，頁 209、267。

笨港遺址水仙宮地點出土者相同，〔註 55〕為先民秤重用的度量衡工具，多繫繩搭配秤桿使用，利用槓桿原理測量受秤物體的重量，扮演著商業交易中公平原則之角色。上述這些出土遺物的出現，顯示古木柵聚落內的居民確實從事相關商業活動，而出土銅錢銘款所反映的年代，亦與古木柵聚落商業盛行年代，有相當程度之關係。

圖 499：新寮遺址出土銅質廣鎖　　　圖 500：埤仔頭地點出土石質秤錘

另一方面，這些少量出土的商業相關遺物，亦顯示古木柵聚落商業規模有限，商業範圍可能侷限於文獻中「木柵街」區域，其規模並無法與古笨港聚落或者府城相比，甚至不及周邊麻豆、目加溜，以及新港社等。

綜合上述，古木柵聚落於十七世紀後半甫創始階段，出土遺物以餐飲用器中的碗、杯、盤、匙等為主要發現物，這可能與開發初期所能掌握資源有限，以維持生基本生活的飲食最為重要，其中，又以碗為大宗，這個現象與臺灣其他地點的漢人遺址狀況相似，反映古木柵聚落的人口組成，與其他漢人遺址相同，係以漢人為主的聚落，具有相同的飲食文化傳統；進入十八世紀以後的繁榮階段，掌握了較多的生活資源，加上政治情勢趨於穩定，飲食以外的其他生活、醫療、生業、照明，與祭祀等功能用器開始大量出現，豐富的物質遺留表現出這時期的古木柵聚落，具有一定的商業活動，產業活動

〔註 55〕盧泰康、邱鴻霖，《雲林縣古笨港遺址範圍與文化內涵先期研究計畫期末報告書》，頁 131。

可能包含水產養殖、作物耕作，以及製糖產業，同時具有某種程度的醫療設施與娛樂場所。但在出土遺物中，仍以餐飲用器數量最多，顯示人口組成並未有太大變動；十九世紀中晚期以後，受到自然與人為因素的影響，產業結構開始改變，人口亦大量外移，所發現的遺物又回歸到以餐飲用器為主的基本面貌，其他功能用器不復出現；進入二十世紀以後，根據日治時期的調查數據顯示，此地人口僅存寥寥數戶，出土遺物也反映了了這個事實，僅發現少量的餐飲用器。

三、透過出土現象分析與周邊聚落發展關係

（一）出土遺物與周邊聚落之關係

藉由前一節比對中寮地點鄰近遺址出土遺物可知，東北側王甲遺址〔註56〕、木柵遺址〔註57〕，與西北側坔仔頭遺址〔註58〕，以及前述之新寮遺址等等，出土陶瓷無論在風格類型及斷代上，皆非常相似，且在中寮、王甲、坔仔頭，與新寮四地都有相同的生業活動「製糖」存在。〔註59〕

坔仔頭遺址出土各式遺物類型，與中寮遺址幾乎完全相同，而在遺物的數量與品質方面，也與中寮遺址類似，加上兩地距離相當短，僅有 500 公尺之距離，因此可推斷此二遺址應有相當密切之關係。

王甲遺址，在中寮遺址東北 500 公尺處，而木柵遺址則位中寮遺址東北1000 公尺處，兩處地點十七世紀中後半遺留相較於上述二遺址雖較少，但十八世紀後遺物數量則相當豐富。此外，透過該遺址出土之 17 具墓葬型式，可明確得知該活動區域以漢人為主，並同時陪葬乾隆通寶等為十八至十九世紀之遺物。〔註60〕

倘若比對中寮與周邊各地點出土遺物（表 10），可發現在器型、紋飾、品項等方面，都有相當程度的重複性。此一現象顯示中寮與周邊遺址不僅只有年代相近，在居民的組成、生活習慣與產業、貿易的來源與對象，都有相當高的相似性。再配合上述各地點間的估算距離，以及地層堆積狀況，可以明

〔註56〕臧振華、李匡悌等，《考古遺址受開發影響部分搶救發掘計畫報告》，頁 11～78。

〔註57〕同上註，頁 399～447。

〔註58〕同註 56，頁 221～279。

〔註59〕筆者於 2010 年整理該地區遺址時曾發現大量糖漏、漏罐等製糖陶器殘片。

〔註60〕朱正宜、陳俊男等，《新寮遺址搶救發掘研究計畫期末報告》，頁 407～411。

確指出這些聚落之間，具有極為緊密的關聯性。而同時期漢人與平埔族穩定
的關係，以及普遍鋪設的水道，都有利於上述地點的發展，因此可推斷十八
世紀後半後，此區域已形成了一個以「木柵」為主的聚落群。

表 11：中寮與周邊遺址出土遺物比對表

遺址名稱	中寮	王甲	木柵	埤仔頭	堤塘	新寮
簡筆壽字紋						
赤壁賦紋						
秋葉紋						
纏枝牡丹紋						
藍圈折沿盤						
梵文						
醬釉青花						
安平壺						

出處	整理自臧振華、李匡悌等，《考古遺址受開發影響部分搶救發掘計畫報告》。王甲部份：頁 42～47；木柵部份：頁 411～419；埤仔頭部份：頁 244～252；堤塘部份：頁 192～198。	整理自《新寮遺址搶救發掘研究計畫期末報告》，頁 90～141。

綜上所述，筆者認為，十七世紀後半階段，中寮、木柵、埤仔頭等地，可能透過某種形式，人口開始集中而有所發展，進入十八世紀以後，逐漸形成一個較大規模的聚落，即文獻中所記載的「木柵街」。而在東北側的新寮聚落與今日之道爺遺址等地，人口亦開始增加，日漸繁榮，成為文獻中的「太爺」聚落。〔註61〕木柵之所以成為中心，可能與其位處於各個小型聚落的中心，以及同時具有港埠交通之優越地理區位有關。另一方面，自然災害在人群移動的因素中占有極為重義的角色，災荒所導致的人群遷徙，基本上屬自然與人類的關係，當生活環境遭受破壞，人類所能採取的應變方式，除設法改善之外，就是逃離受破壞的環境，這種外移的力量來自區位環境的壓力與推力，即所謂的「原始的遷移」（Primitive migration）。〔註62〕古木柵聚落歷經大規模洪水等自然災害後，所帶來的破壞與淤積，諸多房舍設施可能因此受損傾倒，同時也造成該區域地理區位的改變，原先的港埠機能消失，使得人口開始朝向周邊更穩定的區域移動。

我們可以從以下幾點線索推斷木柵街的聚落景觀，古木柵遺址位於嘉南平原的西南側，臨近古代臺江內海東緣，藉由今日地貌景，以及文獻紀載，可推測應屬平地村鎮或水鄉村鎮。在平地村鎮的發展中，隨著聚落的擴大，街道會拉長，較容易形成十字街道，藉此讓平面變得更加緊湊，並節省土地的使用，成為該聚落內人口最為密集之處。〔註63〕因此，文獻中所謂的「木柵街」可能係指這一區域中最為集中的十字街地帶，其周邊區域雖未如集中區般繁榮，但廣義上仍屬「木柵聚落」之範圍內。

而水鄉村鎮中的聚落，多依照河港道的走向，呈現帶狀分布於港河道的一側或兩側，並於交通孔道上設置橋梁，因此，同時見有一般村鎮的街道，

〔註61〕朱正宜、陳俊男等，《新寮遺址搶救發掘研究計畫期末報告》，頁 7～8。

〔註62〕陳亦榮，《清代漢人在臺灣地區遷徙之研究》，臺北市：私立東吳大學、中國學術著作獎助委員會，1991 年，頁 126～138。

〔註63〕彭一剛，《傳統村鎮聚落景觀分析》，北京：中國建築工業出版社，1994 年，頁 54～55。

亦有臨水的水巷。〔註64〕然而，以木柵為主的聚落，隨著臺江內海的西移，〔註65〕在十八世紀以後，正如康熙 59 年（1720 年）陳文達《臺灣縣志》所載：「開闢以來，生聚日繁，商賈日盛，填海為宅，市肆紛錯，距海不啻一里而遙矣。」臺江內海陸化情形加速（圖 501），造成清朝雍正年間以後，來臺先民利用海埔新生地從事墾殖及製鹽。十九世紀以後，淤沙浮覆陸連，形成今日本北門區、將軍區、七股區，以及安平區等地區沿岸低地；二十世紀以後，潟湖仍持續陸化，不斷向西推移，並與濱外沙洲相連。〔註66〕這段期間，沿岸逐漸遍佈魚塭及鹽田，原先的海岸已成內陸，開始陸耕。

圖 501：古臺南地區海岸地形圖

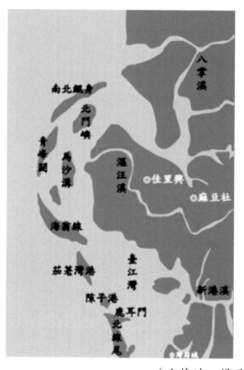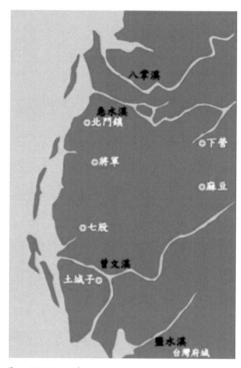

（方偉達、楊孟潭，2007：5）

〔註64〕彭一剛，《傳統村鎮聚落景觀分析》，北京：中國建築工業出版社，1994 年，頁 54～55。

〔註65〕石再添，〈臺灣西部海岸線的演變及海埔地的開發〉，《師大地理研究報告》第 6 期，1980 年，頁 1～33。

〔註66〕方偉達、楊孟潭，〈臺南地區海岸變遷與永續發展策略〉，《2007 土地研究學術研討會——城鄉治理與永續發展論文集》，臺北大學不動產與城鄉環境學系，2007 年，頁 4～5。

左圖為 18 世紀中葉臺江灣澳中期，包括臺江灣及倒風內海，內海面積
323 平方公里；右圖為 19 世紀末臺江灣澳末期，已不見上述海灣，1822 年漚
汪溪因為山洪爆發而改道，形成現在的曾文溪。

「從中寮敗到木柵好麻豆。」雖屬民間故事之語，但透過字句間仍可獲
得部分線索，即以中寮、木柵為主的聚落，與麻豆街之間存在著連結關係，
麻豆街於十七世紀後，成為典型的番漢勢力交替港街。〔註 67〕，康熙末年出
現的「麻豆街」，可能即在水堀頭及鄰近地區。此外，周鍾瑄的《諸羅縣志》
中亦有記載，康熙末年，麻豆港可行使商船到此運輸糖、藍靛等商業物資。
〔註 68〕麻豆街與臺南府城，同樣存在密切的貿易關係。〔註 69〕學者林玉茹認
為，由於麻豆港為主的水堀頭，相當鄰近曾文溪，因此時常有洪水侵襲等自
然災害，且麻豆社勢力持續衰微與遷徙，至乾隆四十年代之後，原先麻豆港
的商業貿易中心，顯然已經由水堀頭一帶，轉移至西側的麻豆大社所在，即
今日麻豆市街的中心地帶。〔註 70〕

而位於曾文溪另一側的木柵街，也相當可能遭受到同樣的洪水氾濫等問
題，導致內河港道持續的淤積，生活面亦遭受洪水沖垮等問題存在，對於原
本居住於此地的人口形成莫大的推力，促使居民向外移出。

整體而言，筆者認為，上述中寮周邊一帶的遺址，今日雖屬不同區域，
但依然皆屬「古木柵街遺址」的範疇，猶如嘉義舊南港板頭村與雲林北港朝
天宮之間的關係，唯一不同的是，古木柵街並未出現如朝天宮一般未經遷徙
的信仰中心，故此一聚落進入十九世紀後開始分崩離析，最終又回到最初各
自獨立的小聚落狀態。

（二）地層堆積與自然環境之關係

本節主要比對中寮地點與周邊個發掘地點的土質對應關係，藉各個地點
間的差異與相似部分進行綜合討論，藉以釐清中寮與周邊地點的地層堆積
關係。

根據中寮遺址之發掘記錄報告得知，該區域地層堆積由上而下，大致可

〔註 67〕林玉茹，〈潟湖、歷史記憶與王爺崇拜——以清代鯤身王信仰的擴散為例〉，
頁 70。

〔註 68〕周鍾瑄，《諸羅縣志》，頁 16。

〔註 69〕林玉茹，《清代臺灣港口的空間結構》，頁 176～185。

〔註 70〕林玉茹，〈番漢勢力交替下港口市街的變遷〉，《漢學研究》第 23 卷第 1 期，
2005 年 6 月，頁 18～21。

分為 4 層，分別為耕土層，為含壤黏土，深度大約自地表往下約 10 至 20 公分，土色灰黑，未見文化遺留；暗褐色黏土層，深度海約在海拔 2.2 至 2.3 公尺左右，厚度約 60 至 100 公分不等，土色暗褐，質地較上層細密，為本次發掘主要文化層；間夾砂黏土層，約海拔 1.5 公尺深度，土色轉淺，呈現黃褐色，土質轉為砂黏土，黏土比例減少，含沙量增加，質地鬆軟，厚度約 60 至 70 公分，不見文化遺留；砂土層，海拔 0.7 公尺以下，轉為黃色細砂，夾雜少量斑晶，不見文化遺留。大部分探坑於上層已結束發掘。〔註71〕

　　若比對周邊木柵、王甲、埤仔頭、旗杆地東，以及新寮等地，可以發現各地點之間存在著若干相似點與差異點，詳細特徵比較請參照下表（表11）：

表 12：古木柵遺址各地點層位整理表〔註72〕

地	土　　　　　　　層			
中寮	耕土層	暗褐色黏土層（漢人文化層）	間夾砂黏土層	砂土層
	地表起 10～20 公分左右	海拔 2.2 至 2.3 公尺以下 60～100 公分不等	海拔 1.5 公尺以下 60～70 公分	海拔 0.7 公尺以下
木柵	耕土層	耕土滲透層	暗褐色黏土層（漢人文化層）	黃色間夾砂土層〔註73〕
	厚度約 10～20 公分不等	厚度約 15 至 20 公分左右	厚約 40 公分左右	厚約 30 公分左右
王甲	表土近代耕土層	植物根系滲透層	近代漢人文化層	黃褐色砂質黏土層
	厚度 10～20 公分	厚度 10～20 公分	厚度 10～30 公分	厚度 10～30 公分
埤仔頭	耕土層	耕土滲透層	暗褐色黏土層	間夾砂黏土層
	厚度 30～40 公分	厚度 5～10 公分	厚度 60～90 公分不等	約海拔 1.5 公尺以下

〔註71〕臧振華、李匡悌等，《考古遺址受開發影響部分搶救發掘計畫報告》與朱正宜、陳俊男等，《新寮遺址搶救發掘研究計畫期末報告》，頁 342。

〔註72〕整理自臧振華、李匡悌等，《考古遺址受開發影響部分搶救發掘計畫報告》與朱正宜、陳俊男等，《新寮遺址搶救發掘研究計畫期末報告》。

〔註73〕以下尚有看西時期文化層，但由非本次研究主題，故此處並未列入。

旗桿地東	近代耕土層〔註74〕			漢人文化層（僅南北側）
	厚度約 10～30 公分			生活面在海拔 2.0～2.2 公尺 墓葬面在海拔 1.7～2.0 公尺
新寮	近現代耕土層	近代漢人文化層	紅褐色沖積壤質砂土帶	欖褐色坋質壤土帶
	地表起 30～60 公分左右	地表以下 60～120 公分不等	地表以下 50～120 公分左右	地表以下 120～160 公分左右
堤塘	耕土層	耕土滲透層	暗褐色黏土層（漢人文化層）	間夾砂黏土層
	厚度約 10 公分	厚度約 5 至 10 公分	厚度約 40 至 60 公分	約海拔 1.6 至 1.7 公尺深度

　　根據上表整理結果，可以得知，除新寮與旗竿地東兩處地點以外，其餘中寮、王甲、埤仔頭，木柵以及堤塘等五處地點，所處的地層堆積狀況幾乎完全一致；旗桿地東位於蔦松文化層之上，其東南兩側發現漢人墓葬 15 具，生活面出土遺物明顯少於上述各地點，可能不在木柵街範圍之內，而被當時古木柵聚落居民用作喪葬用地；而新寮地點位古木柵聚落更北側，屬太爺聚落，儘管處不同堆積環境，但兩者仍屬同時期遺址，具有高度相似度的文化內涵。而在文化層以下的砂質與黏土混和帶，充分顯示了在十七世紀中期以前，為臺江內海東側邊緣，臨水域沉積土氧化環境。

　　在各遺址文化層堆積深度上，中寮、埤仔頭，以及新寮等地點，深度皆可達 60 公分以上，而木柵與王甲地點則僅有 30～40 公分，此一差異恰與前章節所論述之遺址起始年代相符：中寮、埤仔頭，以及新寮等地點，都有發現十七世紀六零年代生產的陶瓷器。因而文化堆積較厚；至於木柵與王甲起始年代較晚，十七世紀後半才開始形成，因此文化層堆積較薄。

四、聚落產業與對外貿易之關係

　　由先前的章節中的各項史料與考古遺物等證據，可以推論十八至十九世

〔註74〕以下尚有蔦松時期文化層及魚寮期文化層，但由非本次研究主題，故此處並未列入。

紀的古木柵居民，主要藉開鑿的水圳予以灌溉農田，以及養殖魚蝦等生業活動為主；而大量出土的糖漏與漏罐，以及帶火燒痕的灶台遺跡也顯示，這個區域製糖業的興盛；而貿易性格方面，藉先前第三章二節中論述，可確定本次中寮地點出土三種產自日本肥前的青花瓷器，生產年代大約落在 1650 至 1670 年左右。而盧泰康教授與野上建紀教授，也曾專文論述臺灣臺南安平熱蘭遮城、臺南市區明鄭墓葬、高雄鳳山舊城遺跡、澎湖馬公港，以及金門等地點所發現的肥前陶瓷。〔註 75〕面對清廷的海禁政策，鄭氏以臺灣與周邊的島嶼為中心，向周邊的勢力進行多邊貿易，以確保能夠獲得充足的物資。〔註 76〕臺灣與日本之間的貿易路線便是在這個背景下產生，明鄭時期的中寮，能夠取得海外貿易的物資，顯示中寮必定具有一定的人為活動以及地位。而關於中寮地點在明鄭時期的可能地位，詳見本論文第四章討論。

南明隆武二年（清順治三年，1646 年），國姓爺鄭成功舉兵抗清於金門，並於南明永曆十六年（1662 年）驅逐荷蘭人，進駐臺灣。其間，鄭成功為支撐大規模軍事活動之需要，必須設法開拓財源，誠如其稟父拒降時言道：「東西洋餉，我所自生自殖者也，進戰退守，綽綽餘裕……。」〔註 77〕此時鄭氏不斷開啟對外貿易通商之管道，如清順治十八年間（1655），遭廣州官憲於雷州扣查的鄭氏船隻，船主楊楚稱：「冒領同安侯鄭府令牌各一張，牌內具有備寫本府商船一隻，仰本官即便督駕，裝載夏布、瓷器、鼎銚、蜜料等項，前往暹羅通商貿易……。」〔註 78〕據統計，1650 年至 1662 年間，由鄭成功所派出的商船，每年將近有四十六至五十餘艘，前往中國、日本，以及東南亞等地進行貿易。〔註 79〕

清政府為了斷絕沿海居民透過海上活動接濟反清勢力，分別於順治十三年（1656）六月與十八年（1661）實行海禁令與遷界令，宣佈以下命令：

〔註 75〕盧泰康、野上建紀，〈澎湖群島、金門島發見の肥前磁器〉，《金澤大學考古學紀要》第 30 期，2009 年，頁 1～11。

〔註 76〕盧泰康，〈明代中國陶瓷外銷的歷程與分期〉，《2012 海上絲綢之路　中國古代瓷器輸出及文化影響國際學術研討會論文集》，浙江市：浙江人民美術出版社，頁 410。

〔註 77〕楊英，《從征實錄》，頁 43。

〔註 78〕不著撰人，〈兵部殘題本〉，《明清史料己編》第五本，頁 407～409。引自臺灣銀行經濟研究室編，《鄭氏史料續編》，南投：臺灣省文獻委員會，1995 年，頁 723～728。

〔註 79〕楊彥杰，〈一六五〇～一六六二年鄭成功海外貿易的貿易額和利潤估算〉，《福建論壇》第 4 期，1982 年，頁 82。

自今以後，各該督、撫、鎮，著申飭沿海一帶文武各官，嚴禁商民
船隻私自出海。有將一切糧食、貨物等項與逆賊貿易者，或地方官
察出、或被人告發，即將貿易之人，不論官民俱行奏聞正法，貨物
入官；本犯家產，盡給告發之人。其該管地方文武各官不行盤詰擒
緝，皆革職，從重治罪；地方保甲通同容隱、不行舉首，皆處死。
凡沿海地方，大小賊船可容灣泊登岸口子，各該督、撫、鎮俱嚴飭
防守各官相度形勢，設法攔阻；或築土霸，或樹木柵，處處嚴防，
不許片帆入口，一賊登岸。〔註80〕

希望透過如此嚴苛的堅壁清野策略，有效打擊明鄭在臺灣的勢力。

這一策略在明鄭早期確實產生了不小的影響，但鄭氏並未如此坐以待
斃，正氏反倒利用優越的地理位置進行各區域間的買賣貿易，為明鄭集團開
拓新局。關於明鄭時期臺灣對中國之間的走私貿易，在諸多文獻中有詳細描
述，如日本江戶時代儒學學者林春勝等人的《華夷變態》中，卷五之康熙
十七年（1678），〈戊午拾番思明州之唐人共申口〉中有相關記載：「我船駛來
以前，有船長柯楨官之船，又今春之頭號船船長薛八官者，一共貳艘從福州
載出走私客物。」〔註81〕顯示清廷頒佈之海禁令，並未有效阻止明鄭進行相
關之貿易，如郁永河《偽鄭逸事》：「凡中國諸貨，海外人皆仰資鄭氏，於是
通洋之利，為鄭氏獨操之。」〔註82〕說明這時期，海外勢力在中國貨物方面
的獲取管道，大多須仰賴鄭氏的走私貿易，使鄭氏集團進一步壟斷而獲利。
〔註83〕如同張菼之於《鄭經鄭克塽編年》所載：「思明既復，水師一鎮江勝招
沿海貿易，商務繁興，而普陀為浙海要衝，實為內陸交通轉輸之樞紐，……」
〔註84〕這一現象也出現在外籍人士的描述，如帕斯克·史密斯（Montague
Paske-Smith）在其《德川時期西蕃人在日臺之活動》（Western Barbarians in
Japan and Formosa in Tokugawa Days）中曾寫到：「台王完全獨佔砂糖、鹿皮及

〔註80〕臺灣銀行經濟研究室編印，《清世祖實錄選輯》，臺灣文獻叢刊第 158 種，臺
北：臺灣銀行經濟研究室，1984 年，頁 119。

〔註81〕榎一雄編，《華夷變態》，東京：東方書店，1981 年，頁 205。

〔註82〕（清）郁永河，《裨海紀遊》，臺灣文獻叢刊第 44 種，臺北：臺灣銀行經濟研
究室，1987 年，頁 48。

〔註83〕鄭瑞明，〈臺灣明鄭與東南之貿易關係初探——發展東南亞貿易之動機、實務
及外商之前來〉，《臺灣師大歷史學報》第 14 期，頁 61。

〔註84〕張菼，《鄭經鄭克塽編年》，臺灣文獻叢刊第 86 種，臺北：臺灣銀行經濟研究
室，1966 年，頁 10〜11、39。

臺灣所有土產。加以若干中國貨物與日本從事貿易，獲利頗豐。」〔註85〕康熙九年（1670）首次來臺之英船指揮官 Ellis Crisp 向英國東印度公司之報告中曾寫到：「屬於臺灣之大小木船有二百艘，今年有十八艘開往日本，其中大半為國王所有者。」〔註86〕顯示這時鄭氏掌控了絕大部份東亞貿易的獲利，占有極大的海上勢力。

　　然而，鄭氏縱使馳騁於海上貿易，但仍無法燒製中國南方如此精細的高溫瓷器，仍需仰賴福建沿海與日本等地進行進口貿易，如同連橫的《臺灣通史》中云：「鄭氏之時，諮議參軍陳永華，始教民燒瓦，瓦色皆赤，故范成有赤瓦之歌，然臺灣陶制工藝，尚未大興，盤盂杯碗之屬，多來自漳、泉，其佳者則由景德鎮。」〔註87〕即可得知，漳州、泉州一代，仍是明鄭集團獲得高溫瓷器的主要來源地，且閩台之間一葦可渡，物流暢通，經濟互補，引此鄭氏所缺乏之物資，可仰賴沿岸的走私貿易進行補充。

　　關於明鄭與日本貿易的關係，可參考江日昇所著《臺灣外記》中載：「令兄泰造大艦，洪旭佐之，以甥禮遣使通好日本，國王果大悅，相助鉛銅，令官協理，鑄銅熕、永曆錢、盔甲、器械等物。」〔註88〕永曆二十年（清康熙五年，1666年）七月提及：「旭又別遣商船前往各港，多價購船料，載到臺灣，興造洋艘、鳥船，裝白糖、鹿皮等物，上通日本；製造銅熕、倭刀，盔甲，並鑄永曆錢，下販暹羅、交趾、東京各處以富國。從此臺灣日盛，田疇市肆不讓內地。」〔註89〕而在永曆二十八年（清康熙十三年，1674）四月，鄭經「密令黃興、楊信入泉、漳各處招集以為援。又差兵都事李德駕船往日本。鑄永曆錢、並銅熕、腰刀器械，以資兵用。」〔註90〕可以理解到，明鄭利用中國沿海地區、臺灣、日本等不同地區，進行多口貿易。

〔註85〕 Montague Paske Smith, *Western Barbarians in Japan and Formosa in Tokugawa Days, 1605~1868.*, J. L. Thompson & Company Limited, 1930, pp.85. 引自賴永祥，〈臺灣鄭氏與英國的通商關係史〉，《臺灣文獻》第 16 卷第 2 期，1965 年，頁 19。
〔註86〕 同學普譯，《十七世紀臺灣英國貿易史料》，臺灣文獻叢刊第 57 種，臺北：臺灣銀行經濟研究室，1959 年，頁 27、55、191。
〔註87〕 連橫，《臺灣通史》，頁 644。
〔註88〕 （清）江日昇，《臺灣外記》，臺灣文獻叢刊第 60 種，臺北：臺灣銀行經濟研究室，1984 年，頁 237。
〔註89〕 同上註，頁 123。
〔註90〕 同註 88，頁 267。

然而，多邊貿易極容易受到各方關係改變而有所更動，如《華夷變態》卷四康熙十五年（1676 年）「丙辰一〇番思明州船十一番東寧十二番東寧三艘船隻唐人共申口」云：「汀洲府騷動，商人往來通路受阻，貨物難通，因此東寧船思明州船之絲類很少。」〔註91〕；卷五康熙十七年（1678 年）「戊午四番東寧船之唐人共申口」云：「由於戰，錦舍領地與福州間，道路阻塞，故影響絲織物之輸出，越來越多船隻不能自由航行。」〔註92〕顯示明鄭勢力所獲物資，易受與清廷戰況而有所波動，走私貿易並無法完全負荷在臺漢人所需，這個狀況一直要到十七世紀末期才有所改變。明鄭與日本之間航路貿易，可參照學者岩生成一先生針對明鄭時期臺灣與日本間的貿易船數所進行的統計〔註93〕，顯示明鄭期間於高峰期可達 20 艘商船，來往於臺灣與日本之間（圖500）。

表 13：明鄭時期臺灣與日本間的貿易船數統計表

年代	西元	船數	年代	西元	船數
順治 18 年	1661	0	康熙 12 年	1673	1
康熙元年	1662	2	康熙 13 年	1674	6
康熙 2 年	1663	3	康熙 14 年	1675	11
康熙 3 年	1664	5	康熙 15 年	1676	8
康熙 4 年	1665	8	康熙 16 年	1677	13
康熙 5 年	1666	14	康熙 17 年	1678	8
康熙 6 年	1667	11	康熙 18 年	1679	8
康熙 7 年	1668	12	康熙 19 年	1680	7
康熙 8 年	1669	10	康熙 20 年	1681	5
康熙 9 年	1670	11	康熙 21 年	1682	9
康熙 10 年	1671	20	康熙 22 年	1683	13
康熙 11 年	1672	16			

〔註91〕榎一雄編，《華夷變態》，東京：東方書店，1981 年，頁 159。
〔註92〕同上註，頁 201。
〔註93〕岩生成一，《近世日支貿易に關する數量的考察》，《史學雜誌》第 62 編第 11 號，1973 年，頁 981～1020。

圖 502：鄭氏時期駛日船隻統計折線圖〔註94〕

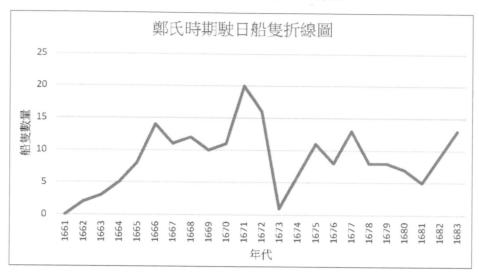

上述統計顯示明鄭期間於高峰期可達 20 艘商船來往於臺灣與日本之間，清領以後，雖仍有大量船隻來往於臺日之間，主要出口品為各式糖類製品，以及紡紗與皮革等；而由日本輸入回臺之商品，主要以純金屬類為大宗，其次為海產漁貨類，其餘則為雜貨。〔註95〕

作為在遺址地點出土的日本瓷器，顯示當時臺灣與日本之間的具有明確的貿易關係，同時也反映瓷器作為雙向貿易的貿易品之一。此外，也顯示臺灣作為長崎與東南亞各都市之間（如馬尼拉）的轉口貿易地位。〔註96〕如同菊池誠一教授曾針對越南會安錦鋪亭遺址出土瓷器進行產地來源之統計比較，在部分地點肥前瓷器數量可達一成以上，甚至偶有超過中國南方各窯口之勢，顯示明清交替之際，肥前窯做為填補中國瓷器外銷短缺之用。〔註97〕

然而，在中寮地點發現的日本肥前陶瓷，在數量上明顯無法與其他窯口所生產之陶瓷做比較，僅占將近千分之一。而在周邊的其他遺址中，〔註98〕也是以如此「少品項、少數量」的情況出現，以這樣懸殊的比例，若解釋為明鄭

〔註94〕岩生成一，《近世日支貿易に關する數量的考察》，《史學雜誌》第 62 編第 11 號，1973 年，頁 981～1020。

〔註95〕鄭瑞明，〈清領初期的台日貿易關係（1684～1722）〉，《師大歷史學報》第 32 期，2004 年，頁 43～87。

〔註96〕盧泰康、野上建紀，〈澎湖群島・金門島發見の肥前磁器〉，頁 98。

〔註97〕菊池誠一，《ベトナム・ホイアン考古学 調查報告書》，頁 37～61。

〔註98〕如臺南科學工業園區內的社內、道爺南等遺址。

勢力因受到清政府海禁之影響下，填補瓷器需求之空缺的對象，其數量仍嫌過少，以中寮遺址的比例來看，肥前窯產品僅占不到全數瓷器的 0.002%。此一現象在文獻中可見一些端倪，如 1665 年至 1684 年間，由日本輸出自馬尼拉的瓷器紀錄，數量不超過一萬件，〔註 99〕與中國製品的數量有著極大的差距，瓷器自始至終，都未做為對日貿易的主要對象。如菊池教授所指出之現象，尚未明顯出現在中寮地點或者其周邊相關漢人遺址之中，而臺灣其他地點的明鄭遺址，是否出現此種狀況，則有待日後進一步的研究與討論。

因此，筆者推論，明鄭時期自日本輸入的瓷器的原因，並非作為大規模貿易下的商品，在透過小規模的交易模式下，填補貿易空缺，以及轉口貿易的需求僅占部份，除此之外，仍有另一部分日本瓷器，係為滿足私人（尤以赴日貿易人員）需求而購置，並非大量採購，隨貿易船隊返臺後，在消費地使用者難以辨明窯口的情況下，伴隨大量來自於中國南方各窯口產品，一同進入臺灣市場或者其他擁有者手中。因此，各地遺址所能得到的肥前瓷器必定形成「類型少、數量少」的狀況，僅有寥寥數件的狀況出現。

五、古木柵遺址範圍與年代推定

（一）古木柵遺址的範圍

新市本地地方文史工作者鄭枝南先生，作《木柵風華》一詩：「熱鬧木柵二月市，熙來攘往不停騎；綠瓦紅墻多古氣，雕欄玉器映水池。通都人邑天妃寺，媽祖香烟八方起；文風鼎盛遍新港，堤塘內江古傳奇。」描述當時木柵街繁榮的景象，同時亦有相關畫作（圖 503）。〔註 100〕

然在有更多相關資料出現以前，並不適宜將古木柵聚落做過多的猜想。以現階段出土遺物材料，以及相關文獻記載來看，古木柵聚落年代上限大抵落在十七世紀中期左右，應屬明鄭時期開始出現的聚落，現階段尚未發現荷西時期相關證俱，因此地方口傳該地創始於荷西時期可能性較低；而在繁榮程度上，雖有「雙縣街」等名稱的出現，但比起同時其的笨港「舟車輻輳，百貨駢闐，俗稱小臺灣。」〔註 101〕「商旅輻輳，為海口要地。」〔註 102〕其繁

〔註99〕方真真，〈明鄭時代臺灣與菲律賓的貿易關係——以馬尼拉海關紀錄為中心〉，《臺灣文獻》第 54 卷第 3 期，2003 年，頁 59～105。

〔註100〕鄭枝南，《古今新市鑒賞》，臺南：臺南縣新市鄉公所，2009 年，頁 77。

〔註101〕余文儀，《續修臺灣府志》，頁 87。

〔註102〕不著撰人，《臺灣府輿圖纂要》，頁 31。

榮度實無法比擬。至於出土遺物特徵上,比較中寮地點與古笨港遺址兩地,在器種與品項方面,同樣都具有多樣、大量的特徵,但若以數量來做比較,比起北港朝天宮與板頭村等地點,動輒以噸計算,就顯得黯然失色。此外,中寮地點雖仍有大部分陶器尚未整理完畢,但透過初步觀察,得知出土遺物以陶瓷器為大宗,少有金屬、石質,以及玻璃等其他材質。低溫陶以製糖器具——糖漏與漏罐為主,建築用陶並非大宗。其他王甲、木柵、埤仔頭等地點狀況也與中寮相似。墓葬方面,目前僅有發現木柵地點與旗桿地東之數十具漢人墓葬。因此,筆者推斷,古木柵聚落確實透過港埠機能而日漸興起,但絕非如圖 503 中所呈現般繁榮興旺,而是具有某種特定交易物質或對象,或某種生產業集中而形成的聚落,然,而古木柵聚落的真實面貌為何,最終仍須透過往後更進一步的整理研究與資料累積,才能逐漸釐清。

而關於古木柵聚落的範圍,藉由前各章節的推論,筆者認為大抵可推論為:西南側以埤仔頭為界,向東北依序為中寮、中寮北、王甲、至東北界為木柵,西側臨旗桿地東邊緣,東北至西南約 1500 公尺的範圍,但由於木柵西與木柵北兩處遺址並無發現漢人文化層,﹝註 103﹞因此呈現北側較細窄,南側較寬大的水滴狀。(圖 504、圖 505)東北與太爺聚落相鄰,西與許中營聚落相接,南與看西聚落相交,東與道爺、堤塘遙望。這些地點究竟何者為聚落中心,何者又屬衛星聚落,以目前證據尚無法明確顯示,僅能推測木柵、王甲地點應屬文獻中「街北」,而埤仔頭、中寮兩處則屬「街南」。無論如何,都須在未來持續地執行包含中寮在內的各個地點的遺物整理工作,透過謹慎地遺物分析與研究,以及遺物分布特徵,才能釐清關於古木柵聚落進一步的相關訊息。

而至於有關堤塘與新寮兩聚落,在文獻紀錄中,雖有明確之「堤塘庄」、「太爺庄」之紀錄,但已屬十九世紀晚期之事。而其高度相似的出土遺物面貌與地層堆積方式,仍無法排除堤塘,在十八世紀初期至十九世紀初期,同樣隸屬於古木柵聚落範圍之中;而在「木柵庄」與「太爺庄」之間的新寮,則因地理位置上較為鄰近今日之道爺遺址,且距道爺漢人大墓僅百餘公尺,應例屬於「太爺庄」之西緣,此外,新寮遺址出土之遺物,年代上有更早於道爺遺址的趨勢,可能與同樣屬於十七世紀中期即出現的中寮遺址有密切關係。

﹝註103﹞不排除於更早時期已遭破壞,但地表狀況並無發現相關遺留,筆者傾向該二
　　　　處遺址位於古木柵聚落範圍外。

圖 503：描繪木柵聚落之圖像與詩句

圖 504：古木柵遺址可能涵蓋範圍

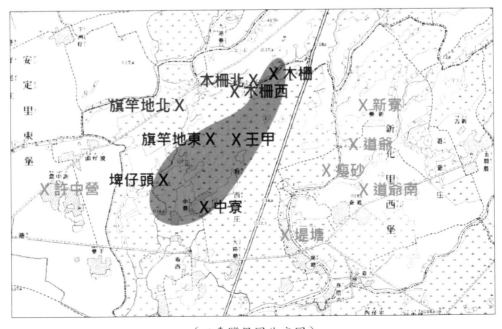

（以臺灣堡圖為底圖）

圖 505：古木柵遺址可能涵蓋範圍

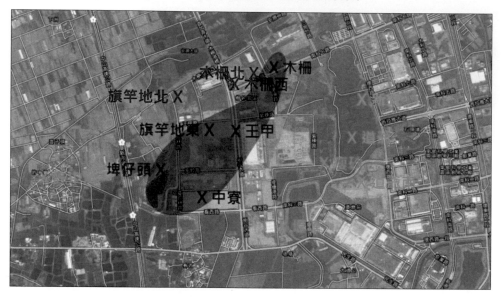

（以 GOOGLE 衛星地圖為底圖）

（二）中寮地點周邊聚落存在年代

綜合前文整合文獻與出土遺物的分析解讀，筆者認為可將包含臺南科學工業園區液晶專區內的六個地點，以及園區外周邊兩處地點，進行其可能存在年代之推估，詳細結果如下（圖 506）：

1. 中寮地點：透過考古出土遺物，可以得知大約在十七世紀中期開始形成，而透過文獻的紀錄，以及當地耆老口中可得知，大約延續到 1980 年代，南科園區設立而完全消失。

2. 埤仔頭地點：雖未在相關文獻中紀錄，但透過出土遺物年代判定，大約十七世紀中出現，同時藉由清末契約記錄得知，大約滅庄於十九世紀八〇年代末。

3. 王甲地點：形成年代可能較晚，透過遺物遺存分析，大約在十七世紀後半形成，依照文獻紀錄可得知，大約沿續至二十世紀初期，至日治時期以後的紀錄則不復見。

4. 木柵地點：形成時間與王甲地點相似，大約在十七世紀後半，最後一筆出現的紀錄大抵落在 1913 年。

5. 旗竿地東地點：出土之遺物顯示，聚落年代大約在十八至十九世紀晚期。

6. 新寮地點：起訖與消失的年代斷點，大至與中寮地點相符，大約在十七世紀中期形成，至 1980 年左右消失，原因與中寮相同。

7. 堤塘地點：則大約在十八世紀初期形成，一直延續至民國八○年代末，規劃臺南科學園區後，才因科技業工廠進駐而拆遷消失。

8. 許中營聚落：則根據文獻，約莫可知大約出現於十七世紀明鄭時期，而因其並未劃入臺南科學園區範圍內，因此聚落於今日尚存。

圖 506：中寮與周邊聚落形成與遷滅年代推估直線圖

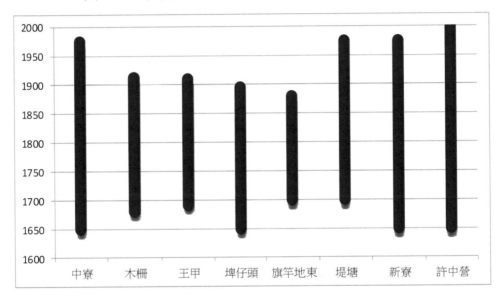

　　藉上述推論可知，古木柵遺址在十七世紀中期以後，開始有人群移入，對照歷史時期的發展，移入來源應屬明鄭時期的漢人族群，其中又以分散屯墾的明鄭軍事人員可能性最高；十七世紀後半以後，雖已進入清領時期，但聚落並未隨政治情勢改變而消失，反而因優約的地理條件而有所發展，進入古木柵聚落發展的高峰期；十八世紀晚期以後，受制於周邊大型聚落興起、海岸線與港道的持續淤積，以及數次大規模的洪水等影響，古木柵聚落開始快速衰落，人口急遽外移，原先的古木柵聚落逐漸轉為各自獨立的小型庄頭；十九世紀晚期後，再度面臨政治形勢的改變，日治時期糖業政策的影響，使得原先已分裂為各小型庄頭的古木柵聚落陸續衰落，僅存中寮聚落殘存；近年臺南科學園區的規劃，則使古木柵聚落中最後的中寮，自此完全移出地圖之外。

伍、結　語

一、臺南木柵聚落的真實面貌

　　在追求經濟發展的政策下，中寮遺址及周邊相關考古遺址，已改變昔日的繁華樣貌，幾經變遷，逐漸轉變成廠房林立的現貌，海水桑田但人亡物在，縱使已成殘磚碎瓦，仍可透過系統性的研究與調查，一步步地推敲琢磨，來追尋屬於昔日的風華。

　　透過分析中寮遺址與其他周邊考古地點出土遺物、歷史文獻記載，並綜合各項訊息，可以印證「古木柵聚落」的發展歷程，大至可推斷出，主要以十七世紀中期以後，中寮、新寮、埤仔頭等地點為發展中心，絕非之前研究所指出的看西一帶，這些地區，可能透過鄭氏屯軍的開發，逐漸形成以漢人為主的聚落，但規模仍小；進入十七世紀後半開始穩定發展，木柵、王甲等聚落在此時期出現，並持續發展至十八世紀達到鼎盛，藉由水路交通便捷之利，形成文獻中所謂的「木柵街」聚落。到了十九世紀以後，由於大規模的自然災難，以及持續的水道淤積，港埠機能逐漸喪失。反觀目加溜與新社等平埔族聚落的轉型，即今日擁有較為優渥條件的善化與新市，形成城市吸納效應，導致原先該地區的人口大量外移，開始有部份庄頭遷滅。晚至二十世紀以後，僅存有少部分居民在該區域活動，但其規模已無法與先前相提並論。

　　本研究透過考古遺物結合歷史文獻，以及各項考古出土脈絡的研究分析，確實在各方面皆有獲得成果。有關陶瓷史的研究，解讀了中寮地點出土陶瓷器本身所帶的相關訊息，進一步釐清了明鄭時期對外屯墾聚落的面貌；至於考古學部分，則透過系統性梳理出土遺物中所提供的各項訊息，更有效的釐清考古遺址中時間與空間的脈絡；而歷史學部分，確認了目前尚有諸多未記載於文獻之中的明鄭時期的據點，提供十七世紀後半時期，明鄭勢力對

外屯墾的參考依據。此外，也進一步證明，對於古代物質文化的理解，必須透過不同學科的相互整合，才能夠有效的運用各學科的長處，有效處理相關研究議題。

中寮可能與部分周邊如埤仔頭、新寮等聚落有相當程度的相互關係，在十七世紀中期為各自獨立發展之小型聚落，至十八世紀時期，由於人口大量集中，可能集合成一大型聚落，同屬「木柵仔街」，皆為木柵庄之一部分，相當有可能為文獻紀錄中屬新化里「木柵街南」的一部份。至十九世紀後，街市機能逐漸為周邊大型聚落所取代，又再度分裂成各自獨立的小型聚落，最後某些區域近而消失。也因此，在百年後的今天，各地點間雖有不同行政隸屬，但以宏觀的歷史角度來看，縱使各地點考古遺留中存在著些許差異，但仍應當將中寮遺址視作古木柵聚落的一個地點，即古木柵遺址中寮、王甲、埤仔頭等地點。這個概念如同於古笨港遺址，隨著地理區位差異、人群移動與自然災害等諸多因素，形成板頭村、水仙宮、船頭埔、朝天宮等不同地點，但仍屬古笨港遺址的範疇之內。〔註1〕

十七世紀中後半以來，古木柵聚落的興衰發展，實為了臺灣西南部地區聚落發展的縮影。十七世紀後半政治情勢趨於穩定，入臺開拓者日漸增加，各地聚落普遍有所發展。十八世紀末期以後海岸線不斷的外移，原先具有港汊交通等功能之聚落，面臨機能消失或改變等狀況，同時又遭遇了十九世紀諸次自然災害的侵擾。因此，聚落發展間開始出現分歧，有無法克服而導致遷滅者，亦有因此而合併或擴大者。二十世紀再一次政治形勢的劇烈改變，但此時聚落發展趨勢大致已經底定，經濟與政治政策已無法對於聚落規模再有劇烈的改變。而關於本文開頭處所提及《嘉慶君遊臺灣》中的「從中寮走到木柵好麻豆」，這個說法雖有待商榷，但我們依然能夠透過推論，反映故事撰寫人所處的時代背景。大約在乾隆末期，即十八世紀晚期，此時的中寮與木柵可能是較具繁榮的聚落，能夠與麻豆相提並論；此外，這裡可能也開始出現聚落外移衰敗的現象，即中寮與木柵衰敗的事實。

今日的古木柵聚落，雖已不復見於地圖之中，但透過本論文研究的持續追尋與推敲，大致能夠獲知古木柵聚落的歷史定位、日常生活面貌、陶瓷器的使用、貿易取向，以及聚落發展趨勢等。而若未來能夠持續地累積，將單

〔註 1〕 盧泰康、邱鴻霖，《雲林縣古笨港遺址範圍與文化內涵先期研究計畫期末報告書》，頁 178～179。

點擴散至平面，便能進一步釐清臺灣西南部平原各聚落間，各遺址間複雜的相互關係。

二、研究方向

當面對一個歷史考古遺址的同時，若僅單一使用特定學科與方法，對於詮釋遺址現象與遺物脈絡的面向皆相當有限。唯有透過跨學科的整合分析，方可獲得更多更豐富的資訊，尤其歷史時期的考古遺址，需要考古學、藝術史、歷史學，以及其他相關學科的相互配合，才能將歷史詮釋地兼具研究深度與科學脈絡。本論文利用陶瓷史針對各出土陶瓷器進行分析，判斷其所屬年代，生產地區，給與陶瓷器一個準確的定位；透過考古學研究，釐清中寮木柵一代的地層堆積狀況，以及其相關共伴現象等脈絡；藉由歷史學文獻，找尋記載於典籍中的相關記錄，解析木柵聚落例來的歷史發展。透過上述三種研究方式，將三者緊密的結合，得出一個最為貼近十七世紀中期至二十世紀初期古木柵聚落的樣貌。

無論未來是以「古木柵街遺址」呈現，或是以個別遺址標示，皆必須拋開今日行政範圍之歸屬，重新以古聚落範圍審視，得出較為完整而宏觀的成果。此外，經過本次研究後得知，臺南科學園區內液晶電視及產業支援工業區範圍內的漢人遺址，在歷史變遷與自然災害後，雖各屬不同遺址，但在文化脈絡的背景下，彼此間的脈絡仍環環相扣，必須仔細審慎評估。

本研究主要鎖定在中寮遺址出土瓷器，但仍有大量的低溫軟陶、高溫釉陶、金屬器、玻璃器，以及相關的各式材質遺物，留待後續處理與研究，因此，若要詳細探討關於此地此時漢人的生活樣貌、生業活動等，都必須結合其他物質遺留資訊，進一步深入探討。其次，關於中寮遺址周邊仍有數個相關漢人與平埔族遺址存在，故未來進一步探討木柵街的範圍的過程中，勢必透過這些遺址的詳細整理與研究，綜合周邊發掘資訊與整合，以及尚未發掘的保護區調查等，才能夠更為明確的指出「古木柵街遺址」的實際涵蓋範圍。

整體來說，本研究僅屬於初步研究階段，中寮遺址亦只是找尋古木柵遺址的一個起點，筆者希望透過拋出這一片薄磚，鋪設一條找尋更多美玉的路徑，未來持續針對「古木柵街遺址」，或者其他臺灣各地歷史時期漢人研究，或將有更為深入的研究與討論。

參考文獻

中文專書

1. （明）楊英，《從征實錄》，臺灣文獻叢刊第 32 種，臺北：臺灣銀行經濟研究室，1958 年。

2. （清）不著撰人，《清高宗實錄選輯》，臺灣文獻叢刊第 186 種，臺北：臺灣銀行經濟研究室，1964 年。

3. （清）不著撰人，《臺灣府輿圖纂要》，臺灣文獻叢刊第 181 種，臺北：臺灣銀行經濟研究室，1963 年。

4. （清）江日昇，《臺灣外記》，臺灣文獻叢刊第 60 種，臺北：臺灣銀行經濟研究室，，1958 年。

5. （清）余文儀，《續修臺灣府志》，臺灣文獻叢刊第 121 種，臺北：臺灣銀行經濟研究室，1987 年。

6. （清）阮旻錫、臺灣銀行經濟研究室編，《海上見聞錄》，臺灣文獻史料叢刊第 24 種，臺北：臺灣大通書局，1987 年。

7. （清）周亮工，《閩小記》，北京：中華書局，1985 年。

8. （清）周凱、臺灣銀行經濟研究室編，《廈門志》，臺灣文獻叢刊第 95 種，卷七，臺北：臺灣銀行經濟研究室，1961 年。

9. （清）周凱纂，《廈門志》，卷 15，風俗記，臺北：臺灣銀行經濟研究室，臺灣文獻叢刊第 095 種，1961 年。

10. （清）周鍾瑄，《諸羅縣志》，臺灣文獻叢刊第 141 種，臺北：臺灣銀行經濟研究室，1963 年。

11. （清）榎一雄編，《華夷變態》，東洋文庫叢刊第十五上，東京：東方書店，1958 年。

12. （清）俞蛟，《夢廠雜著》，上海：上海古籍出版社，1988 年。

13. （清）施鴻保，《閩雜記》，臺灣文獻叢刊第 216 種，臺北：臺灣銀行經濟研究室，1965 年。

14. （清）郁永河，《裨海紀遊》，臺灣文獻叢刊第 44 種，臺北：臺灣銀行經濟研究室，1987 年。

15. （清）高拱乾，《臺灣府志》，南投：臺灣省文獻委員會，1993 年。

16. （清）張菼，《鄭經鄭克塽編年》，臺灣研究叢刊第 86 種，臺北：臺灣銀行經濟研究室，1966 年。

17. （清）連橫，《臺灣通史》，臺灣文獻叢刊第 128 種，臺北：臺灣銀行經濟研究室，1962 年。

18. （清）黃叔璥，《台海使槎錄》，南投：臺灣省文獻會，1999 年。

19. （清）黃逢昶、吳光亮、王凱泰，《臺灣生熟番紀事》，臺灣文獻叢刊第 51 種，臺北：臺灣銀行經濟研究室，1960 年。

20. （清）翟灝，《臺陽筆記》，臺灣文獻叢刊第 20 種，臺北：臺灣銀行經濟研究室，1958 年。

21. （清）劉良璧，《重修福建臺灣府志》，臺灣文獻叢刊第 74 種，臺北：臺灣銀行經濟研究室，1961 年。

22. （清）謝金鑾，《續修臺灣府志》，臺北：臺灣大通書局，1984 年。

23. （清）沈雲撰，黃胡群校，《臺灣鄭氏始末》校釋，臺北：臺灣書店，2007 年。

24. 謝明良，《貿易陶瓷與文化》，臺北：允晨文化，2005 年。

25. 簡榮聰，《臺灣海撈文物》，南投：臺灣省文獻會，1994 年。

26. 中國國家博物館水下考古研究中心，海南省文物保護管理辦公室編，《西沙水下考古（1998～1999）》，北京：科學出版社，2005 年。

27. 中國陶瓷編輯委員會編，《景德鎮民間青花瓷器》，上海：上海人民美術出版社，1994 年。

28. 方李莉，《景德鎮民窯》，北京：人民美術出版社，2002 年。

29. 王志敏，《明代民間青花瓷畫》，北京：中國古典藝術出版社，1958 年。

30. 布魯斯・崔格爾著、周大鳴編、徐堅譯，《考古學思想史》，長沙：嶽麓書社，2006 年。

31. 朱正宜、陳俊男等，《新寮遺址搶救發掘研究計畫期末報告》，臺南：財團法人樹谷文化基金會、國立臺灣史前文化博物館，2010 年。

32. 江仁傑，《解構鄭成功——英雄、神話與形象的歷史》，臺北市：三民書局，2006 年。

33. 江桂珍，〈遺留地底的西方文化——談遊戲物與煙斗〉，收於國立歷史博物館歷史考古小組，《十七世紀荷西時期北臺灣歷史考古研究成果報告（下冊）》，臺北市：國立歷史博物館，2005 年，頁 189～210。

34. 江樹生，《梅氏日記》，臺北市：英文漢聲，2003 年。

35. 江樹生譯註,《熱蘭遮城日誌》第一冊,臺南:臺南市政府,2000 年。

36. 江樹生譯註,《熱蘭遮城日誌》第二冊,臺南:臺南市政府,2002 年。

37. 江樹生譯註,《熱蘭遮城日誌》第三冊,臺南:臺南市政府,2003 年。

38. 何傳坤、劉克竑,《雲林縣及嘉義縣北港溪古笨港遺址「崩溪缺」地點搶救考古調查及評估計畫》,行政院文化建設委員會委託,國立自然科學博物館執行,臺北市:行政院文化建設委員會,2003 年。

39. 何傳坤、陳浩維、臧振華,《臺灣地區地方考古人才培訓班(第三期)第二階段田野實習課程 考古調查暨考古發掘報告》,行政院文化建設委員會主辦,財團法人新港文教基金會承辦,中央研究院歷史語言研究所協辦,臺北:行政院文化建設委員會,1997 年。

40. 何傳坤、劉克竑,《板頭村遺址標本圖鑑:清代諸羅縣笨港縣丞署出土遺物》,臺中市:國立自然科學博物館,2004 年。

41. 何傳坤、劉克竑、陳浩維,《嘉義縣新港鄉板頭村遺址考古試掘報告》,嘉義縣政府、嘉義縣立文化中心主辦;新港文教基金會承辦;國立自然科學博物館執行,嘉義:新港文教基金會,1999 年。

42. 何傳坤、劉克竑、鄭建文、陳浩維,《高雄市左營遺址範圍及保存價值研究計劃期末報告》,高雄市政府民政局委託,國立自然科學博物館、高雄市立歷史博物館執行,高雄:高雄市民政局,2001 年。

43. 吳其生,《中國福建古陶瓷標本大系──南靖窯》,福州:福建美術出版社,2005 年。

44. 吳其生,《福建漳窯》,廣州:嶺南美術出版社,2002 年。

45. 吳其生、李和安,《中國福建古陶瓷標本大系──華安窯》,福州:福建美術出版社,2005 年。

46. 吳密察、翁佳音編、中村孝志著,《荷蘭時代臺灣史研究(上卷)概說‧產業》,臺北縣:稻香出版社,1997 年。

47. 呂建德,〈新市永安宮沿革暨台江守廟緣起〉,《木柵媽祖在新市》,臺南:新市永安宮管理委員會,1998 年。

48. 村上直次郎、程大中譯,《巴達維亞城日誌(第三冊)》,臺北:臺灣省文獻會,1990 年。

49. 李匡悌、臧振華、盧泰康、朱正宜,〈The Exotic Connection: Imported Porcelain in the Sixteenth and Seventeenth Century Taiwan〉,《「海域物質文化交流:十六至十八世紀歐洲與亞洲東南亞的文化互動」國際研討會論文集》,主辦單位:中央研究院歷史語言研究所、中央研究院人社中心考古學研究專題中心,2007 年。

50. 李匡悌,《三舍暨社內遺址受相關水利工程影響範圍搶救考古發掘工作計劃期末報告》,臺南縣政府委託,中央研究院歷史語言研究所執行,臺

北：中央研究院歷史語言研究所，2005 年。

51. 李匡悌，《國立清華大學新校區雞卵面公墓清理及遷移歷史考古學監控及搶救計劃報告》，國立清華大學委託，中央研究院歷史語言研究所執行，臺北：中央研究院歷史語言研究所，2002 年。

52. 李德河、傅朝卿、劉益昌等，《王城試掘研究計畫（二）及影像紀錄期末報告》行政院文化建設委員會指導、臺南市政府委託，臺南：財團法人成大研究發展基金會，2006 年。

53. 松浦章著，張新藝譯，《清代帆船與中日文化交流》，上海：上海科學技術文獻出版社，2012 年。

54. 林玉茹，《清代臺灣港口的空間結構》，臺北：知書房出版社，1993 年。

55. 林聖欽等撰述，《臺灣地名辭書卷七：臺南縣》，南投：國史館臺灣文獻館，2002 年。

56. 俞偉超，《考古類型學的理論與實踐》，北京：文物出版社，1987 年。

57. 施添福，《臺灣地名辭書（卷七）臺南縣》，南投：國史館臺灣文獻館，2002 年。

58. 洪英聖，《畫說乾隆臺灣輿圖》，南投市：行政院文化建設委員會中部辦公室，1999 年。

59. 胡振洲，《聚落地理學》，臺北：三民書局，1993 年。

60. 唐德塹編著，《善化鎮鄉土誌》，臺南：三合印刷廠，1982 年。

61. 格林・丹尼爾（Glyn Daniel）著，黃其煦譯，《考古學一百五十年》（A Hundred and Fifty Years of Archaeology），北京：文物出版社，1987 年。

62. 翁佳音，《荷蘭時代臺灣史的連續性問題》，臺北縣：稻香出版社，2008 年。

63. 耿寶昌，《明青瓷器鑑定》，北京：紫禁城出版社，1993 年。

64. 馬文寬、孟凡人，《中國古瓷在非洲的發現》，北京：紫禁城出版社，1987 年。

65. 國立歷史博物館編輯委員會，《澎湖將軍一號沉船水下考古展專輯》，臺北：國立歷史博物館，2001 年。

66. 國立歷史博物館歷史考古小組，《十七世紀荷西時期北臺灣歷史考古研究成果報告》，臺北：國立歷史博物館，2005 年。

67. 張勝柏等編，《安定鄉志》，臺南：臺南縣安定鄉公所，2010 年。

68. 張溪南，《南瀛老街誌》，南瀛文化研究叢書第 11 輯，南瀛地景文化專輯 53，臺南：臺南縣政府，2007 年。

69. 曹永和，〈鄭氏時代之臺灣墾殖〉，《臺灣經濟史初級》，臺北市：臺灣銀行經濟研究室，臺灣文獻叢刊第 25 種，1954 年。

70. 曹永和,《中國海洋史論》,臺北:聯經出版公司,2000 年。

71. 曹永和,《臺灣早期歷史研究續集》,臺北:聯經出版公司,2000 年。

72. 曹永和,《臺灣早期歷史研究》,臺北:聯經出版社,1979 年。

73. 梁淼泰,《明清景德鎮城市經濟研究》,江西:江西人民出版社,1991 年。

74. 連橫,《雅堂先生文集》,收於沈雲龍編,《近代中國史料叢刊續編》第十輯,臺北:文海出版社,1966 年。

75. 郭輝譯、村上直次郎原譯,《巴達維亞城日記》第一冊,臺北:臺灣省文獻會,1989 年。

76. 陳亦榮,《清代漢人在臺灣地區遷徙之研究》,臺北:私立東吳大學、中國學術著作獎助委員會,1991 年。

77. 陳全方、張臘梅,《雲林縣北港鎮朝天宮(前中央市場)文化地層調查紀錄》,雲林:北港朝天宮,1996 年。

78. 陳有貝、邱水金,《宜蘭縣礁溪鄉淇武蘭遺址第三階段資料整理計畫工作報告書》,交通部臺灣區國道新建工程局、臺灣電力公司委託,宜蘭縣政府文化局執行,2005 年。

79. 陳有貝、邱水金,《淇武蘭遺址搶救發掘報告(四)》,宜蘭市:宜蘭縣立蘭陽博物館,2008 年。

80. 陳宗仁,《雞籠山與淡水洋——東亞海域與臺灣早期研究 1400～1700》,臺北:聯經出版社,2005 年。

81. 陳明良,《德化窯古瓷珍品鑒賞》,福州:福建美術出版社,2005 年。

82. 陳信雄,《陶瓷臺灣》,臺中:晨星出版社,2003 年。

83. 陳建中,《德化民窯青花》,北京:文物出版社,1999 年。

84. 陳建中、陳麗芳,《中國福建古陶瓷標本大系——德化窯(中)》,福州:福建美術出版社,2005 年。

85. 陳建中、陳麗芳,《中國福建古陶瓷標本大系——德化窯(下)》,福州:福建美術出版社,2005 年。

86. 陳建中、陳麗華,《福建德化窯:明代》,廣州:嶺南美術出版社,2003 年。

87. 陳國瑛、林棲鳳、諸生,《臺灣采訪冊》臺灣文獻叢刊第 55 種,臺北:臺灣銀行經濟研究室,1959 年。

88. 陳淳斌纂修,王明燦分修,《嘉義縣志·卷四·政事志》,嘉義:嘉義縣政府,2009 年。

89. 陳漢光、賴永祥,《北臺古輿圖集》,臺北:臺北市文獻委員會編印,1956 年。

90. 陳碧笙,《鄭成功歷史研究》,北京:九州出版社,2000 年。

91. 陳維鈞,《清水社口遺址緊急搶救發掘報告》,臺中縣文化局委,中央研究院歷史語言研究所執行,2004 年。

92. 黃翠梅、李匡悌、蘇一志,《臺南縣歸仁鄉歸仁窯遺址學術調查與研究計畫》,臺南縣政府文化局委託,國立臺南藝術學院執行,2003 年。

93. 傅朝卿、劉益昌、李德河等,《第一級古蹟臺灣城殘蹟(原熱蘭遮城)城址初步研究計畫報告》,臺南:財團法人成大研究發展基金會,2003 年。

94. 彭一剛,《傳統村鎮聚落景觀分析》,北京:中國建築工業出版社,1992 年。

95. 曾凡,《福建陶瓷考古概述》,福州:福建省地圖出版社,2001 年。

96. 曾光正,《鳳山縣舊城城內歷史空間調查研究期末報告》,高雄:高雄市政府文化局委託,高雄市舊城文化協會執行,2011 年。

97. 森村建一,〈漳州窯陶瓷器——SWATOW——的貿易〉,《漳州窯——福建漳州地區明清窯址調查發掘報告之一》,福州:福建人民出版社,1997 年。

98. 越南國家歷史博物館等編著,《海上絲綢之路遺珍——越南出水陶瓷》,北京:科學出版社,2009 年。

99. 黃文博,《南瀛地名誌》,新營:臺南縣文化局,1998 年。

100. 黃玉齋,《鄭成功與臺灣》,臺北市:海峽學術出版社,2004 年。

101. 黃翠梅、李匡悌、盧泰康,《十三窯傳奇——歸仁窯考古與研究成果集》,臺南:國立臺南藝術大學藝術史學系,2008 年。

102. 黃應貴,《空間、力與社會》,臺北:中央研究院民族學研究所,1995 年。

103. 黃耀東編,《明清臺灣碑碣選集》,南投:臺灣省文獻委員會,1980 年。

104. 新市鄉公所編,《新市鄉志》,臺南:新市鄉公所,2006 年。

105. 廖倫光,《臺南科學園區內的「敗庄」故事體系》,臺北:國家文化藝術基金會,2002 年。

106. 福建省博物館,《漳州窯——福建漳州地區明清窯址調查發掘報告之一》,福建:福建人民出版社,1997 年。

107. 臧振華,《南科液晶電視及產業支援工業區考古遺址受開發影響部分搶救發掘計畫報告》,聯奇開發股份有限公司委託、國立臺灣史前文化博物館執行,2011 年。

108. 臧振華、李匡悌、朱正宜,《臺南科學工業園區道爺遺址未劃入保存部份搶救考古計劃期末報告》,南部科學工業園區管理局委託,中央研究院歷史語言研究所執行,2004 年。

109. 臧振華、李匡悌,《南部科學工業園區考古遺址搶救監測後續計畫期末報告》,南部科學工業區管理局委託,國立臺灣史前文化博物館執行,2007年。

110. 臧振華、李匡悌,《考古遺址受開發影響部分搶救發掘計畫報告》,聯奇開發股份有限公司委託、國立臺灣史前文化博物館執行,2011年。

111. 臧振華、李匡悌,《南科的古文明 南科考古發現系列叢書(一)》,臺東:國立臺灣史前文化博物館,2013年。

112. 臧振華、李匡悌等,《南部科學工業區第三期考古遺址搶救發掘及監測計畫期末報告》,南部科學工業區管理局委託,國立臺灣史前文化博物館執行,2010年。

113. 臺灣省文獻會採集組,《臺南縣鄉土史料——耆老口述歷史》,南投:臺灣省文獻委員會,2000年。

114. 臺灣銀行經濟研究室編,《清世祖實錄選輯》臺灣文獻叢刊第158種,臺北:臺灣銀行經濟研究室,1984年。

115. 臺灣銀行經濟研究室編,《鄭氏史料續編》,南投:臺灣省文獻委員會,1995年。

116. 劉益昌,《臺北縣北海岸地區考古遺址調查報告》,臺北縣立文化中心委託,中華民族學會研究,1997年。

117. 劉益昌,《臺灣的史前文化與遺址》,南投:臺灣省文獻委員會、臺灣史跡源流文獻會,1996年。

118. 劉益昌、劉瑩三,《舊麻豆港水崛頭遺址文化園區探勘復原計畫期末報告》,臺南縣政府委託,2005年。

119. 劉益昌、謝明良,《熱蘭遮城博物館(現永漢文物館)調查修復規劃案——熱蘭遮城考古遺址出土文物研究與展示構想計畫》,臺南市政府執行,財團法人成大研究發展基金會研究,2005年。

120. 潘英,《臺灣平埔族史》,臺北:南天書局,1996年。

121. 蔡承祐,《笨港出土文物》,雲林:雲林縣笨港合和民俗發展協會,2001年。

122. 蔡培慧、陳怡慧、陳柏州,《臺灣的舊地名》,臺北:遠足文化出版社,2004年。

123. 鄭維中,《荷蘭時代的臺灣社會》,臺北市:前衛出版社,2004年。

124. 盧泰康,《十七世紀臺灣外來陶瓷研究——透過陶瓷探索明末清初的臺灣》,新北市:花木蘭文化,2013年。

125. 盧泰康、李匡悌,《發現臺南水交社墓葬群》,臺南:國立臺南藝術大學,2009年。

126. 盧泰康、李匡悌、王竹平,《臺南科學園區出土金屬器形制與製作工藝委

託研究案期末報告》，臺南：國立臺南藝術大學藝術史學系。

127. 盧泰康、邱鴻霖，《雲林縣古笨港遺址範圍與文化內涵先期研究計畫期末報告書》，雲林縣政府委託，國立臺南藝術大學執行，2012 年。

128. 嚴瑞源編審，《香港大埔碗窯青花瓷窯址：發掘及研究》，香港：康樂及文化事務署，2000 年。

期刊論文

1. 土屋重雄，《臺灣事情一班》，臺北：臺灣日日新報社，1897 年。

2. 中國國家博物館水下考古研究中心、肯尼亞國立博物館沿海考古部，〈2010 年度中肯合作肯尼亞沿海水下考古調查主要收穫〉，《中國國家博物館館刊》第 8 期，2012 年，頁 88～99。

3. 中國國家博物館水下考古研究中心等，〈浙江寧波漁山小白礁一號沉船遺址調查與試掘〉，《中國國家博物館館刊》第 11 期，2011 年，頁 54～68。

4. 方偉達、楊孟潭，〈臺南地區海岸變遷與永續發展策略〉，《2007 土地研究學術研討會——城鄉治理與永續發展論文集》，臺北大學不動產與城鄉環境學系，2007 年，頁 1～17。

5. 王文徑，〈漳浦出土的明清瓷器〉，《福建文博》第 39 卷第 1 期，2001 年，頁 56～58。

6. 甘淑美，〈17 世紀末～18 世紀初歐洲及新世紀的德化白瓷貿易〉，《福建文博》第 81 卷第 4 期，2012 年，頁 1～14。

7. 石文誠，〈十六、十七世紀之際臺灣的閩南商人網絡初探（1570～1625）〉，收入簡文敏編，《南臺灣歷史與文化論文集》，高雄：高雄縣自然史教育館，2010 年，頁 349～368。

8. 石再添，〈臺灣西部海岸線的演變及海埔地的開發〉，《師大地理研究報告》第 6 期，1980 年，頁 1～33。

9. 江桂珍，〈遺留地底的西方文化——談遊戲物與煙斗〉，收錄於國立歷史博物館歷史考古小組，《十七世紀荷西時期北臺灣歷史考古研究成果報告（下冊）》，臺北市：國立歷史博物館，2005 年，頁 189～210。

10. 何翠媚，〈德化明清瓷雕——評唐納利的書〉，《德化陶瓷研究論文集》，2002 年，頁 317～320。

11. 李匡悌，〈二十一世紀臺灣聚落考古學的研究〉，《人文與社會科學簡訊》第 12 卷第 3 期，2011 年，頁 67～75。

12. 李志祥，《荷鄭時期新港社研究》，國立臺南師範學院鄉土文化研究所碩士論文，2003 年。

13. 李濱、孫鍵，〈2004 年東山冬古灣沉船遺址 B 區發掘簡報〉，《福建文博》增刊，2005 年。

14. 松田吉郎著、雷慧英譯，〈鄭氏時代臺灣的開發〉，《鄭成功研究國際學術會談論文集》，南昌：江西人民出版社，1989年，頁242～259。

15. 林仁川，〈試論鄭氏政權對海商的徵稅制度〉，《鄭成功研究國際學術會談論文集》，南昌市：江西人民出版社，1989年，頁206～271。

16. 林玉茹，〈番漢勢力交替下港口市街的變遷〉，《漢學研究》第23卷第1期，2005年6月，頁18～21。

17. 林玉茹，〈潟湖、歷史記憶與王爺崇拜——以清代鯤身王信仰的擴散為例〉，《臺大歷史學報》第43期，2009年，頁43～86。

18. 邱鴻霖，《宜蘭縣礁溪鄉淇武蘭遺址出土墓葬研究——埋葬行為與文化變遷的觀察》，國立臺灣大學人類學研究所碩士論文，2004年。

19. 徐堅，〈作為南越國考古學起點的龜崗和貓兒崗：發現與方法〉，《歷史人類學學刊》第9卷第1期，2011：4，頁3～15。

20. 徐曉望，〈明末西班牙人占據臺灣雞籠、淡水時期與大陸的貿易〉，《臺灣研究集刊》第108卷，2010年4月，頁1～8。

21. 栗建安，〈中國水下考古發現的十六至十七世紀外銷瓷及其相關問題〉，《逐波泛海——十六至十七世紀中國陶瓷外銷與物質文明擴散國際學術研討會論文集》，主辦單位：香港城市大學中國文化中心、陶瓷下西洋小組，香港，2012年。

22. 栗建安，〈宋元時期漳洲地區的瓷業〉，《福建文博》第1期，2001年，頁53～55。

23. 栗建安，〈明清福建漳州地區的窯業技術〉，《福建文博》增刊，1999年，頁8～14。

24. 栗建安，〈東溪窯調查紀略〉，《福建文博》第1～2期，1993年，頁141～143。

25. 高健、李和安，〈從明墓出土器談平和窯燒制年代〉，《中國古陶瓷研究》第5輯，紫禁城出版社，1999年。

26. 康培德，〈荷蘭時代蘭陽平原的聚落與地區互動〉，《臺灣文獻》第52卷第4期，2001年，頁218～253。

27. 張光直，〈發刊詞〉，《臺灣史田野研究通訊》第1卷第12期，臺北：中央研究院臺灣史田野研究室，1986年，頁2。

28. 張光直，〈聚落型態考古〉，《考古學專題六講》，臺北縣：稻香，1988年，頁76～94。

29. 曹建文，〈近年來景德鎮窯址發現的克拉克瓷器〉，《中國古陶瓷研究》第十輯，北京：紫禁城出版社，2004年，頁141～149。

30. 曹建文、羅易扉，〈克拉克瓷器在景德鎮窯址的發現〉，《文物天地》第12期，2004年，頁41～45。

31. 許献平，〈重返南科 13 座有應公廟歷史現場〉，《臺南文獻》創刊號，2012 年，頁 117～129。

32. 陳中禹，〈荷治時期麻豆社的族群關係與被統治的歷程〉，收入林玉茹編，《麻豆港街的歷史、族群與家族》，臺南：臺南縣政府，2009 年，頁 30～81。

33. 陳玉美，〈臺灣的歷史考古學的研究〉，《田野考古》第 15 卷第 1 期，2012 年，頁 1～18。

34. 陳立群，〈東山島冬古沉船遺址初探〉，《福建文博》，2001 年，第 1 期，頁 33～39。

35. 陳光祖，〈從歷史文獻看臺灣早期的「考古」發現〉，《田野考古》第 6 卷，1998 年，頁 13～66。

36. 陳光祖，〈臺灣地區出土瓷器現況——臺灣出土瓷器研究的幾個面向——〉，《田野考古》，2004 年，第 9 卷第 1、2 期，頁 137～165。

37. 陳光祖，〈臺灣地區出土瓷器現況——臺灣出土瓷器研究的幾個面向〉，《田野考古》，第 9 卷第 1、2 期，2004 年，頁 137～165。

38. 陳有貝、李貞瑩，〈淇武蘭遺址出土近代瓷器簡介〉，《田野考古》第 9 卷第 1、2 期，2004 年，頁 35～51。

39. 陳信雄，〈安平壺——漢族開台起始的標誌〉，《歷史月刊》第 146 期，2000 年 3 月，頁 4～15。

40. 陳信雄，〈臺澎出土中國陶瓷的歷史學應用〉，《田野考古》第 9 卷第 1、2 期，2004 年，頁 81～88。

41. 陳建中，〈「中國白」在歐洲的影響——談德化古代陶瓷的對外貿易〉，《德化陶瓷研究論文集》，2002 年，頁 275～279。

42. 陳建中，〈泉州的陶瓷貿易與東西文化互動：以德化窯外銷瓷為例〉，《海交史研究》第 1 期，2004 年，頁 94～104。

43. 陳荊和，〈十七世紀之暹邏對外貿易與華僑〉，收於《中泰文化論集》，臺北：中華文化事業委員會，1958 年，頁 147～187。

44. 陳國棟，〈清代前期（1644～1842）海洋貿易的形成〉，收於《東亞海域一千年》，臺北：遠流出版社，2005 年，頁 257～286。

45. 陳國棟，〈轉運與出口：荷據時期貿易與產業〉，收於《福爾摩沙——十七世紀的臺灣、荷蘭與東亞》，臺北：國立故宮博物院，2003 年，頁 54～74。

46. 傅宋良、王上，〈邵武四都青雲窯址調查簡報〉，《福建文博》第 1 期，1998 年，頁 19～22。

47. 鄂傑、趙嘉斌，〈2004 年東山冬古灣沉船遺址 A 區發掘簡報〉，《福建文博》增刊，2005 年。

48. 黃福才，〈1683 年前臺灣商業的變化與特點〉，《鄭成功研究國際學術會談論文集》，南昌市：江西人民出版社，1989 年，頁 272～291。

49. 黃翠梅，〈變動的疆界——藝術史與考古學的學科對話〉，《2003 海峽兩岸藝術史學與考古學方法研討會論文集》，臺南：國立臺南藝術大學，2005 年，頁 17～18。

50. 楊少祥，〈廣東青花瓷初探〉，收錄於 Ho Chuimei ed., Ancient Ceramic Kiln Technology in Asia ,Hong Kong: Center of Asian Studies, University of Hong Kong, 1990, pp. 3~7.

51. 楊彥杰，〈一六五〇～一六六二年鄭成功海外貿易的貿易額和利潤額估算〉，《福建論壇》第 4 期，1982 年，頁 80～88。

52. 碗礁一號水下考古隊，《東海平潭——碗礁一號出水瓷器》，北京：科學出版社，2006 年。

53. 葉神保，《排灣族 caqovoqovolj（內文社）社群遷徙與族群關係的探討》，國立東華大學族群關係與文化研究所碩士論文，2002 年。

54. 葉清琳，〈安溪青花瓷器的初步研究〉，收錄於 Ho Chuimei ed., Ancient Ceramic Kiln Technology in Asia, Hong Kong: Center of Asian Studies, University of Hong Kong, 1990, pp 81~87。

55. 熊海棠，〈華南沿海對外陶瓷技術的交流和福建漳州窯發現的意義〉，收錄於福建省博物館，《漳州窯》，福州：福建人民出版社，1997 年，頁 116～117。

56. 福建省博物館、漳州市博物館，〈華安東溪窯 1999 年度調查〉，《福建文博》第 40 卷第 2 期，2001 年，頁 50～69。

57. 福建省博物館：《平和五寨洞口窯址的發掘》，《福建文博》增刊，1998 年。

58. 福建博物院、漳州市文物管理委員會辦公室，〈漳州岱山院遺址發掘簡報〉，《福建文博》第 3 期，2010 年，頁 1～13。

59. 福建博物院、德化縣文物管理委員會、德化陶瓷博物館，〈德化明代甲杯山窯址發掘簡報〉，《福建文博》第 55 卷第 2 期，2006 年，頁 1～15。

60. 臧振華，〈考古學與臺灣史〉，《中國考古學與歷史學之整合研究下冊》，臺北：中央研究院歷史語言研究所，1997 年，頁 721～742。

61. 臧振華、高有德、劉益昌，〈左營清代鳳山縣舊城聚落的試掘〉，《中央研究院歷史語言研究所集刊》第 64 本第 3 分，1993 年，頁 763～865。

62. 趙金勇，〈初探東帝汶的古代貿易考古〉，《田野考古》第 11 卷，2007 年，頁 27～60。

63. 趙金勇，〈東帝汶 Manatuto 地區聚落型態變遷之初探〉，《2005 年臺灣考古工作會報》，國立臺灣史前文化博物館主辦，2006 年。

64. 趙金勇,〈東帝汶史前防禦性聚落型態與聖嬰現象〉,《臺灣人類學及民族學會年會——人類學的挑戰與跨越》,中央研究院民族學研究所,2008年。

65. 趙金勇,〈東帝汶 Manatuto 聚落型態變遷之初探〉,《九十四年臺灣考古工作會報報告集》,國立臺灣史前文化博物館,2006年。

66. 趙金勇、鍾亦興,〈花岡山與大龍峒遺址的近現代陶瓷消費〉,《考古人類學刊》第 76 期,2012 年,頁 61～96。

67. 劉益昌、王淑津,〈2005 年熱蘭遮城遺址出土的十七世紀肥前陶瓷〉,《熱蘭城考古試掘計畫通訊月刊》第 13 期,2005 年 10 月,頁 14～21。

68. 劉新園、白焜,〈高嶺土史考——兼論瓷石、高嶺與景德鎮十至十九世紀的製瓷業〉,《中國陶瓷》第 7 期,1982 年,頁 152～154。

69. 鄭東,〈福建閩南地區古代陶瓷生產概述〉,《東南文化》第 5 期,2002年,頁 56～62。

70. 鄭炯鑫,〈從「泰興號」沉船看清代德化青花瓷器的生產與外銷〉,《德化陶瓷研究論文集》,德化陶瓷研究論文集編委會,2002 年,頁 253～256。

71. 鄭瑞明,〈日本古籍《華夷變態》的東南亞華人史料〉,《海外華人研究》第 2 期,1992 年,頁 123～147。

72. 鄭瑞明,〈臺灣明鄭與東南亞貿易關係初探——發展東南亞貿易之動機、實務及外商之前來〉,《臺灣師大歷史學報》第 14 期,1986 年 6 月,頁 57～108。

73. 鄭瑞明,〈臺灣明鄭與東南亞之貿易關係初探——發展東南亞貿易之動機、實務及外商之前來〉,《國立臺灣師範大學歷史學報》第 14 期,1986年,頁 57～108。

74. 樹谷文化基金會,〈走踏新港西訪察台江東岸的雪泥鴻爪〉,《Tree Vallry》第 3 期,臺南:財團法人樹谷文化基金會,2012 年,頁 2～14。

75. 盧泰康,〈介於歷史考古、臺灣史與藝術史的研究〉,《十七世紀海域史新研究座談會暨慶祝曹永和院士九十三歲壽誕》,主辦單位:中央研究院臺灣研究所,臺北,2012 年。

76. 盧泰康,〈臺灣傳統白糖製造技術與其關鍵陶質工具〉,《成大歷史學報》第 28 期,2004 年,頁 89～136。

77. 盧泰康,〈明代中國陶瓷外銷的歷程與分期〉,《2012 海上絲綢之路 中國古代瓷器輸出及文化影響國際學術研討會論文集》,浙江市:浙江人民美術出版社,2012 年,頁 401～414。

78. 盧泰康,〈從臺灣與海外出土的貿易瓷看明末清初中國陶瓷的外銷〉,《逐波泛海——十六至十七世紀中國陶瓷外銷與文名擴散國際學術研討論文集》,香港:香港城市大學中國文化中心,2002 年,頁 235～252。

79. 盧泰康，〈臺澎地區出土十七世紀漳州窯青花瓷〉，《陳昌蔚紀念論文集》第四輯，臺北：財團法人陳昌蔚文教基金會，2009 年，頁 217～257。

80. 盧泰康，〈臺灣南部廟宇收藏的傳世陶瓷香爐供器〉，《近代物質文化研究——第一屆 歷史與文物學術研討會》，臺中：逢甲大學歷史與文物研究所，2013 年，頁 35～58。

81. 盧泰康，〈閩商與臺灣發現的閩南貿易陶瓷〉，《考古學視野中的閩商》，北京：中華書局，2010 年，頁 114～127。

82. 盧泰康，〈澎湖所見的肥前瓷器〉，《金大考古》第 61 期，2008 年，頁 1～2。

83. 盧泰康，〈澳門崗頂山坡出土陶瓷研究〉，《文化雜誌》第 86 卷第 1 期，2013 年，頁 151～176。

84. 盧泰康，〈臺灣考古出土（水）陶瓷的年代與特徵——歷史時期〉，「出土（水）陶瓷保存修護國際交流工作坊」，行政院文化建設委員會文化資產總管理處籌備處主辦，國立臺南藝術大學藝術史學系承辦，2008 年。

85. 盧泰康，〈從臺灣與海外出土的貿易瓷看明末清初中國陶瓷的外銷〉，《逐波泛海——十六至十七世紀中國陶瓷外銷與物質文明擴散國際學術研討會論文集》，香港城市大學中國文化中心、陶瓷下西洋小組主辦，2011 年。

86. 盧泰康，〈臺灣出土十七世紀景德鎮窯貿易瓷研究〉，《十七世紀景德鎮貿易瓷國際研討會》，主辦單位：上海博物館，2006 年。

87. 盧泰康，〈臺灣出土克拉克瓷在 17 世紀陶瓷貿易中的地位〉，《「陶瓷下西洋」專題系列研討會（二）》，香港城市大學中國文化中心、陶瓷下西洋小組主辦，2010 年。

88. 盧泰康，〈臺灣考古出土歷史時期陶瓷的年代與特徵〉，《故宮文物月刊》第 326 期，2010 年，頁 56～67。

89. 盧泰康，〈澎湖風櫃尾出土的貿易陶瓷〉，《臺灣地區出土瓷器資料研究論文發表會》，主辦單位：中央研究院考古學研究專題中心、「田野考古」雜誌，2003 年。

90. 盧泰康、李匡悌，〈試論臺南地區出土的十七世紀日本肥前青花瓷〉，「2005 年臺灣考古工作會報」，主辦單位：國立臺灣史前文化博物館，2005 年。

91. 盧泰康、野上建紀，〈澎湖馬公港與金門所發現的肥前瓷器〉，《史物論壇》第 6 期，2008 年，頁 93～119。

92. 盧嘉興，〈臺南縣古地名考〉，《南瀛文獻》第 6 期，1959 年，頁 1～20。

93. 賴永祥，〈臺灣鄭氏與英國的通商關係史〉，《臺灣文獻》第 16 卷第 2 期，1965 年，頁 1～50。

94. 賴永祥,〈鄭英通商略史〉,《臺灣風物》第 4 卷第 4 期,1954 年,頁 13 ～26。

95. 錢江,〈十七至十九世紀初越南沿海的中國帆船貿易〉,收於劉序楓主編,《中國海洋發展史論文集》第九輯,臺北:中央研究院人文社會科學研究中心,2005 年,頁 291～329。

96. 薛翹、劉勁峰,〈明末清初景德鎮陶瓷外銷路線的變遷與福建平和縣窯址的發現〉,《福建文博》第 1 期,1995 年,頁 22～26。

97. 謝艾倫,《宜蘭淇武蘭遺址出土外來陶瓷器之相關研究》,國立臺灣大學人類學研究所碩士論文,2009 年。

98. 謝明良,〈介紹幾件熱蘭遮城遺址出土的十七世紀歐洲與日本瓷器〉,《熱蘭遮城考古計畫通訊月刊》第 4 期,2003 年,頁 3～7。

99. 謝明良,〈熱蘭遮城遺址出土的十七世紀歐洲、日本及東南亞陶瓷〉,《金澤大學考古學紀要》第 30 期,2009 年,頁 3～16。

100. 謝明良,〈左營清代鳳山縣就成聚落出土陶瓷補記〉,《貿易陶瓷與文化史》,臺北:允晨文化,1997 年,頁 229～244。

101. 謝明良,〈安平壺芻議〉,《美術史研究集刊》第 2 期,國立臺灣大學藝術史研究所,1995 年,頁 77～93。

102. 謝明良,〈陶瓷所見十七世紀的福爾摩沙〉,《故宮文物月刊》第 21 卷第 2 期,2003 年,頁 24～39。

103. 謝明良,〈對於嘉義縣新港鄉板頭村遺址出土陶瓷年代的一點意見〉,《臺灣史研究》第 9 卷第 2 期,2002 年,頁 203～224。

104. 謝明良、劉益昌、顏廷伃、王淑津,〈熱蘭遮城考古發掘的出土遺物及其意義〉,《熱蘭遮城考古計畫通訊月刊》第 6 期,2003 年,頁 25～34。

105. 顏素麗,《臺南市安南區農田水利與聚落發展之研究》,國立臺南師範學院臺灣文化研究所碩士論文,2004 年。

日文文獻

1. 岩生成一,《近世日支貿易に關する數量的考察》,《史學雜誌》第 62 編第 11 號,1973 年,頁 981～1020。

2. 菊池誠一編,《昭和女子大學国際文化研究紀要 Vol. 4——ベトナム日本町ホイアンの考古學調査》,世田谷:昭和女子大学国際文化研究所,1997 年。

3. 駒澤大学禅文化歷史博物館,《考古資料展 4 有田焼の考古学図録窯跡資料にみる有田焼の変遷——有田・南川原窯ノ辻窯跡出土の陶磁器——》,東京:駒澤大学禅文化歷史博物館,2010 年。

4. 駒澤大学禅文化歷史博物館,《考古資料展 4 有田焼の考古学図録窯跡

資料にみる有田焼の変遷——有田・南川原窯ノ辻窯跡出土の陶磁器
——》，東京：駒澤大学禅文化歴史博物館，2010 年。

5. 坂井隆，〈肥前磁器（伊萬里）の發展と 17 世紀後半のアジア陶磁貿易
出土資料〉，《田野考古》第 9 卷第 1、2 期，2004 年，頁 1〜18。

6. 坂井隆，〈肥前陶磁の輸出と鄭氏・バンテン王国〉，《東南アジア歴史と
文化》第 22 期，1993 年，頁 67〜91。

7. 三上次男，《陶瓷貿易史研究上》，東京：中央公論美術出版，昭和 62
年。

8. 謝明良，〈關於葉型盤：從臺灣高雄縣左營清代鳳山縣舊城聚落遺址出土
的青花葉紋盤談起〉，《金沢大学考古学紀要》第 31 期，2010 年，頁 1
〜18。

9. 松尾信裕，〈大阪住友銅吹所〉，《季刊考古學》第 75 期，2001 年，頁 79，
圖 25。

10. 西田宏子、出川哲朗，《中国の陶磁・卷 10：明末清初の民窯》，東京：
平凡社，1997 年。

11. 西田弘子、出川哲朗，《中國の陶磁第十卷明末清初の民窯》，東京：平
凡社，1997 年。

12. 千代田區立日比谷図書文化館，《平成 24 年度文化財特別展　德川将軍
家の器——江戸城跡の最新の発掘成果を美術品とともに——》，東京：
千代田區立日比谷図書文化館，2013 年。

13. 村上伸之、野上建紀編著，《幸平遺跡——佐賀縣西松浦郡有田町幸平二
丁目 1521・1522 番地の調査》，佐賀縣：有田町教育委員會，2002 年。

14. 村上伸之、野上建紀編著，《有田の古窯——町内古窯跡詳細分布調査報
告書第 11 集》，佐賀：有田町教育委員会，1988 年。

15. 大橋康二、坂井隆，〈インドネシア・バンテン遺跡出土の陶磁器〉，收
錄於国立歴史民俗博物館編，《国立歴史民俗博物館研究報告》第 82
期，1999 年，頁 47〜94。

16. 大橋康二，〈東南アジアに輸出された肥前陶磁〉，《海を渡った肥前のや
きもの展》，佐賀県立九州陶磁文化館，1990 年。

17. 中野高久，〈長崎奉行関連遺跡出土遺物と貿易陶瓷〉，《第 34 回日本貿
易陶磁研究会研究集会『近世都市江戸の貿易陶磁器』発表要旨》，日本
陶瓷貿易研究会，2013 年 9 月，頁 97〜126。

18. 長佐古真也，〈江戸遺跡出土の清朝陶磁について——頻出類型を中心に
——〉，《第 34 回日本貿易陶磁研究会研究集会『近世都市江戸の貿易陶
磁器』発表要旨》，日本陶瓷貿易研究会，2013 年 9 月，頁 173〜182。

19. 陳信雄，〈安平壺——東南アジアで多出する 17 世紀の灰白色釉磁器壺〉，《東南アジア考古學》，第 22 期，2002 年，頁 107〜127。

20. 東京大学埋蔵文化財調査室，《東京大学本郷構内の遺跡工学部 14 号館地点》，東京：東京大学埋蔵文化財調査室，2006 年。

21. 東京大学埋蔵文化財調査室，《東京大学本郷構内の遺跡理学部 7 号館地点》，東京：東京大学埋蔵文化財調査室，1989 年。

22. 武内啟，〈汐留遺址（伊達家）における出土貿易陶磁器変遷〉，《第 34 回日本貿易陶磁研究会研究集会『近世都市江戶の貿易陶磁器』発表要旨》，東京：日本陶瓷貿易研究会，2013 年 9 月，頁 81〜90。

23. 北九州市芸術文化振興財団，《北九州市埋蔵文化財調査報告書第 271 集　小倉城代米御蔵跡 I 》，北九州市：北九州市芸術文化振興財団、埋蔵文化財調査室，2002 年。

24. 北九州市芸術文化振興財団，《北九州市埋蔵文化財調査報告書第 399 集　小倉城三ノ丸跡第 4 地点：小倉小笠原藩士牧野弥次左衛門屋敷跡の調査》，北九州市：北九州市芸術文化振興財団、埋蔵文化財調査室，2008 年。

25. 堀内秀樹等，《近世都市江戶の貿易陶磁器資料集（1))》，東京：貿易陶磁研究会，2013 年。

26. 野上建紀、Alfredo B. Orogo、田中和彦、洪曉純，〈マニラ出土的肥前磁器〉，《金大考古》第 48 期，2005 年，頁 1〜5。

27. 野上建紀、李匡悌、盧泰康、洪曉純，〈臺南出土の肥前磁器——17 世紀における海上交易に関する考察——〉，《金大考古》第 48 期，2005 年，頁 6〜10。

28. 有田町教育委員会，《国史跡天狗谷窯跡：史跡肥前磁器窯跡（天狗谷窯跡）保存整備事業報告書》，佐賀：有田町教育委員会，2010 年。

29. 劉益昌，〈17 世紀の台湾〉，收入菊池誠一、阿部百里子編，《海の道と考古学：インドシナ半島から日本へ》，東京：高志書院，2010 年，頁 173〜193。

30. 林田芳雄，《鄭氏台湾史——鄭成功三代の興亡実紀》，東京：汲古書院，2004 年。

31. 臨時臺灣舊慣調查會，《臨時臺灣舊慣調查會第一部調查第三回報告書　臺灣私法附錄參考書》，東京市：臨時臺灣舊慣調查會，1911 年。

32. 臨時臺灣舊慣調查會，《臨時臺灣舊慣調查會第一部調查第二回報告書》，神戶市：臨時臺灣舊慣調查會，1906 年。

33. 鈴木裕子，〈東京都千代田區神田淡路町二丁目遺跡出土の貿易陶磁器——譜代大名屋敷地の一例——〉，《第 34 回日本貿易陶磁研究会研究

集会『近世都市江戶の貿易陶磁器』発表要旨〉，東京：日本陶瓷貿易研究会，2013 年 9 月，頁 59～74。

34. 鈴木裕子，〈東京都千代田區神田淡路町二丁目遺跡出土の貿易陶磁器
——譜代大名屋敷地の一例——〉，《第 34 回日本貿易陶磁研究会研究
集会『近世都市江戶の貿易陶磁器』発表要旨》，東京：本陶瓷貿易研究
会，2013 年 9 月，頁 59～74。

35. 盧泰康、野上建紀，〈澎湖群島・金門島発見の肥前磁器〉，《金沢大学考
古学紀要》第 30 期，2009 年，頁 90～100。

西文文獻

1. Barbara Harrisson, *Swatow in het princessehof, Leeuwarden*, Netherlands: Gemeentelijk Museum Het Princessehof, 1979, fig. 213. 、Sumarah Adhyatman, Zhangzhou (Swatow) ceramics: sixteenth to seventeenth centuries found in Indonesia, Jakarta: Ceramic Society of Indonesia, 1999.

2. Brian Mcelney, *Chinese ceramics & the maritime trade pre-1700.*, United Kingdom: Museum of East Asian Art, 2006.

3. Carl Russell Fish, *The Relation of Archaeology and History.*, in Proceedings of the Wisconsin State Historical Society, 1911.

4. Chang Kwang-chih, *Study of the Neolithic Social Grouping-Example from the New World.*, American Anthropologist, 60: 2, 1958.

5. Christiaan J. A. Jörg & Michael Flecker, *Porcelain from the Vung Tau Wreck.*, UK: Sun Tree Publishing, 2001.

6. Christie's Amsterdam B. V., *The Vung Tau Cargo: Chinese Export Porcelain.*, Amsterdam: Christie's Amsterdam B. V., 1992.

7. Christie's Amsterdam, *The Diana Cargo, Cornelis Schuytstraat.*, Amsterdam: Christie's Amsterdam,1995.

8. Christie's, Amsterdam, *The Nanking Cargo: Chinese Export Porcelain and Gold, European Glass and Stoneware Recovered by Captain Michael Hatcher from a European Merchant Ship Wrecked in the South China Seas.*, Amsterdam: Christie's Amsterdam B.V., 1996.

9. Christie's Amsterdam Aution Catalog, *The Diana Cargo-Chinese Export Porcelain and Marine Artefacts.*, Amsterdam: Christie's Amsterdam B. V.1995.

10. Colin Renfrew and Paul G. Bahn, *Archaeology: Theories, Methods and Practice.*, 2nd ed. London: Thames and Hudson Ltd, 1996.

11. Colin Renfrew, Ezra B. W. Zubrow eds, *The Ancient Mind: Elements of Cognitive Archaeology.*, Cambridge and New York: Cambridge University Press, 1994.

12. Desroches, Jean Paul and Albert Giordaned. *The Treasure of San Diego.*,

Paris: AFAA and ELF, 1996.

13. Dinh Chién Nguyén, *The Ca Mau Shipwreck. 1723~1735.*, Hanoi: Museum of Vietnamese History and Ca Mau Provincial Museum., 2003.

14. Emma Helen Blair and James Alexander Robertson, *The Philippine Island (1493~1803).*, Vol 36, Taipei: s.n., 1962

15. George Kuwayama, and Anthony Pasinski, *Chinese Ceramics in the Audiencia of Guatemala.*, Oriental Art, Vol. XLVIII, No. 4, 2002

16. Hamo Sassoon, *Ceramics from the wreck of a Portuguese ship at Mombasa.*, Azania: Archaeological Research in Africa, Vol. XVI, 1981.

17. Henri Lefebvre, *The production of Space.*, Oxford: Blackwell, 1991.

18. Ho Chuimei ed., *Ancient Ceramic Kiln Technology in Asia.*, Hong Kong: Center of Asian Studies, University of Hong Kong, 1990.

19. Jean Carl Harrington and Virginia Hall, *Archaeology as an Auxiliary Science to American History.*, in American Anthropologist., 57: 6, pt. 1, 1955. pp 1121~1130.

20. Jean McClure Mudge, *Chinese export porcelain in North America.*, New York:Clarkson N. Potter, Inc. 1986.

21. Jessica Harrison-Hall, *Ming Ceramics in the British Museum.*, London: British Museum, 2001.

22. John Cotter, *Archeological Excavations at Jamestown Colonial National Historical Park and Jamestown National Historic Site.*, Virginia., Washington, D. C.: National Park Service, U.S. Dept. of the Interior, 1958.

23. Li Min, *The Trans-Pacific Extension of Porcelain Trade in the Early Modern Era: Cultural Transformations Across Pacific Spaces.*, 收於《逐波泛海——十六至十七世紀中國陶瓷外銷與文名擴散國際學術研討論文集》,香港：香港城市大學中國文化中心,2002 年,頁 217~234。

24. Meyer Schapiro, *"Style" In The Art of Art History: A Critical Anthology.*, ed. Donald Preziosi, 1953.

25. Michael Dear and Jennifer Wolch, *How Territory Shapes Social Life, in The power of Geography: How Territory Shapes Social Life.*, Jennifer Wolch and Michael Dear, eds, Boston: Unwin Hyman, pp. 3~18.

26. Muriel Lubliner, Serendipity In Porcelain: *The Chinese Soupspoon.*, Hong Kong: Arts of Asia Publications, 1979.

27. Nagel Auctions, *Tek Sing Treasures.*, Stuttgart, Germany: Nagel Auctions, 2000.

28. Nguyen Dinh Chien, *The Ca Mau Shipwreck 1723~1735.*, Ha Noi: The National Museum of Vientamese History, 2002.

29. Nigel Pickford, Michael Hatcher, *The legacy of Tek Sing: China's Titanic-its tragedy and its treasure.*, Cambridge: Granta Editions, 2000.

30. Rita C. Tan, *Zhangzhou ware found in the Philippines: "Swatow" export

ceramics from Fujian 16th~17th century., ArtpostAsia Pte Ltd, 2008.

31. Rose Kerr & John Ayers, *Blanc de Chine-Porcelain from Dehua.*, Singapore: National Heritage Board. 2002.

32. Roxanna Brown and Sten Sjostrand, *Maritime archaeology and shipwreck ceramics in Malaysia.*, Department of Museums & Antiquities, Kuala Lumpur, Malaysia, 2001.

33. Sten Sjostrand, Adi Haji Taha and Samsol Sahar, *Mysteries of Malaysian shipwrecks*, Kuala Lumpur: Dept. of Museums, 2006.

34. Tsang cheng-hwa, *Archaeology of the P'eng-Hu islands.*, Taipei: Institute of History and Philology academia Sinica, 1992.

網路資料

1. 中央研究院人文社會科學研究中心地理資訊專題研究中心,《臺灣百年歷史地圖》,網址:http://gissrv4.sinica.edu.tw/gis/twhgis.aspx#,點閱日期:2013 年 6 月 13 日。

2. 中央研究院,《臺灣歷史文化地圖》,網址:http://thcts.ascc.net/,點閱日期 2013/7/19。

3. 文化部文化資產局網站,網址:http://www.boch.gov.tw/boch/frontste/cultureassets/CultureAssetsArcheologySearchAction.do?method=doSearchArcheology&menuId=308&iscancel=true,府文資字第 0980252232A 號、B 號,點閱日期 2013/7/19。

4. 臺灣日日新報——附錄:府報,第千百三十一號,1904 年 11 月 12 日,頁 64 ～ 77。國史館臺灣文獻館數位典藏整合系統,網址:http://ds2.th.gov.tw/ds3/,點閱日期:2013 年 7 月 19 日。

5. 臺灣日日新報——附錄:府報,第千八百七十三號,1905 年 12 月 01 日,頁 1 ～ 18。國史館臺灣文獻館數位典藏整合系統,網址:http://ds2.th.gov.tw/ds3/,點閱日期:2013 年 7 月 19 日。